农户水产生态养殖技术采纳行为及激励政策研究

NONGHU SHUICHAN SHENGTAI YANGZHI JISHU

CAINA XINGWEI JI JILI ZHENGCE YANJIU

宾幕容 著

中国农业出版社

北 京

本研究得到以下项目资助：

（1）教育部人文社会科学项目"农户水产生态养殖技术采纳：行为响应、绩效与激励政策优化研究（项目编号：22XJA790002)"；

（2）海南省自然科学基金高层次人才项目"水产生态养殖技术农户采纳：意愿、行为与绩效研究（项目编号：721RC597)"；

（3）海南热带海洋学院引进人才科研启动项目"水产养殖农户生态养殖技术采纳行为研究——以海南省为例（项目编号：RHDRC202013)"。

特此致谢！

农业绿色发展是全面实施乡村振兴战略和推动生态文明建设的重要内容。当下，为破解日益严峻的农业资源约束难题、满足消费者对优质农产品的需求偏好、保障国家粮食安全，转变农业发展方式、促进生态生产已成为各界共识。水产养殖在增加农民收入、繁荣农村经济、保证粮食安全等方面发挥着重要作用，但养殖过程中产生的大量污水未经妥善处理随意排放造成我国农业生态环境面临严峻挑战，也给食品安全、居民健康带来了严重威胁。摒弃水产养殖产业粗放发展方式、加快渔业绿色发展、推进渔业供给侧结构性改革已成为我国水产养殖产业发展亟待解决的重要问题。农户作为生产主体始终是农业技术革新的推动者，其生态农业技术采纳行为是促进农业绿色发展的关键所在，宏观生态技术体系的建立也需以微观上推动农户广泛采纳为基础。因此，探索水产养殖农户生态养殖技术采纳行为的一般规律及激励政策，对加强水产养殖污染防治、保护生态环境、推进生态文明建设具有重要意义。

本研究从甄别水产生态养殖技术与界定农户采纳行为的内涵出发，从行为经济学、经济社会学和环境经济学及循环经济理论寻找理论"基石和内核"，结合环南海地区水产养殖农户调研数据，对农户水产生态养殖技术采纳的行为意愿、行为响应、行为意愿与行为响应的一致性、行为绩效、激励政策展开研究，在此基础上提出政策启示。研究得出以下主要结论：

伴随不同时期经济体制的发展情况以及国家与市场力量的双重驱动，我国已成为世界上最大的水产养殖国。由于养殖农户过度追求产量提高，忽视对生态环境的保护，我国水产养殖业发展的内外部环境正在发生深刻变化，面临着来自资源、环境、市场、科技等方面的诸多挑战。

基于扩展的技术接受模型分析框架，运用结构方程模型，对农户水产生态养殖技术采纳意愿进行了实证研究。研究表明：感知有用性和感知易用性是影响农户水产生态养殖技术采纳意愿的重要因素；感知经济性是影响农户水产生态养殖技术采纳意愿的关键因素，农户采纳意愿的首要考虑是技术的经济效益；主观规范是影响农户水产生态养殖技术采纳意愿的重要因素，即在农村关系网络中，乡邻、村干部、技术员、示范户等在技术推广过程中的示范作用和带头作用对农户水产生态养殖技术采纳意愿具有重要影响。

基于农户行为理论与行为经济学理论，运用 Logistic - ISM 模型检验了农户个体特征、养殖特征、政策因素、经济因素、认知因素对农户水产生态养殖技术采纳行为响应的影响，并对各显著影响因素间的层次结构进行了解析。分析结果表明：显著影响农户水产生态养殖技术采纳行为响应的因素有非农就业经历、风险倾向、养殖年限、养殖规模、养殖收入占家庭总收入比重、政府补贴、规制政策供给、技术采纳收益预期、区域经济发展水平、水产养殖环境影响认知、资源环境价值认知、水产养殖污染可控程度认知、水产生态养殖技术模式认知。在以上影响因素中，养殖规模是深层根源因素；非农就业经历、养殖年限、养殖收入占家庭总收入比重、政府补贴、规制政策供给、风险倾向 6 个因素是中间间接因素；水产养殖污染程度认知、资源环境价值认知、水产养殖污染可控程度认知、水产生态养殖技术模式认知、技术采纳预期收益、区域经济发展水平 6 个因素是表层直接因素。

基于环南海地区的两阶段调查数据，运用二元 Logistic 模型识别影响农户水产生态养殖技术采纳意愿与采纳行为一致性的显著因素，运用增强回归树模型量化各影响因素对农户采纳意愿、采纳行为的相对重要性及其边际效应。研究发现：总体上，农户水产生态养殖技术采纳意愿较高，但采纳意愿与采纳行为一致性程度较低，表明较高的采纳意愿并不必然导致采纳行为的发生，农业生态生产的呼声较高但实际行动仍不足；影响采纳意愿与采纳行为一致性的显著因素为养殖规模、养殖收入占家庭总收入比重、融资能力、水产生态养殖技术认知、水产养殖环境影响认知、政治身份、环境规制；影响农户水产生态养殖技术采纳意愿的重要因素依次为技术采纳预期收益、融资能力、资源环境价值认知、水产养殖环境影响认知、水产生态养殖技术认知、养殖规模，其相对影响贡献率分别为38.2%、14.8%、11.1%、8.7%、7.7%、6.6%；农户水产生态养殖技术采纳行为的重要影响因素依次为养殖规模、养殖收入占家庭总收入比重、水产养殖环境影响认知、融资能力、水产生态养殖技术认知、产业组织参与情况以及技术采纳预期收益，其相对影响贡献率分别为47.5%、9.9%、9.2%、7.4%、4.9%、4%、3.1%。农户采纳意愿与采纳行为的显著影响因素及相对重要性存在较大差异，这在一定程度上解释了两者的不一致。

　　基于循环经济学和组织行为学相关理论，运用结构方程模型，从农户满意度视角探究了水产生态养殖技术采纳绩效的作用机制。研究结果显示：在农村经济取得快速发展，农民环保意识增强的环境下，水产生态养殖技术采纳的经济绩效和生态绩效对农户满意度有显著正向影响；水产生态养殖技术采纳的社会绩效对农户满意度有显著的正向影响，但其影响程度相对其他因素较小；在农户技术采纳过程中，农户受教育水平的高低会显著影响农户满意度。

　　环境资源具有公共物品特征，政府代表着社会公共权力，环境管理和促进产业健康发展是政府的基本职能。在农户水产生态养殖技术采纳过程中，政府通过教育、市场和法律影响着农户采纳行为，这也是当前我国农户水产生态养殖技术采纳的主要激励政策工具。为推动水产产业发展与生态转型，政府出台了一系列激励政策，收到了一定成效，但也暴露出一些不足。日本作为渔业生产大国，政府十分重视渔业产业，制定了完善的渔业发展法律法规体系，明确确立了旨在确保渔业健康发展和水产品稳定供给为目标的渔业补贴制度，推行双轨制农技推广体系，以提高国内水产品和食物自给率，促进渔业产业的转型升级。在我国渔业激励政策的改革和完善过程中，基于自身国情与渔业资源禀赋，借鉴日本经验，完善渔业激励政策有利于我国渔业产业可持续发展。

　　研究认为，通过制定水产生态养殖发展中长期规划、完善激励政策、健全水产生态养殖反馈机制、加强监管力度等方面优化制度环境，注重生态养殖技术、种业、饵料等科技创新，多渠道推进科普宣教，完善社会规范机制，实施水产生态养殖的市场化制度创新等，有利于提升农户水产生态养殖技术行为响应及响应程度，推动水产养殖生态转型。

第 1 章 导 论

本章为全著作引领章节，首先介绍了著作的研究背景和研究意义，提出要研究的实际问题，明确研究目标和研究内容；其次阐述研究方法和数据来源，理清研究分析框架、技术路线和书稿结构，最后指明本研究的主要特色和可能的创新之处。

1.1 研究背景

改革开放以来，我国农村经济发展取得了举世瞩目的成就，与此同时粗放型的增长模式也给农业生态环境带来严重压力。农业绿色发展是全面实施乡村振兴战略和推动生态文明建设的重要内容。在新形势下，为破解日益严峻的农业资源约束难题、满足消费者对优质农产品的需求偏好、保障国家粮食安全，转变农业发展方式、促进生态生产已成为各界共识。

我国是世界上最大的水产养殖国，养殖水产品总产量从 1978 年的 233 万吨增至 2020 年的 5 224.2 万吨，占全国水产品总产量的 79.77%，也是世界上唯一养殖水产品总量超过捕捞总量的主要渔业国家。作为我国"蓝色经济"与农业的重要组成部分，水产养殖活动的效果具有二重性，一方面在增加农民收入、优化农业结构布局、保证粮食安全等方面发挥着重要作用；另一方面，养殖过程中产生的大量污染物未经妥善处理随意排放造成我国农业生态环境面临严峻挑战。

生态养殖是水产养殖业未来发展的方向，构建健康、生态、节水减排和多营养层次养殖系统的生态养殖技术体系，是控制水产养殖污染的有效途径。作为生产主体，农户始终是农业技术革新的推动者，其生态农业技术采纳行为是促进农业绿色发展的关键所在（杨兴杰等，2021）。农户也是水产养殖产业中最基本的微观单元，是水产生态养殖的行动主体。水产养殖污染是农户行为的一个客观结果，调适与改变农户的行为有助于防范养殖污染的发生和促进环境质量的改善。因此，探索水产养殖农户生态养殖技术采纳行为的一般规律，对加强水产养殖污染防治、保护生态环境、推进生态文明建设具有重要意义。

本研究的初衷在以下背景中萌生：

1.1.1 现实背景

（1）水产养殖污染日趋严重

中国传统水产养殖模式与外环境之间保持着良好的关系，是一种典型的"生态嵌入"型的农业生产方式（罗亚娟等，2018）。受国家及市场力量的双重驱动，我国水产养殖业逐步走上集约化发展道路，网箱、网栏以及工厂化养殖等集约化养殖方式的规模逐年上升，污染日趋严重（董双林等，2015；胡金城等，2017）。《全国第一次污染源普查公报》显示[①]，2007 年我国水产养殖业主要水污染物排放量中，化学需氧量 55.83 万吨、总氮 8.21 万吨、总磷 1.56 万吨、铜 54.85 吨、锌 105.63 吨，分别占农业源主要水污染物排放（流失）量中化学需氧量、总氮、总磷、铜、锌的 4.22%、3.04%、5.48%、2.24%、2.17%。重点流域水产养殖业主要水污染物排放量中，化学需氧量 12.67 万吨，总氮 2.15 万吨，总磷 0.41 万吨，铜 24.62 吨，锌 50.15 吨。《全国第二次污染源普查公报》披露[②]，2017 年我国水产养殖业主要水污染物排放量中，化学需氧量 66.60 万吨，氨氮 2.23 万吨，总氮 9.91 万吨，总磷 1.61 万吨，分别占农业源主要水污染物排放（流失）量中化学需氧量、氨氮、总氮、总磷的 6.24%、10.31%、7.04%、7.59%。以上数据表明，我国水产养殖业历经 10 年的发展，其水污染物排放量占农业源水

---

① 国家统计局.第一次全国污染源普查公报.网址：http://www.stats.gov.cn/tjsj/tjgb/qt-tjgb/qgqttjgb/201002/t20100211_30641.html，2010 - 02 - 11.

② 生态环境部.关于发布《第二次全国污染源普查公报》的公告.网址：http://www.gov.cn/xinwen/2020 - 06/10/content_5518391.html，2020 - 06 - 10.

污染物排放量的比重增幅显著，已成为我国农村最主要的水资源污染源之一。

在这些污染物中，我国江河重要渔业水域主要超标指标为总氮和总磷，湖泊（水库）重要渔业水域主要超标指标为总氮、总磷和高锰酸盐指数（中国生态环境状况公报，2021）①。水产养殖污染物主要由养殖污水、残饵、药物残留及排泄物构成，这些污染物未经妥善处理随意排放造成水质富营养化及底质有机物、病菌及重金属超标，致使水产品产量、品质下降，水生生物死亡或变异，居民用水安全受限，病菌传播风险加剧，业已成为我国水产养殖产业发展与生态环境保护亟待解决的最重要课题之一。

（2）政府对水产养殖污染防治日益重视

党的十九大报告指出，建设生态文明是中华民族永续发展的千年大计。农业绿色发展是全面实施乡村振兴战略和推进生态文明建设的重要内容。2014年，中央1号文件特别强调，我国需建立农业绿色发展的长效机制，加大农业生态保护力度，使过度开发的资源得以休养生息，以此促进绿色农业发展。为改善水产粗放式养殖方式带来的负外部影响，政府相继出台了一系列引导性政策。农业农村部等十部委联合发布《关于加快推进水产养殖业绿色发展的若干意见》（2019），将水产生态养殖模式纳入绿色产业指导目录，提出了科学设置网箱网围、开展养殖尾水和废弃物治理等多项举措，积极开展水产健康养殖示范创建，发展生态健康养殖模式。同时，还重点强调要发挥水产养殖的生态属性，鼓励发展不投饵的滤食性鱼类和滩涂浅海贝藻类增养殖，开展以渔净水、以渔控水、以渔抑藻，修复水或生态环境。这是水产养殖产业发展的指导性、纲领性文件。2020年中央1号文件也提出要推进水产绿色健康养殖。为贯彻落实2020年中央1号文件"推进水产绿色健康养殖"的重要部署，农业农村部出台了《农业农村部办公厅关于实施2020年水产绿色健康养殖"五大行动"的通知》，文件精神为各地渔业绿色发展指明了方向。这些政策、文件的出台，一方面彰显了我国政府推动生态文明建设的决心；另一方面也反映了我国当前水产生态养殖普及率偏低，还说明了摒弃水产养殖产业粗放发展方式、加快渔业绿色发展、推进渔业供给

---

① 2020 中国生态环境状况公报. 中华人民共和国生态环境部. 网址：https：//www.mee. gov.cn/hjzl/sthjzk/zghjzkgb/，2021-5-26.

侧结构性改革已成为中国水产养殖产业发展亟待解决的重要问题之一。

(3) 水产生态养殖技术是防治养殖污染的有效途径，但采纳率低

学界普遍认为，生态养殖是水产养殖业未来发展的方向，构建健康、生态、节水减排和多营养层次养殖系统的生态养殖技术体系，是控制水产养殖污染的有效途径（唐启升等，2013；叶乃好等，2016；秦鹏等，2019；张懿等，2020）。对于工厂化水产养殖的污染控制，现已找到了继续发展的方向，如工厂化循环水技术等。但目前我国工厂化养殖产量仅为全国水产养殖总产量的 10% 左右（《中国渔业统计年鉴》，2020）。由于诸多不利因素的叠加，先进农业技术的采纳比例和使用强度仍然很低（徐翔等，2013；李博伟等，2018；徐北春，2020）。

农户是水产养殖产业中最基本的微观主体，兼具水产养殖污染直接制造者和环境质量改善潜在受益者的双重身份，水产养殖污染是农户行为的一个客观结果，农户水产养殖废弃物处置行为对农村环境的影响具有直接性、根源性。养殖污染的防治需要农户参与，其水产生态养殖技术采纳是防治水产养殖污染、促进农业绿色发展的关键所在。现阶段，在养殖方式上，传统的、粗放式养殖方式在我国水产养殖中占绝对优势，这种状况在短时间内不会根本改变（"中国水产养殖业可持续发展战略研究"课题综合组，2016）；在养殖主体上，与其他农产品生产一样，我国水产养殖大多由农户分散进行（汪凤桂等，2015；刘家寿，2019），养殖农户分散且数量庞大[①]，养殖设施陈旧，受技术要求较高、前期投入成本较大、环境意识等影响，健康生态养殖的组织生产和统一管理难以实施（方建光等，2016），使得水产养殖污染防治成为一个极难解决的问题。因此，如何引导、优化农户水产生态养殖技术采纳行为是当下亟需破解的瓶颈。

1.1.2 学术背景

现有文献资料中，以技术开发及其生态测评为核心的环境工程类研究占

---

① 根据《中国渔业统计年鉴 2020》统计：在养殖主体上，2019 年全国渔业户为 4 636 828 户，分散于全国 7 550 个渔业村，渔业人口为 18 282 627 人，其中传统渔民 6 004 984 人，占渔业人口总数的 32.85%；在养殖规模上，2019 年工厂化养殖产量为 542 280 吨，仅占全国水产养殖总产量的 10.68%。

据了水产生态养殖技术的研究主流。基于农户微观视角，利用微观调研数据实证探究农户水产生态养殖技术采纳行为的文献较少，仅涉及稻虾共养技术（刘可等，2020；杨兴杰等，2020；陈雪婷等，2020；田卓亚等，2021）、淡水养殖微生物调水技术（李博伟等，2018）、青虾新品种采纳（徐翔等，2013），关注的变量有生态养殖模式认知、风险偏好、养殖集聚、信息因素、政策及环境因素、邻里交流、经济效应、社会资本等。相对于其他产业领域及绿色农业技术，水产生态养殖技术农户采纳这一特定领域的针对性、系统性研究稀少。

基于以上现实与学术背景，受传统养殖方式影响、养殖设施陈旧、对环境污染贡献大、散而多的水产养殖农户，其水产生态养殖技术采纳意愿如何？这种意愿是如何形成的？其水产生态养殖技术采纳行为受到了哪些关键因素的影响？这些影响因素之间的相互关系及层次结构是怎样的？哪些是直接因素？哪些是间接因素？哪些又是根源因素？当农户表达了采纳意愿后，经过一段较长时间（1～2 年）之后，其采纳意愿是否转化为了采纳行为？各影响因素对农户采纳意愿、采纳行为的相对重要性及其边际效应怎样？农户行为响应的满意结果会反馈并影响到农户新的采纳需求，使采纳行为持续、有效发生。当农户采纳了生态养殖技术后，其绩效如何？受到了哪些因素的影响？生态环境资源的公共物品属性和养殖污染及其控制的显著外部性特性，使得政府通过激励政策建立利益反馈机制将农户行为外部效应内部化，当前的激励政策存在哪些不足？现行激励政策应该做出哪些调整？如何进行政策优化来提升和改进农户水产生态养殖技术采纳行为？本研究结合环南海地区的水产养殖农户调研数据，试图对以上问题进行解答。

1.2 研究意义

基于以上背景，本研究将在前人研究的基础上，遵循行为产生与发展的逻辑并运用科学的方法展开研究，具有以下理论和实践的意义。

1.2.1 理论意义

本研究将水产养殖污染防治和生态养殖技术推广问题从农户采纳行为分

析的角度进行融合，遵循农户采纳水产生态养殖技术的"行为意愿-行为响应-行为意愿与行为响应一致性-行为绩效-激励政策-行为优化"的递进研究逻辑，构建农户水产生态养殖技术采纳行为的理论分析框架，揭示农户采纳水产生态养殖技术的一般规律，为国内同行开展水产生态养殖和污染防治领域的研究提供借鉴，推进该领域研究的深化和细化，是行为经济学、资源经济学和环境经济学及循环经济理论的有益补充。

1.2.2 现实意义

本研究考察农户采纳水产生态养殖技术行为意愿的心理决策过程，找寻农户水产生态养殖技术采纳行为的影响因素及层次结构，考察农户水产生态养殖技术采纳意愿与采纳行为的一致性及其差异，探究农户采纳水产生态养殖技术的行为绩效及其影响因素，并对促进农户采纳水产生态养殖技术的激励政策进行分析，进而通过激励政策优化来提升和改进农户水产生态养殖技术采纳行为。以上研究有助于为政府制定优化农户水产生态养殖技术采纳行为和实现农户微观绿色发展、区域宏观绿色发展协调统一的引导政策提供实证依据。

1.3 国内外研究现状分析

1.3.1 有关农户的假设

对农户的假设，学术界存在三种观点：非理性观点、理性观点和有限理性观点。这些假设构成了农户行为研究的前提。持有非理性观点的学者（A. 恰亚诺夫、斯科特、刘易斯）认为农户的决策行为不是基于理性，而是满足自身消费，受家庭消费、风险、道德标准等因素的影响；以舒尔茨为代表的理性小农学派学者主要着眼于农户作为生产者的身份，认为小农农户是理性的最大化利润追求者，农户会对市场信号做出符合经济学预期的反应，理性配置资源使其达到最优状态；以黄宗智为代表的持有限理性观点的学者认为，农户既是一个根据自身需求为自身消费生产的单位，也是一个根据市场价格信号为追求利润生产的单位。黄宗智（1985）指出中国的农户长期以来都是理性和非理性行为的混合体。农户在经营规模较小时表现出"消费均衡"偏好，经营规模较大时则成为最高利润追求者。中国的农户在受到"家庭劳动结构"的限制和"市场经济"的冲击下，形成以家庭为主导的生产结构，介于两种偏好之间，所以他们的理性是有限的。弗兰克·艾利斯则将农户的有限理性归结于农户自身的属性和所受外部环境的影响，只有当市场运行的大部分条件得到满足，农户才会表现出理性的一面，否则就是非理性行为者。从现有研究来看，"理性小农"理论是运用最为广泛的观点，特别是在计量分析中多数以此作为构建模型的基础，而针对农户的非理性行为和有限理性行为，则主要通过引入各种约束条件来进行解释。

1.3.2　农户生态农业技术采纳的相关研究

生态农业技术指以环境友好、资源节约、生态和谐为目标的农业技术，其实施有利于人与自然的和谐共生。现有文献中所涉及的生态农业技术主要有资源节约型与环境友好型技术、绿色防控技术、测土配方施肥技术、清洁生产技术、水土保持技术、保护性耕作技术、节水灌溉技术、生物农药技术等。尽管各项技术有所差异，但在生态属性上具有一致性，均强调资源节约、循环利用以及环境与生态保护。现有研究中，基于研究视角、关注技术领域以及所处时代发展环境差异，众多学者从农户微观层面探究农业生产方式的生态转型升级，研究成果丰硕。农户技术采纳是农户从认知一项农业新技术到农户最终完成采纳该技术的动态过程（Martins et al.，2011），是一个包含技术认知、技术采纳及效应评估的连续性决策过程（Rogers，1962）。基于此，本研究从农户生态农业技术采纳行为机理视角进行综述：

（1）农户生态农业技术采纳认知的相关研究

唐斯和摩尔 1976 年提出，在技术传播过程中，应重视技术采用者认知。认知作为农户技术决策行为的首要环节，在诱发农业生产结构及组织结构转型中产生了直接影响。研究结果表明，农户对生态农业技术具有一定认知广度，但缺乏认知深度（吴雪莲等，2017），农户的基本特征、技术特征、技术培训经历（黄玉祥等，2012；李莎莎等，2015）、信息诉求动机与信息渠道（赵肖柯等，2012）、与村民交流的频率（储成兵等，2013）、是否加入合作社（郑适等，2018）等正向、显著影响农户技术认知。

（2）农户生态农业技术采纳意愿的相关研究

意愿是行为的有效预测指标。在农户生态农业技术采纳意愿方面，现有文献大多将意愿描述为"有"和"无"，并根据问卷调查和访谈来确定意愿的"有"、"无"结果。研究的重点主要关注意愿的影响因素，涉及农户个体特征、资源禀赋要素、外部环境和政策因素等。农户的个体特征会对其农业技术采纳意愿产生影响，包括性别（Doss et al.，2001；李波等，2010）、年龄（Holden et al.，1998；陆文聪等，2011）、文化程度（Mariano et al.，2012；Bumett et al.，2018）等；资源禀赋要素主要涉及家庭农业劳动力供给（Holden et al.，1998；Dong et al.，1998）、农业收入（Casswell et al.，1985；盖豪等，2018）、社会网络（陶群山等，2013；吴贤荣等，2020；韩丽敏等，2021）、规模等生产经营情况（霍瑜等，2016；仇焕广等，2018）等；在政策层面与外部环境方面，政府的支持力度（罗颖等，2017）、政策宣传推广及项目扶持（郭航等，2014；盖豪等，2019）、农业技术推广服务（王宏杰等，2010）、技术培训（Feder et al.，2004；汪建等，2015）、贷款的可获得性（米松华等，2014）、社群影响（王晓辉，2020）、市场成本与收益（林黎等，2021）等是影响农户技术采纳意愿的主要因素。

值得一提的是，在众多影响因素中，心理因素逐渐成为研究热点。农户对政策与技术的认知（Adesina et al.，1993）、对技术有用性与易用性的感知（李后健，2012；刘洋等，2015；吴丽丽等，2016；彭欣欣等，2021）、对环境的认知（陈柱康等，2018）、风险认知（储成兵等，2014）以及行为态度、主观规范、知觉行为控制（Lalani et al.，2016；Owusu et al.，2019；颜玉琦等，2021）等亦是影响其技术采纳意愿的关键因素。

（3）农户生态农业技术采纳行为的相关研究

近年来，农业技术农户采纳行为已成为农业经济领域微观研究的热点问题，相关主题成果数量呈逐年增长的趋势。

从研究对象上看，已有研究经历了从静态、动态到空间的逐步细化与深化。就技术本身而言，从早期笼统地以绿色农业技术农户采纳为研究对象的定性分析，逐步细化到诸如环境保护技术、水土保持技术等特定、单一技术为研究对象所展开的实证检验。农业技术是由一系列不同子技术组成的，在农业生产过程中，农户会根据需要进行组合采用各子技术（Mann et al.，

1978），或采用一组技术束以实现效用最大化（Yu et al.，2012）。以技术束或技术包为对象的农户技术采纳相关研究方兴未艾。就技术采纳过程而言，早期研究大多将农户技术采纳行为看作一次性采纳决策，即用静态分析方法对农户技术采纳行为进行实证检验。实践中，农户技术采纳行为多表现出一个连续的动态过程。近年来，部分学者突破以往多数研究采用 0～1 变量分析技术采纳行为的传统研究方式，开始尝试利用调研数据对农户生态农业技术采纳过程进行动态研究（侯晓康等，2019；余振威，2020，周力等，2021），进一步拓展了研究对象的空间范围。

从研究内容上看，众多学者重点关注了农户生态农业技术采纳行为影响因素，这些影响因素涉及宏观政策层面和农户微观层面。在宏观层面，政府补贴（Kurkalova et al.，2006；余威震等，2020）、经济激励（朱希刚等，1995；耿宇宁等，2017）、政策宣传及项目扶持（盖豪等，2019）、农业技术推广服务与社会化服务（卢华等，2021；杜三峡等，2021）、技术培训（葛继红等，2010；薛文等，2021）、信贷需求抑制（魏昊等，2020）等是影响农户技术采纳的主要因素。微观层面的影响因素主要考虑农户的个体特征、资源禀赋的异质性（黄晓慧等，2020）等，农户的个体特征会对其农业技术采纳行为产生影响（Degnet et al.，2009），包括性别（Doss et al.，2001）、文化程度（Thangala et al.，2003）、兼业程度与农户分化（张童朝等，2017；赵丹丹等，2020）、对政策与技术的认知（徐涛等，2018；张红丽等，2020；尚光引等，2021）、对技术有用性与易用性的感知（Davis et al.，1989；Smith et al.，2004）、风险态度（毛慧等，2018；程琳琳等，2019；仇焕广等，2020；谭永风等，2021）等，资源禀赋的异质性主要涉及家庭农业劳动力供给（周力等，2020）、规模等生产经营情况（吕杰等，2020；熊鹰等，2020）、手机使用情况（闫贝贝等，2020）、是否加入合作社（Degnet et al.，2013）、信息渠道（张小有等，2019）、社会资本（杨兴杰等，2021）等。此外，少量文献研究表明农户在技术采纳意愿与行为上存在悖离现象（余威震等，2017；石志恒等，2021；刘畅等，2021；柳晔等，2021），还有部分学者就农户技术需求优先序问题展开了探讨（李宁等，2016；刘长进等，2017）。由于研究视角、研究方法以及研究对象的差异，现有研究结论不尽相同，存在一定差异性。

从研究方法上看，随着农户农业技术采纳行为研究的深入，研究方法取得了较大的突破，由定性分析向定量研究、案例研究转变。在实证分析法方面，早期的研究方法主要集中在 Probit 模型、Tobit 模型、Logistic 模型等静态分析模型。随后，学者们在研究方法方面不断创新，主体空间模型（Berger et al.，2000）、久期分析模型（Leggesse et al.，2004）、参与性农户评估法（Brocke et al.，2010）、SEM 模型（吴雪莲等，2016）、样本选择模型（李卫等，2017；黄晓慧等，2019）等被引入进来。

（4）农户生态农业技术采纳效应的相关研究

农户行为选择对耕地质量、粮食产量等有着重要影响（Adesina et al.，1993），可实现经济、生态、社会效益的统筹兼顾（Ngowi et al.，2007）。学界有关农户生态农业技术采纳效应的相关研究成果主要体现在经济效应、环境效应、社会效应方面。由于技术种类繁多，不同农户对于不同技术的采纳效应之间也存在一定差异。现有研究表明，农户自身经济收益是否得到提高是农业技术推广应用的关键所在，农户生态农业技术采纳对降低农业生产成本、提高农业收入、实现农户减贫具有一定作用（Yudelman et al.，1998；霍学喜等，2011；胡伦等，2018；张复宏等，2021）。在农业面源污染日益严峻与生态文明建设大背景下，生态农业技术采纳带来生态环境的改善与相关社会效应也引起了学者的关注。农户生态农业技术采纳对减少化肥施用量、优化施肥结构、减少农药残留、改善人类健康等方面具有显著的环境效应和社会效应（Rahman et al.，2003；罗小娟等，2013；耿宁宇等，2018）。

（5）引导农户采纳生态农业技术的激励政策研究

现有研究表明，财政补贴、税收优惠、金融和投资优惠、技术推广服务、宣传教育等激励政策供给能弥补农业生产中的外部性问题，促进农户生态农业技术的采纳（姚兴安等，2017；罗媛月等，2020；左喆瑜等，2021）。其中，经济激励通过价格和补贴机制显著促进了农户对绿色农业技术的应用（耿宁宇等，2017），如何确定合理的补偿标准是政府制定补偿政策的关键所在（朱红根等，2015），技术推广服务、宣传教育等激励政策对农户技术采纳具有正向影响，是农户生态农业技术应用的重要驱动因素（Goyal et al.，2007；Genius et al.，2014；张小有等，2018）。值得注意的是，激励政策与农户技术采纳的关系，学界尚未取得一致看法。一些学者认为，政府补贴对农户技术采纳具有正向影响（Dinar et al.，1992），也有学者认为政府补贴对农户绿色行为的影响不显著，甚至负向影响农户亲环境行为（颜廷武等，2017；王亚杰等，2018）。

1.3.3　农户水产生态养殖技术采纳的相关研究

（1）水产养殖污染及其防治的相关研究

水产养殖生态污染引起了全社会的广泛关注。众多学者就水产养殖业对环境的影响展开了量化评估，以明确不同地区、不同种类水产品的污染贡献度，为中国水产排污分区管理和减排政策制定提供参考（陈秋会等，2017；宗虎民等，2017；彭凌云等，2020）。制度层面上，对于养殖污染控制中政府的职责与行为，研究普遍认为，对养殖业尤其是规模化养殖业实施全方位的环境治理，以环境经济政策特别是政府补贴政策等激励养殖户控制、治理养殖产生的环境污染，能够实现养殖业发展与环境保护的"双赢"（Shortle et al.，1998；David Colman，2000；Nauyen Quoc Chinh，2005）。现阶段，我国水产养殖中不论淡水养殖还是海水养殖，传统的、粗放式养殖方式在生产中占绝对优势，这种状况在短时间内不会根本改变（"中国水产养殖业可持续发展战略研究"课题综合组，2016），学界普遍认为，生态养殖是水产养殖业未来发展的方向，构建健康、生态、节水减排和多营养层次养殖系统的生态养殖技术体系，是控制水产养殖污染的有效途径（唐启升等，2013；叶乃好等，2016；秦鹏等，2019；张懿等，2020）。

（2）农户水产生态养殖技术采纳行为的相关研究

现阶段，实践中具体的生态养殖技术主要有稻渔综合种养技术、微生物调水技术、生态浮漂技术、池塘多营养层级综合养殖技术、渔菜共生池塘生态技术、工厂化循环水养殖技术等。基于农户微观视角，利用微观调研数据实证探究农户水产生态养殖技术采纳的文献较少，仅涉及稻虾共养技术、淡水养殖微生物调水技术。现有研究表明，信息因素、政策及环境因素、农户对新品种的评价对青虾新品种采纳行为有显著影响（徐翔等，2013）。在农业生产集聚方面，农户微生物调水技术采纳行为和掌握技术水平在行政村层面表现出明显的空间特征（李博伟等，2018）。对于稻虾共养技术农户采纳，政策宣传、惩罚措施、邻里交流（田卓亚等，2021）、新型农业经营主体显著、正向影响农户稻虾共作技术采纳意愿，农户认知（陈雪婷等，2020）、邻里效应与农技推广（刘可等，2020）、风险偏好、经济效应与激励政策、社会资本（杨兴杰等，2021）等均对农户稻虾共作技术采纳行为有显著的正向影响。

1.3.4　研究述评

以上研究成果对了解并推动水产生态养殖具有重要的理论价值和现实意义，也为本研究提供了实践、思路和研究方向上的借鉴。经梳理，该领域仍存在以下继续研究和探讨的空间：

（1）现有关农户生态农业技术采纳的研究大多聚焦单一农业技术行为机理，研究脉络普遍遵循认知、意愿、行为等行为逻辑，对农户技术采纳的行为强度及采纳后的行为优化关注较少。实践中，农户会根据需要组合采用各子技术，或采用一组技术束以实现效用最大化（Mann et al.，1978；Yu et al.，2012）。农户技术采纳是一个动态的连续过程，并在该过程中伴随着农户技术认知和政策供给的不断变化而不断调整，农户采纳行为的优化直至持续采纳有助于实现农户微观绿色发展和区域宏观绿色发展的持续统一。基于此，本研究从甄别水产生态养殖技术与界定农户采纳行为的内涵出发，从行为经济学、经济社会学和环境经济学及循环经济理论寻找理论"基石和内核"，遵循"行为意愿-行为响应-行为意愿与行为响应一致性-行为绩效-激励政策-行为优化"的递进逻辑主线，通过"理论整合"提出农户水产生态养殖技术采纳行为的理论分析框架。

（2）现有对农户技术采纳意愿、采纳行为的相关研究，大多集中在两者的影响因素或相关关系上，如两者的一致性或悖离，鲜有学者将两者的相关关系及其差异纳入同一研究框架，且缺少多个影响因素贡献率之间的定量化计算与比较；在微观数据选择上，已有研究中，通常采用调查潜在个体采纳意愿的方式来预测未来的实际选择，或通过询问个体主观"采纳意愿"继而观察其客观"采纳行为"的静态数据展开实证分析。实际上，个体在假设情境下的采纳意愿与他们在真实的市场环境下的选择存在着很大差异（Loomis，J，1993）。基于此，本研究基于环南海地区两阶段调查数据，运用二元 Logistic 模型识别影响农户水产生态养殖技术采纳意愿与采纳行为一致性的显著因素，进而运用增强回归树模型量化各影响因素对农户采纳意愿、采纳行为两者的相对重要性及其边际效应，试图解释采纳意愿与采纳行为不一致的原因。

（3）学界有关农户生态农业技术采纳效应的相关研究成果主要体现在经济效应、环境效应、社会效应方面，研究大多侧重单一效应的考量。一项涉及农户福利的生态农业技术，只有获得农户的认可，技术采纳的满意度高，其绩效水平才是高的（罗文斌，2013；王良健，2010），农户才有可能持续地采纳，即农户满意度直接关系到生态农业技术的采纳效果以及生态农业发展成效，而农户采纳水产生态养殖技术、参与养殖污染防治，是经济绩效、技术绩效、社会绩效和生态绩效多维度的综合考量。基于此，本研究借鉴生态经济学和组织行为学相关理论，基于农户满意度视角，运用结构方程模型（SEM），试图从经济绩效、技术绩效、社会绩效和生态绩效等维度探究水产生态养殖技术采纳绩效的作用机制。

（4）现有文献资料中，以技术开发及其生态测评为核心的环境工程类研究占据了水产生态养殖技术的研究主流。相对于其他产业领域及绿色农业技术，基于农户微观视角，利用微观调研数据实证探究农户水产生态养殖技术采纳的针对性、系统性研究稀少。资源环境压力与污染防治日趋迫切的现实背景和水产生态养殖技术农户采纳行为这一特定领域针对性研究稀少的学术背景为本研究提供了空间和潜力，本研究拟结合研究区调研数据，探究不同养殖规模、不同养殖类型（海水养殖、淡水养殖）、不同水产生态养殖技术下农户采纳行为的一般规律。

1.4　研究目标与研究内容

1.4.1　研究目标

总目标：本研究根据行为经济学、资源经济学、环境经济学及循环经济理论等基础理论，构建农户采纳水产生态养殖技术的"行为意愿-行为响应-行为意愿与行为响应一致性-行为绩效-激励政策-行为优化"的递进逻辑分析框架，从农户行为意愿、行为响应、行为结果、激励政策等节点探究农户技术采纳行为的动态过程，为优化农户水产生态养殖技术采纳行为提供决策参考，为政府及相关决策部门制定实现农户微观绿色发展和区域宏观绿色发展协调统一的政策提供科学的理论与方法依据。

具体目标：本研究的具体目标是利用环南海地区的调研数据：

（1）引入技术接受模型分析框架，利用结构方程模型，考察农户的感知有用性、感知易用性、感知经济性、主观规范对其水产生态养殖技术采纳意愿的影响效应；

（2）运用 Logistic-ISM 模型，从农户个体特征、养殖特征、政策特征、经济特征、认知特征等方面对农户水产生态养殖技术采纳的行为响应进行实证研究，以揭示农户技术选择行为特征，并运用计量模型分析农户行为响应的主要影响因素和作用机理；

（3）运用二元 Logistic 模型识别影响农户水产生态养殖技术采纳意愿与现实行为一致性的显著因素，运用增强回归树模型量化各影响因素对农户行为意愿、现实选择的相对重要性及其边际效应；

（4）借鉴生态经济学和组织行为学相关理论，基于农户满意度视角，运用结构方程模型（SEM），从农户根据自身主观感受来评价水产生态养殖技术采纳所带来的经济绩效、技术绩效、社会绩效和生态绩效的满意程度来探究水产生态养殖技术采纳绩效的作用机制；

（5）梳理水产生态养殖的主要激励政策工具，探讨其不足之处，并就日本水产生态养殖激励政策展开分析，以期为政府有效推广水产生态养殖技术奠定基础；

（6）基于规范的理论分析和实证分析得出研究结论，根据研究结论和现实情况，分别从经济学范式的制度安排和管理学范式的管理建设等宏观方面和微观方面提出优化农户水产生态养殖技术采纳行为的政策建议，为政府相关决策部门制定实现农户微观绿色发展和区域宏观绿色发展的政策提供科学的理论与方法依据。

1.4.2 研究内容

本研究的主要内容及总体框架结构如下：

第一部分：农户水产生态养殖技术采纳行为的基础理论，即第 2 章。该部分对农户水产生态养殖技术采纳行为研究所涉及的相关概念进行界定，对本书所借鉴的相关理论进行描述。

第二部分：水产养殖发展与研究区域概况，即第 3 章和第 4 章。该部分包括两个内容：①对我国水产养殖发展历程进行回顾，对发展现状进行描述，并对水产养殖产生的主要污染物及其对环境的影响进行分析；②研究区域的界定与养殖情况分析。

第三部分：农户水产生态养殖技术采纳的行为意愿，即第 5 章。引入技术接受模型分析框架，利用微观调研数据和结构方程模型考察农户的感知有用性、感知易用性、感知经济性、主观规范对其水产生态养殖技术采纳意愿的影响效应。

第四部分：农户水产生态养殖技术采纳的行为响应，即第 6 章。本章基于农户行为理论与行为经济学理论，运用 Logistic-ISM 模型，从农户个体特征、养殖特征、政策特征、经济特征、认知特征等方面对农户水产生态养殖技术采纳的行为响应进行实证研究，以揭示农户技术选择行为特征，并运用计量模型分析农户行为响应的主要影响因素和作用机理。

第五部分：农户水产生态养殖技术采纳意愿与行为的一致性及其差异，即第 7 章。本章运用二元 Logistic 模型识别影响农户水产生态养殖技术行为意愿与现实行为一致性的显著因素，运用增强回归树模型量化各影响因素对农户行为意愿、现实选择的相对重要性及其边际效应。

第六部分：农户水产生态养殖技术采纳的行为绩效，即第 8 章。本章基于农户满意度视角，运用结构方程模型（SEM），从农户根据自身主观感受来评价水产生态养殖技术采纳所带来的经济绩效、技术绩效、社会绩效和生态绩效的满意程度来探究水产生态养殖技术采纳绩效的作用机制。

第七部分：水产生态养殖激励政策及其优化分析，即第 9 章和第 10 章。本部分梳理了水产生态养殖主要政策工具，探讨其不足之处，并就日本水产生态养殖激励政策展开分析，最后提出政策启示，以期使农户水产生态养殖技术采纳行为与政府既定目标一致，达到经济绩效、社会绩效、生态绩效、心理绩效的统一，实现激励相容。

1.5　研究思路与研究方法

1.5.1　研究思路

水产养殖环境问题是农村环境污染防治及"蓝色粮仓"战略实施中都存

在的重大问题。水产生态养殖技术的推广，是控制水产养殖污染、改善农村环境、实现农业可持续发展的有效途径。水产养殖污染是农户行为的一个客观结果，调适与改变农户的行为有助于防范养殖污染问题的发生和促进环境质量的改善。基于此，本研究从行为经济学、资源经济学和环境经济学及循环经济理论寻找理论"基石和内核"，构建农户采纳水产生态养殖技术的"行为意愿-行为响应-行为意愿与行为响应一致性-行为绩效-激励政策-行为优化"的递进逻辑分析框架，在甄别水产生态养殖技术和界定农户采纳行为的基础上，考察农户采纳水产生态养殖技术行为意愿的心理决策过程，找寻农户水产生态养殖技术采纳行为的影响因素及层次结构，考察农户水产生态养殖技术采纳意愿与采纳行为的一致性及其差异，探究农户采纳水产生态养殖技术的行为绩效及其影响因素，并对促进农户采纳水产生态养殖技术的激励政策进行分析，进而通过激励政策优化来提升和改进农户水产生态养殖技术采纳行为。

研究技术路线框架如图 1－1 所示。

1.5.2 研究方法

1.5.2.1 数据资料收集方法

（1）直接数据资料收集方法

直接数据和资料的获取，主要采用问卷调查法和访谈法。

问卷调查法（Questionnaire Survey）是调查者运用统一设计的问卷来获取受访者材料和信息的方法，是以书面提出问题的方式搜集资料的一种研究方法。通过对大量微观个体的结构式征询，获取受访者的真实情况及看法，从而为量化分析和实证研究提供数据基础。研究首先依据理论框架进行问卷设计，然后进行预调研，并根据预调研结果对问卷进行完善、修正，形成最终问卷，并以邮寄、当面作答或者追踪访问等方式填答，从而了解调查对象对某一现象或问题的看法和意见。一般来讲，问卷较之访谈表要更详细、完整和易于控制，其收集信息的成本也较低，是国内外社会调查中较为广泛使用的一种方法。为了获取第一手直接数据资料，本书采用了问卷调查法，选取环南海地区水产养殖农户为主要调查对象。问卷分为四个部分，主要包括：农户的个体与家庭特征、所处村庄基本特征及养殖行为特征；农户

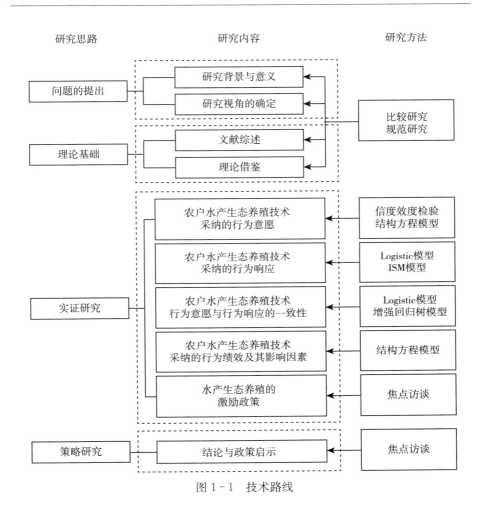

图 1-1 技术路线

的认知与社会环境因素；农户水产生态养殖技术采纳现状与意愿；农户水产生态养殖技术采纳效果满意度评价。

访谈法（Interview）又称晤谈法，是通过访员和受访人面对面地交谈来了解受访人的心理和行为的心理学基本研究方法。根据研究问题的性质、目的以及访谈进程的标准化程度，有结构式与半结构式访谈之分。访谈法收集信息资料是通过研究者与被调查对象面对面直接交谈方式实现的，具有较好的灵活性和适应性，能够简单而迅速地收集个性化分析资料，在研究比较复杂问题需向不同类型个体了解不同类型的材料信息时尤为适用。本研究选择一些有代表性的水产养殖农户进行访谈，深度了解其生态养殖现状、对环境问题的态度和关注以及未来养殖行为的倾向。

（2）间接数据收集方法

间接数据和资料的获取，主要通过查阅文献、统计资料等方法来收集整理。

文献研究法（Literature Research Method）是在搜集、识别、整理、综合研究领域相关文献的基础上，形成对事实的科学认识的一种研究方法，它有助于研究者系统、全面地把握研究领域的研究动态，从而为后续研究的开展奠定理论基础。该方法主要是在确定研究选题后，通过书籍、期刊、网络等多种途径查阅、归纳、分析大量文献，对当前已有研究成果进行系统、全面的论述，从而形成文献综述。为达成研究目标，本研究已获取的文献资料有：①宏观经济学、微观经济学、发展经济学、行为经济学、资源经济学、环境经济学及循环经济理论、生态经济理论、公共产品理论、外部性理论、计划行为理论、农户行为理论、激励理论等与研究有关的基础学科理论；②国内外学者有关乡村振兴与绿色发展、生态农业发展与生态农业技术体系建立及推广、农户生态农业行为决策、农户生态行为及生态技术采纳内在动机与外部激励等相关研究进展与综述；③研究所涉及的数据描述方法、计量方法及其最新应用与进展。本研究综合以上文献资料，演绎农户采纳水产生态养殖技术的行为响应、行为绩效特征，归纳不同因素对农户技术采纳行为的影响。

统计资料也称统计信息，是统计部门或单位进行工作时所搜集、整理、编制的各种统计数据资料的总称，它是进行国民经济宏观调控的决策依据，是社会公众了解国情国力和社会经济发展状况的信息主题。本研究通过查阅历年《中国渔业统计年鉴》、《中国林业统计年鉴》、各区县统计年鉴及统计公报、各区县有关主管部门网站等专业年鉴和相关网站，已获取的统计资料有：①统计年鉴，包括《中国渔业统计年鉴》（1980—2020 年）、《海南统计年鉴》（2000—2020 年）、《广东农村统计年鉴》（2000—2020 年）、《广东统计年鉴》（2000—2020 年）、《广西统计年鉴》（2000—2020 年）、《福建统计年鉴》（2000—2020 年）；② 环境公报，包括《中国渔业生态环境状况公告》（2003—2020 年）、《中国生态环境状况公报》（2010—2020 年）、《第一次全国污染源普查公报》（2010）、《第二次全国污染源普查公报》（2020）等；③环南海地区相关统计信息，包括水资源等自然条件信息、人口与经济等人文及社会经济信息、农村绿色发展等区域信息。

1.5.2.2　数理统计与计量分析方法

　　基于研究目标和研究内容的差异，各部分将采用不同的数理统计与计量分析法。①用结构方程模型，检验感知有用性、感知易用性、感知经济性、主观规范对农户水产生态养殖技术行为意愿的影响效应；②运用 Logistic-ISM 模型分析农户行为响应的主要影响因素和作用机理；③运用二元 Logistic 模型识别影响农户水产生态养殖技术行为意愿与现实行为一致性的显著因素，运用增强回归树模型量化各影响因素对农户行为意愿、现实选择的相对重要性及其边际效应；④用结构方程模型（SEM）从经济绩效、技术绩效、社会绩效和生态绩效的满意程度来探究农户水产生态养殖技术采纳绩效的作用机制。

1.6　本研究的主要特色与创新之处

1.6.1　本研究的主要特色

（1）研究具有前沿性

　　面对"小规模，大群体"生产占主导的水产养殖现状，基于资源压力与污染防治日趋迫切的现实背景和水产生态养殖技术农户采纳行为这一特定领域针对性研究稀少的学术背景，把握、优化农户水产生态养殖技术采纳行为以引导农户采纳水产生态养殖技术成为一个迫切需要解决的问题。

（2）属于多学科融合研究范畴

　　从学科属性来看，农户行为属于行为学范畴。但水产养殖应以环境容量为基础，以资源持续利用为基础。对水产生态养殖技术采纳农户行为展开研究需要跳出单一学科视野，充分汲取多学科营养进行更新和拓展。本研究拟以行为经济学、经济社会学、环境经济学及循环经济理论为基础，探源、融合农户水产生态养殖技术采纳行为的理论，通过"理论整合"提出农户水产生态养殖技术采纳行为的理论分析框架。

1.6.2　本研究可能的创新之处

（1）视角创新

　　将水产养殖污染防治和生态养殖技术推广问题从农户采纳行为分析的角

度进行融合，突破以往普遍遵循的"认知-意愿-行为"的行为决策路径，遵循"行为意愿-行为响应-行为意愿与行为响应一致性-行为绩效-激励政策-行为优化"的递进研究逻辑来考察水产生态养殖技术采纳农户行为的动态过程，这是研究视角的创新。

（2）理论创新

从行为经济学、经济社会学和环境经济学及循环经济理论寻找理论"基石和内核"，构建一个多学科融合的农户水产生态养殖技术采纳行为的理论分析框架，具有一定的理论意义。

（3）研究内容和方法应用上的创新

①在分析影响水产生态养殖技术农户采纳行为因素的基础上，尝试运用ISM模型解析各影响因素间的逻辑关系与层次结构；②尝试利用追踪调研数据探究农户水产生态养殖技术行为意愿与现实行为的一致性及影响因素；③尝试运用增强回归树模型量化各影响因素对农户行为意愿、现实选择的相对重要性及其边际效应；④尝试从经济绩效、技术绩效、社会绩效和生态绩效等维度探究农户水产生态养殖技术采纳绩效的作用机制。以上分析结论有望为政府部门制定引导农户采纳水产生态养殖技术的相关政策提供实证依据。这是研究内容和方法应用上的创新。

第2章 农户水产生态养殖技术采纳行为的基础理论

本章在第一章已有学者关于微观农户技术采纳行为研究基础上，对农户与水产养殖农户、生态农业与生态农业技术、水产养殖与水产生态养殖技术、农户行为与农户水产生态养殖技术采纳行为等概念进行界定，梳理微观主体技术采纳行为及生态环境研究领域中行为经济学理论、农户行为理论、生态经济学理论、循环经济理论等主流理论基础，并阐明以上基础理论对本研究的启示，为下文的开展奠定基础。

2.1 概念界定

2.1.1 农户与水产养殖农户

2.1.1.1 农户

农户，即农民家庭，是以血缘和婚姻关系为基础组成的农村最基层的社会单位。农户既是一个独立的生产单位，又是一个独立的生活单位（中国农业百科全书·农业经济卷，1991），是发展中国家最为重要的经济组织，作为农业生产的生产者和决策者，其行为直接左右农业生产的变动（张林秀，1996）。个体农户以土地私有为基础、以家庭为单位从事农业生产经营活动，是农业经济的微观主体。

农户作为农业社会最基本的经济组织，国内外学者们对农户概念的各种界定为农户行为研究奠定了基础。随着经济社会的发展与不断更新，农户的内涵与外延均发生了一定变化。学界主要从职业、经济区位、身份或政治地位等维度对农户的内涵进行界定（岳跃，2006）。

首先，农户的最小构成单位为家庭。农户是构成农村社区的主体，"农村"是聚居在一定地域范围内的居民在农业生产方式基础上所组成的一个相对完整的社会生活共同体（胡娟，2013）。农户是"农村"产生、存在的前提，是以血缘、婚姻或宗族进行维系的农村生产单位，其最小的构成单位为家庭，通常以家庭为单位，以自身或租入的土地和其他生产资料（或兼而有之），依靠家庭成员的劳动或雇佣劳动（或兼而有之）展开独立的生产经营活动。

其次，农户进行农业生产主要依靠家庭原有劳动力。农户作为农业生产单元既是一个家庭又是一个生产单位，同时具有生产和消费两种行为，具有二元经济特征。俄罗斯经济学家恰亚耶夫认为"个体农户或是家庭农场作为农业种植主体，其存在区别于资本主义大规模农业生产销售的特征，它以自身家庭成员为主要劳动力，满足自身家庭消费"。农户作为农业社会最基本的经济组织，对于农户来说其农业生产主要依靠家庭原有劳动力。

最后，农户兼业化程度逐步加深。个体农户、家庭农场及种养大户是在经济行为动态变迁中实现的，是生产行为扩大的结果，其发展过程呈现变动性。无论是发展中国家的个体农户，还是发达国家的家庭农场，都属于农户的范围（李光兵，1992）。由于生产力的发展，农户家庭劳动力进行再次分工，家庭劳动力向非农工作转变，因而产生了一部分兼业农户，农户分化程度逐步加强。

总之，农户是家庭单位、生产单位，本身也是具有社会意义的组织，呈现的农业生产劳动与家庭经济生活的合一性是农户概念复杂性的具体表现。

2.1.1.2　水产养殖农户

结合上述有关农户的界定，本研究中的水产养殖农户是指在家庭承包经营基础上，以家庭的生产性契约为基础，主要依靠家庭劳动力进行水产养殖的农户，包括不同养殖类型（海水养殖、淡水养殖）、不同养殖品种（鱼类、甲壳类、贝类等）、不同养殖方式（池塘、网箱、筏式、吊笼、底播、工厂化等）、不同养殖规模的水产养殖农户。水产养殖农户虽然以家庭为生产主体，但也存在雇佣劳动和机械性的生产力量，对其自身养殖的水产品的存储、加工、销售、消费等拥有一定的支配权。

2.1.2　生态农业与生态农业技术

2.1.2.1　生态农业

（1）生态农业的内涵

生态农业是指在合理利用农业自然资源和保护良好生态环境的前提下，以生态学原理为指导，遵循生态学、生态经济学规律，运用现代科学技术成果和现代管理手段，因地制宜地将农业生态系统同农业经济系统综合统一起来的一种多层次、多结构、多功能的综合农业生产体系。生态农业既是将农、林、牧、副、渔各业综合起来的大农业，也是农业生产、加工、销售综合起来以适应市场经济发展的现代农业。

生态农业是 20 世纪 60 年代末期作为"石油农业"的对立面而出现的，是以生态经济系统原理为指导建立起来的资源、环境、效率、效益兼顾的综合性农业生产体系。"石油农业"的生产效果具有二重性，一方面保证了农产品的供应与一定程度的粮食安全，另一方面也造成了诸如土壤侵蚀、化肥和农药用量上升、能源危机加剧、环境污染等生态环境问题。源于此，美国土壤学家威廉·阿尔伯里奇于 1970 年首先提出了生态农业的概念，强调在克服使用化肥、农药带来的弊病的同时，又要保证农业的收获。就应该把农业放到自然生态循环之中，让农业在能量、物质营养方面都进行良性的自然循环。生态农业通过适量施用化肥和低毒高效农药等，突破了传统农业的局限性，同时又继承了传统农业的精耕细作、间作套种、废弃物再利用等优良传统，它既是有机农业与无机农业相结合的综合体，又是一个庞大的综合系统工程和高效的、复杂的人工生态系统以及先进的农业生产体系。

（2）生态农业的特点

生态效益与经济效益的统一。生态农业具有生态属性，同时也是人类的一种经济活动，具有生态效益与经济效益相统一的属性特征。其生态属性强调资源节约、循环利用以及环境与生态保护，其经济属性强调通过农业物质循环和能量多层次综合利用，增加农业产出和经济收入，满足社会对农副产品需求的日益增长。

生物与环境的协同进化。生态系统中的生物和环境之间有着密切的相互联系和复杂的物质、能量交换关系，环境为生物的存在提供了必要的物质条件，生物在生存、繁殖过程中通过释放、排泄等形式对环境施加影响，两者周而复始、相互作用、协同进化。生态农业的生产以资源的永续利用和生态环境保护为重要前提，根据生物与环境的协调适应、物种的优化组合、能量物质的高效率运转、输入输出平衡等原理，通过食物链网络化、农业废弃物资源化等，充分发挥资源潜力和物种多样性优势，因地因时制宜，合理布局，合理轮作倒茬，种养结合，建立生物与环境的良性协同进化循环体系，在最大限度地满足人们对农产品日益增长的需求的同时，提高生态系统的稳定性和持续性，增强农业发展后劲。

生物相互间的相生相克。生态系统中的众多生物通过食物营养关系相互依存、相互制约，构成了复杂的、相互交错的食物网，能最大程度地挖掘资源潜力。生态农业遵循生态学和经济学原理，运用现代系统工程的方法，充分利用生物之间的相生相克关系，建立起一个在生态上能自我维持，低输入、高产出的农业生态系统。

能量的多级利用与物质的循环再生。生态系统中的食物链既体现了能量的流动、转化，也体现了物质的流动、转化。生态农业运用生态学中生物占据各自生态位的原理，充分利用了空间结构，因地制宜，以多种生态模式、生态工程和丰富多彩的技术类型装备农业生产，使作物最大限度地利用能量，实现了能量的多级利用与物质的循环再生，实现了社会需要与当地实际的协调发展。

结构的稳定性与功能的协调性。自然生态系统中，经过长期的相互作用，在生物与生物、生物与环境之间，建立了相对稳定的结构，具有相应的功能，形成了相对稳定的生态系统结构。生态农业具有能量多级利用和物质循环再生的生态系统功能，能促使生物之间进行互利互惠的"共生"，有助于生态系统的结构稳定与功能协调。

（3）生态农业的主要模式

生态农业模式是一种在农业生产实践中形成的兼顾农业的经济效益、社会效益和生态效益，结构和功能优化了的农业生态系统。中国的生态农业是包括农、林、牧、副、渔和某些乡镇企业在内的多成分、多层次、多部门相结合的复合农业系统。随着生态农业实践的广泛开展，因地因时制宜，涌现出了许多典型的、符合生态学原理的生态农业模式。

生物立体共生模式。这是一种根据生物种群的生物学、生态学特征和生物之间的互利共生关系，合理建立空间上多层次、时间上多序列的农业生态系统，使处于不同生态位置的生物种群在系统中各得其所，相得益彰，更加充分地利用太阳能、水分和矿物质营养元素，是经济效益、生态效益、社会效益的统一。具体有果林地立体间套模式、农田立体间套模式、水域立体养殖模式，农户庭院立体种养模式等，如种植业中的间混套作、稻鱼（虾）共生等均属于此类模式。

物质循环利用模式。这是一种按照农业生态系统的能量流动和物质循环规律合理设计种养环节，以实现种养环节中能量多级利用和物质循环再生的农业生态系统。在系统中，上一个生产环节的产出是下一个生产环节的投入，实现了能量的多次循环利用，提高了能量的转换率和资源利用率，从而达到经济效益与环境保护的双赢。具体有种植业内部物质循环利用模式、养殖业内部物质循环利用模式、种养加三结合的物质循环利用模式等，如在长江三角洲和珠江三角洲地区较为普遍的"桑基鱼塘"即属于此种模式。

生态环境治理模式。这种模式主要利用生态位原理，将在生理和生态上适应性不同的生物群体组合成合理的复合生态系统，以保护和改善生态环境，防治污染，维护生态平衡，提高生态系统的稳定性和持续性。这种模式主要用于解决水土流失、土地贫瘠化、沙化、荒漠化等生态问题。包括生物措施与工程措施相结合来控制水土流失的小流域治理模式；实行种草植树、控制放牧强度等来治理土地沙化、荒漠化的模式等。经过几十年的探索，我国在植树造林、控制沙漠化、治理水土流失等方面已经取得了很大的成就。

时空食物链综合模式。这种模式在一定区域内，运用生态规律，建立空间上多层次、时间上多序列、能量多级利用、物质循环再生的农业生态系统，使系统中的物质得以高效生产和多次利用，是一种适度投入、高产出、少废物、无污染、高效益的模式类型。如典型的"四位一体"生态模式，即在自然调控与人工调控相结合条件下，利用可再生能源（沼气、太阳能）、保护地栽培（大棚蔬菜）、日光温室养猪及厕所等 4 个因子，通过合理配置形成以太阳能、沼气为能源，以沼渣、沼液为肥源，实现种植业（蔬菜）、养殖业（猪、鸡）相结合的能流、物流良性循环系统，这是一种资源高效利用、综合效益明显的生态农业模式。

2.1.2.2 生态农业技术

生态农业技术随着生态农业的发展衍生而来。对生态农业技术的界定，目前学界尚无明确、统一的定义。众多学者对生态农业技术内涵的认识有广义与狭义之分。广义的生态农业技术是指以生产安全无公害、天然无污染的生态有机农产品为目标，为保障农产品质量安全、促进农业可持续发展和保护农业生态环境的可持续农业技术；狭义的生态农业技术是指生态农业生产中使用的各种技能、工具和规则体系的集合（张云华等，2004；Ghadiyali T R et al.，2012；吴雪莲，2016；张亚如，2018）。当前我国生态农业建设中的实用技术有沼气利用技术、太阳能利用技术、细绿萍养殖及综合利用技术、稻田养蟹技术、食用菌栽培技术、病虫害生物防治技术等。

2.1.3 水产养殖与水产生态养殖技术

2.1.3.1 水产养殖

水产养殖是指人类利用适宜养殖或种植的水域，按照养殖客体的生活习性和水域环境条件要求，运用水产养殖技术和设施，从事水生经济动、植物养殖的农业活动。水产养殖业是农业生产部门最重要的产业之一，有淡水养殖和海水养殖之分。

（1）淡水养殖

淡水养殖是指利用池塘、水库、湖泊、江河以及其他内陆水域（含微咸水），饲养和繁殖水产经济动物（鱼、虾、蟹、贝等）及水生经济植物的生产，是内陆水产业的重要组成部分。养殖的对象主要为鱼类和虾蟹类，前者主要包括青鱼、草鱼、鲢、鳙、鲤、鲫、鳊、鲂、鲮、罗非等经济性鱼类，后者有罗氏沼虾、海南大虾、河蟹等。淡水养殖业在我国有悠久的历史，养殖面积和产量居世界首位，在改变农村经济结构、促进我国经济发展、改善人民生活质量等方面发挥了重要的作用。按养殖场所分有池塘养殖、湖泊养殖、江河养殖、水库养殖、稻田养殖、工厂化养殖、网箱养殖、微流水养殖等；按集约化程度可分为粗养、半精养和精养（图2－1）。

（2）海水养殖

海水养殖是利用浅海、滩涂、港湾、围塘等海域进行饲养和繁殖海产经济动植物的生产方式，是水产业的重要组成部分，是人类定向利用海洋生物

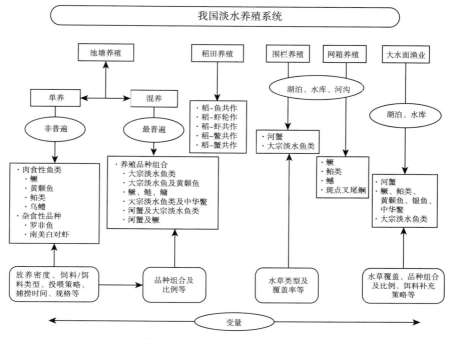

图 2-1　我国淡水养殖系统简图

资料来源：Wang Q D，Cheng L，Liu J S，et al. Freshwater aquaculture in PR China：trends and prospects ［J］. Rev Aquac.，2015，7 (4)：283-302.

资源、发展海洋水产业的重要途径之一。海水养殖的对象主要是鱼类、虾蟹类、贝类、藻类以及海参等其他经济动物。我国海水养殖历史悠久，早在汉代之前就有牡蛎养殖的记载。新中国成立以来，我国海水养殖发展迅速，海带、紫菜、贻贝和对虾等主要经济品种的快速发展带动了沿海经济的发展，成为沿海地区的一大产业，目前中国已成为海水养殖第一大国。按养殖对象分为鱼类、虾类、贝类、藻类和海珍品等海水养殖，其中鱼类品种主要有梭鱼、鲻、尼罗罗非鱼、真鲷、黑鲷、石斑鱼、鲈、大黄鱼、美国红鱼、牙鲆、河豚等；虾类有中国对虾、斑节对虾、长毛对虾、墨吉对虾、日本对虾和南美白对虾等；贝类有贻贝、扇贝、牡蛎、泥蚶、毛蚶、缢蛏、文蛤、杂色蛤仔和鲍鱼等；藻类有海带、紫菜、裙带菜、石花菜、江蓠和麒麟菜等。按集约程度分为粗养（包括护养、管养）、半精养和精养，以粗养为主。按空间分布分为围塘、海涂、港湾和浅海等。

2.1.3.2 水产生态养殖技术

学界普遍认为，生态养殖是水产养殖业未来发展的方向，构建健康、生态、节水减排和多营养层次养殖系统的生态养殖技术体系，是控制水产养殖污染的有效途径（唐启升等，2013；叶乃好等，2016；秦鹏等，2019；张懿等，2020）。农业农村部等十部委联合发布《关于加快推进水产养殖业绿色发展的若干意见》(2019)，将水产生态养殖模式纳入绿色产业指导目录，开展水产健康养殖示范创建，发展生态健康养殖模式。2020 年中央 1 号文件也提出要推进水产绿色健康养殖。《2020 年生态健康养殖模式推广行动方案》开展水产生态健康养殖技术模式示范，要求沿海地区每个省份应选择 3个以上技术模式，建立海水类推广基地 5 个以上、建立淡水养殖类推广基地 5 个以上；内陆水产养殖重点地区每个省份应选择 3 个以上技术模式，建立推广基地 6 个以上；其他地区每个省份和新疆生产建设兵团自行选择技术模式数量，建立推广基地 2 个以上。同时，《2020 年生态健康养殖模式推广行动方案》列举了当前实践中普遍采用的水产生态养殖技术模式。

（1）池塘工程化循环水养殖技术

池塘工程化循环水养殖技术模式是根据鱼、虾、蟹池塘养殖特点，在池塘内通过多营养级营造、功能区构建、智能机械配置等进行水质调控、底质调控和精准管控，以实现高效集约养殖的一种池塘循环流水生态式圈养模式。该技术模式在养殖区利用排水渠、闲置塘、水田等构建生态净化渠、沉淀池、生态塘、复合人工湿地和渔农综合种养系统等对养殖尾水进行生态净化处理，能有效修复严重退化的池塘养殖系统，节约养殖资源，提高养殖效益（图 2-2）。

（2）工厂化循环水养殖技术

工厂化循环水养殖技术是在室内建设养殖设施，通过对养殖水进行物理过滤、生物净化、杀菌消毒、脱气增氧等一系列处理后，使全部或部分养殖水得以循环利用的养殖模式。循环水养殖是在全人工控制条件下的水产养殖生产，是养殖生产的工业化。通过该技术的实施，可以实现养殖水温可控、保证养殖水质、生产过程机械化、生产管理程序化、养殖用水循环利用的目的，可以有效防止疾病的发生和传播、减少用药甚至不用药、减少污水排放、解决养殖水产品药物残留超标、保护生态环境等问题（图 2-3）。

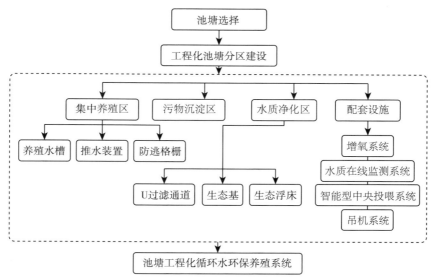

图 2-2　池塘工程化循环水养殖技术实施路线图

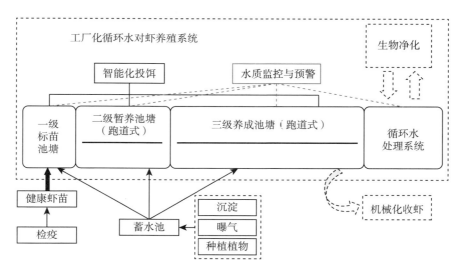

图 2-3　工厂化循环水对虾养殖系统示意图

（3）稻渔综合种养技术

稻渔综合种养技术是根据生态循环农业和生态经济学原理，利用物种间资源互补的循环生态学机理，将水稻种植与水产养殖有机结合，获得水稻和鱼、虾等水产品的一种生态种养技术，是一种具有稳粮、促渔、增效、提质、生态等多方面功能的现代生态循环农业发展新模式（图 2-4）。

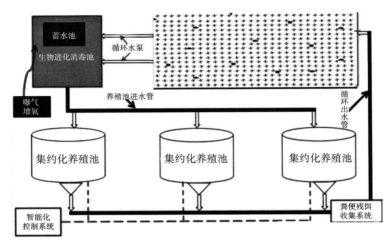

图 2-4　稻渔综合种养技术模式系统示意图

（4）深水抗风浪网箱养殖技术

深水抗风浪网箱养殖技术模式是将网箱养殖系统安放在离岸相对较深的水域以开展集约化养殖。深水抗风浪网箱是一个系统的养殖工程设施，技术体系主要由"深水网箱＋配套养殖设施＋养殖技术工艺"三部分构成。这种养殖模式主要用于水深 15 米以上的深离岸半开阔或开阔海域的海水鱼类养殖，亦可用于水深适宜的湖泊、大型水库等内陆水域的淡水鱼类养殖（图 2-5）。

（5）多营养层级综合养殖技术

多营养层级生态养殖技术是指在同一养殖水域（池塘和浅海等）内科学搭配多营养层级的水生动植物，根据混养品种在栖息水层、食性、生活习性等养殖特点所建立的一种互相促进、生态互补的立体生态养殖模式。这种养殖模式不仅有利于稳定水质、循环利用营养物质、生态防病、减少污染，而且能有效提升水产品品质和养殖效益。实践中，多营养层级综合养殖技术模式主要分为海水和淡水两大类（图 2-6）。

淡水多营养层级生态养殖技术是在淡水养殖中通过混养不同食性的鱼，配合主要养殖物种，达到提高资源利用率、降低环境污染的目的。实践中主要包括"池塘分级序批养殖模式"、"池塘种青养鱼生态健康养殖模式"、"华南草鱼多级养殖模式"等。

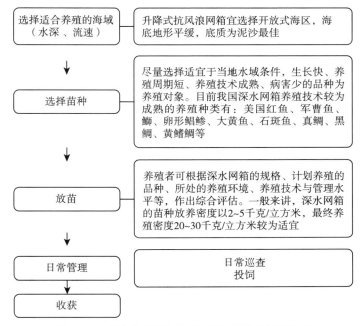

图 2-5 深水抗风浪网箱养殖技术模式实施路线

海水多营养层级生态养殖主要利用不同营养层级水产动植物之间的相互作用建立生态养殖模式，多以经济价值较高的虾蟹为主要养殖品种，主要包括"海水池塘虾蟹贝鱼多营养层级生态健康养殖模式"、"低盐水鱼虾多营养层级生态养殖模式"、"斑节对虾与青蟹、黄鳍鲷养殖模式"等典型模式。

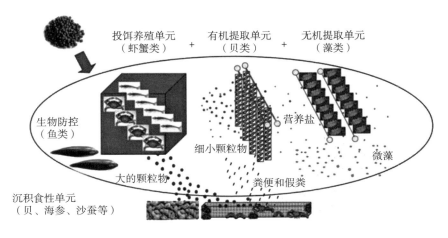

图 2-6 多营养层级综合养殖示意图

(6) 鱼菜共生生态种养技术

鱼菜共生是一种生态型可持续发展的复合耕作体系。鱼菜共生生态种养技术模式是指在养殖池塘水面进行蔬菜无土栽培，利用鱼类与植物的营养生理、环境、理化等生态共生原理，使鱼类与蔬菜共生互补，实现池塘鱼菜生态系统内物质循环，达到养鱼不换水、种菜不施肥、资源可循环利用的目标。在鱼菜共生系统中，水产养殖的水被输送到水培栽培系统，由细菌将水中的氨氮分解成亚硝酸盐然后被硝化细菌分解成硝酸盐，硝酸盐可以直接被植物作为营养吸收利用。鱼菜共生让动物、植物、微生物三者之间达到一种和谐的生态平衡关系，是可持续循环型零排放的低碳生产模式，也是有效解决农业生态危机的有效方法（图2-7）。

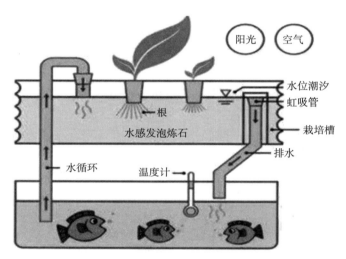

图2-7 鱼菜共生生态种养技术模式示意图

2.1.4 农户行为与农户水产生态养殖技术采纳行为

2.1.4.1 农户行为

行为即举止行动，是主体为达到某种特定目标而受思想支配表现出的一系列活动的过程。农户行为一般是指农户在日常生活和农业生产实践过程中进行的各种选择决策和变更行为，这种决策和变更行为是在一定的经济制度、资源结构和技术水平下，农户为达到一定的生产和生活目标，在选择生产方向、生产规模和生产方式（包括采用技术结构）上所采取的一系列经济活动，包括生产行为、消费行为、储备行为、投资行为、决策行为等，是农户作为一个农产品生产者为了满足自身物质和精神需要而做出的一系列选择和决定的过程。农户在进行农业生产的实践过程中，具有不同的行为选项，农户行为实际上是一个包含多种可能行为模式的行为集，以实现效用最大化。在具体的农业生产过程中，不同的行为在时间上继起，形成一个完整的行为链。

本研究的农户行为强调农户的生产行为，即农户在一定的社会条件中，为实现一定的经济目标，在农业生产过程中所采取的一系列活动集。具体到水产养殖产业，本研究聚焦于农户水产养殖活动中的生态行为，涵盖农户将各种生产资源投入水产养殖项目中，进行水产养殖的全过程，主要包括农户养殖前的生态决策行为，养殖过程中的物质投入、资本投入及技术采用、劳动力资源配置行为等。

2.1.4.2　农户水产生态养殖技术采纳行为

农户技术采用是一系列行为的集合。有关农户生态农业技术采纳行为，目前学界尚无明确的概念界定。借鉴现有文献（吴雪莲，2016；乔丹，2018；黄晓慧，2019），结合水产养殖产业发展实践，农户水产生态养殖技术采纳行为是指水产养殖农户基于利润最大化和生态环境最优化，通过合理配置现有资源采纳水产生态养殖技术的决策动态过程，包括采纳动机、采纳意愿、采纳决策、采纳强度、采纳绩效、行为优化等行为节点。

农业技术由一系列不同子技术组成。在农业生产过程中，农户会根据需要进行组合采用各子技术（Mann et al.，1978），或采用一组技术束以实现效用最大化（Yu et al.，2012）。水产生态养殖技术是由多项子技术构成的技术包，多项子技术之间也可能存在关联效应，农户可以同时采纳几项技术来解决养殖过程中面临的问题。

2.2　理论基础

2.2.1　行为经济学理论

（1）行为经济学理论的产生与发展

传统的西方经济学建立在"理性人"假设的基础上，将人本身作为具有常量性质的经济人看待，是绝对理性的代表，以完全利己为目的从事经济活动，进行经济决策时将利益最大化作为唯一的权衡因素，以此为前提对其展开微观经济主体理性规律的研究。20世纪80年代，泰勒等经济学家通过对进化心理学的研究发现，人虽然存在自私自利的内在因素，但在大多数情况下的行为兼具理性与非理性，在具体的经济决策面前，往往呈现出一定的利他性。这有悖于传统的"理性人"假设，这种双向的矛盾成为行为经济学分析的中心问题。理查德·泰勒、丹尼尔·卡尼曼、维农·史密斯等经济学家尝试将心理学、社会学等学科的研究方法和成果引入到经济学研究中来，把经济运作规律和心理分析有机结合，提出了将非理性的经济主体作为微观研究对象，从而开创了对微观经济主体的非理性规律进行研究的先河，行为经济学应运而生。

行为经济学是一门实用的经济学，通常采用观察与实验等心理分析法，以个体或群体的经济行为作为研究对象，通过构建的理论框架与经验规律，将行为分析理论与经济运行规律、心理学与经济科学有机结合起来，以发现现今经济学模型中的错误或遗漏，进而修正主流经济学关于人的理性、自利、完全信息、效用最大化及偏好一致基本假设的不足。行为经济学聚焦于对非理性人及其行为的研究，其研究方向着眼于能够体现非理性决策在经济生活中运用的方式、作用的范围及效果的评析，主要涵盖界定行为经济理论有别于传统一般经济模型的领域以及探讨行为因素是怎样作用并影响经济环境的。行为经济学增加了经济行为分析的变量，增加了经济行为分析的角度——从行为到经济现象的角度，丰富了正统经济学分析问题的方式；行为经济学关注到了经济因素和非经济因素共同影响经济行为的产生，对经济行为的分析更接近现实。

总之，行为经济学作为经济学领域一门崭新的学科，把心理学引入经济分析范畴，通过对传统经济理论的立论假设的根本性革新，注重从实证中搜集研究信息而不再拘泥于理论的推导，开拓出了一个新的研究领域与方向，真正实现了经济学对于"人"的研究。随着行为经济学的建立和完善，以丹尼尔·卡尼曼和维农·史密斯因在行为经济理论和实验经济学方面的杰出研究而获得2002年度诺贝尔经济学奖为标志，行为经济学有力地展现了其存在价值、学术地位以及广阔的研究前景，展现出由"边缘性经济学"向"主流经济学"靠拢的趋势，在事实上促进了以新古典经济学为代表的传统经济学的完善，以及经济学解释力的提升。

（2）对本研究的启示

农户生产行为的决策是结合一定的自身或者社会因素进行的，背后的机制在经济学层面上均具有一定的合理性。将农户作为市场主体看待，其具有理性，他们在进行生产的过程中会自觉进行权衡以实现自身利益最大化；农户作为生产主体，进行理性权衡的过程中也会受其决策偏好的影响，其行为或不能做到理性上的合乎中道，但其行为所体现的是自身权衡下的利益最大化，兼具农户自身的理性和非理性因素考量，将二者纳入统一范畴下进行权衡，则为行为经济学的逻辑内涵。

从观测上看，造成水产养殖污染的直接原因来自养殖农户的生态不友好行为，但养殖农户的养殖行为是在自身以及各种制度的约束或激励下做出的选择，人的机会主义倾向使其容易将成本、费用转嫁给他人，损人利己。在水产养殖方式的选择以及养殖废弃物的处理上，由于养殖农户是有限理性人，在不同客观条件限制下具有不同的"理性限度"，当考虑到水产生态养殖负担重、比较利益低、污水治理投入成本高等客观条件时，有限理性的养殖农户对养殖废弃物很容易做出"不加处理随意排放"的选择，尽管周围环境污染最直接受损的是他们自己，他们对此的认识却非常有限。因此，对农户水产生态养殖技术采纳行为进行行为经济学范式下的分析是贯穿全书的重要经济学思路，也是全书的经济学立足点。

2.2.2　农户行为理论

（1）农户行为理论及主要学派

行为的基本意思为举止行动，是主体为达到某种特定目标而受思想支配表现出的一系列活动的过程。马克思认为人类最基本的行为为物质生产活动，在这一行为过程当中，人类最为关心经济效益及生产效率的提高。农户作为农业生产主体，其行为包括投资行为、生产行为、消费行为和决策行为等一系列活动，是农户作为一个农产品生产者为了满足自身物质和精神需要而做出的一系列选择和决定的过程。对农户行为的内涵，学界也展开了探讨，宋洪远（1994）将农户行为界定为农户在特定的社会经济环境中，为了实现自身的经济利益而对外部经济信号做出的反应。农户是"经济主体"，以经济或效益最大化为目标，并在一定条件下采取一切可能的行动追求其目标（宋洪远，1994；张启明，1997）。随着工业化阶段的到来以及农民生活水平的改善，农户行为不再仅限于一种经济行为，不仅以追求收入为最大目标，更倾向于一种社会行为（钟涨宝，2003）。研究农户行为理论的根本目标是为了研究农户的经济行为规律，以此规律来预测和指导农户进行合理的经济行为。国外学者对此也作了大量的研究，最早开始研究农户行为的是美国经济学家西奥多·舒尔茨（Theodore W. Schultz），舒尔茨（1964）在其著作《改造传统农业》中提出"农民并不愚昧，贫困农户尽管贫困但是他们已经在现有的约束条件下，做出了最优选择"、"农户行为是贫穷而有效率的"等观点，引发了理论界对农户行为的探讨。在经济学领域，有关农户行为的研究逐渐形成了三种主要流派：以俄国恰亚诺夫为代表的"生存小农学派"、以舒尔茨为代表的"理性小农学派"、以美国华裔学者黄宗智为代表的"历史学派"。

理性小农学派。该学派以理性经济人假设作为理论研究的逻辑起点，认为农户的行为目标是追求利润最大化，农户是"理性小农"，能够将生产要素进行合理有效的配置使其达到帕累托最优。舒尔茨在《改造传统农业》（1964）中提出，"在传统农业社会中，生产要素配置效率低下的情况是比较少见的"，传统农业中的农民是理性的，如同企业家一样都是"经济人"，对市场价格反应灵敏，生产要素的配置投入行为符合帕累托最优原则。如何使传统农业成为贫穷社会经济增长的源泉？舒尔茨认为对传统农业进行改造，关键是要引进新的现代农业生产要素，而农户是否接受新的农业生产要素，取决于该要素的有利性，如果接受一项新的农业生产要素是有利可图的事，那么农户就乐于接受该要素。因此，在合理的成本下，持续不断供应现代化农业生产要素，是促进经济增长的关键。此后，波普金在《理性的小农》（1979）一书中进一步阐述了舒尔茨的理论，他认为小农是在权衡各种利益和风险可能性的基础上以追求利益最大化为目的来做出生产决策的理性人。理性小农学派这一观点被学术界归纳概括为"舒尔茨-波普金命题"。

基于农户在短时期内唯一能够改变的生产投入要素为劳动力的假设前提，图 2-8 和图 2-9 中，Y 代表产量，L 代表劳动力。图 2-8 中，TC 代表投入劳动力的成本，Y_1 表示传统农业下的生产函数，Y_2 为投入新农业生产要素之后的生产函数。图 2-9 中，MP_1 表示传统农业下的边际收益，MP_2 为投入新农业生产要素之后的边际收益，MC 表示边际成本。由新古典经济学理论可知，当边际收益等于边际成本时，即 $MP=MC$ 时可达到利润最大化，在图 2-8 中表现为点 N（传统生产方式下的最优生产决策点）和点 M（投入新农业生产要素下的最优生产决策点）。图 2-8 显示，投入新农业生产要素的生产函数应该比传统农业生产方式更具有优势，Y_1 位于 Y_2 下方。因此，农户作为理性经济人，在 M 点进行农业生产，即将劳动投入增加至 L_2，可获得高的产量收益。

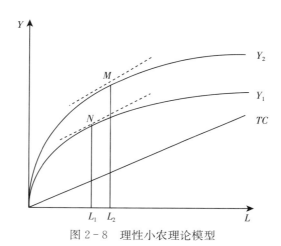

图 2-8　理性小农理论模型

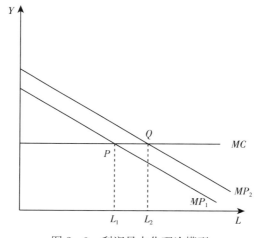

图 2-9　利润最大化理论模型

生存小农学派。该学派认为，农民家庭经济活动的行为逻辑是不同于资本主义企业家的。农户生产行为主要是满足家庭的生存与消费需要而不是像企业家一样追求最大利益。恰亚诺夫主要基于"劳动-消费均衡论"和"家庭生命周期论"两大理论，从微观层面分析农民家庭经济活动的运行机制，他在《农民经济组织》（1996）中提出，农户具有"既是生产者又是消费者"的双重特征，小农的生产目的主要是在家庭劳动供给与家庭消费之间寻求某种均衡，而不是如一般资本主义企业那样在投入成本与追求利润之间达成平衡。基于农户家庭从事农业生产的劳动力来自家庭自身拥有的劳动力数量而导致劳动力投入成本难以核算的原因，当劳动投入增加到主观感觉的"劳动辛苦程度"与所增产品的消费满足感达到均衡时，家庭经济的活动量就静止了。因此，该学派认为农户经济行为具有落后保守、低效率和非理性的行为特征。

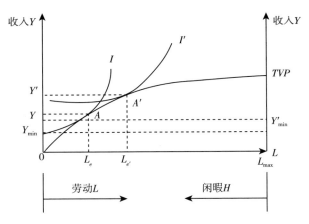

图 2 - 10　恰亚诺夫的"农户理论模型"

基于恰亚诺夫的"农户理论模型"（图 2 - 10）和"劳动-消费均衡论"，图 2 - 11 中，横坐标 S 表示农户获得的收入，纵坐标 Y 表示农户投入劳动的辛苦程度，曲线 TP_0 表示边际劳动辛苦程度，M_0 和 TP_0 的交点 A 则为农民付出劳动的最优点，即劳动和消费的均衡点。A 点右侧为消费满足程度低于劳动辛苦程度，此时付出劳动是无效的；A 点左侧，消费满足程度始终高于劳动辛苦程度，可增加劳动付出直至点 A；当劳动生产率提高时，同样的劳动辛苦程度能够获得相较于原来更高的收入，曲线 TP_0 向右移动到 TP_1，出现新的劳动和消费的均衡点 B，从而出现边际劳动收入增加且边际劳动辛苦程度降低的情况；家庭消费需求上升代表付出同样的劳动辛苦程度所得到的收入需要满足更高程度的需求，即要付出更多的劳动来满足更高的需求，付出劳动的最优点 M_0 向右移动。

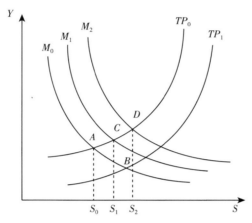

图 2-11　劳动-消费均衡点

　　历史学派。该学派认为，中国的农民既不完全是恰亚诺夫的生计生产者，也不是舒尔茨的最大利润的追逐者，即小农既不单是只为家庭生计考虑的生产者，也不全是"资本主义式"的农业经营者，个人或家庭的利益最大化是中国农户行为决策的共同目标。华人学者黄宗智系统分析了中国 20 世纪中期时大量的农户经济行为数据，发现由于家庭的富余劳动力过多以及其他就业机会的缺乏，农户及家庭受耕地规模限制，在边际报酬较低下的情况下，仍然会继续投入生产资源及劳动力。他在《华北的小农经济与社会变迁》(1985)、《长江三角洲小农家庭与乡村发展》（1992）中提出了著名的"拐杖逻辑"，即农户家庭农业收入不足以维持其成员的生活需求而必须从事兼业活动，农业收入与兼业收入构成中国小农家庭的主要收入，非农兼业收入作为农业收入的"拐杖"而必不可少，使农户及家庭生活持续下去。过密化使得富余劳动力的劳动机会成本几乎为零，无法独立成为一个新的群体，只能继续依附在小农经济之上，不能等同于真正意义上的雇佣劳动力。历史学派综合了理性行为学派和组织生产学派的主要思想，指出要分析小农行为，必须将企业行为理论和消费者行为理论结合起来。

（2）对本研究的启示

上述学派由于研究视角、研究方法以及研究对象的差异，研究结论不尽相同，存在一定差异性，反映出在不同社会经济条件下的农户行为特征，对我国农户行为的研究具有重要的借鉴意义。从现有研究来看，"理性小农"理论是运用最为广泛的观点，特别是在计量分析中多数以此作为构建模型的基础，而针对农户的非理性行为和有限理性行为，则主要通过引入各种约束条件来进行解释。

农户是发展中国家最为重要的经济组织，作为农业生产的生产者和决策者，其行为直接左右农业生产的变动（张林秀，1996），农户的生态农业技术采纳行为是促进农业绿色发展的关键所在（杨兴杰等，2021）。农户作为水产养殖产业中最基本的微观单元，是水产生态养殖的行动主体，兼具水产养殖废弃物直接制造者和污染治理潜在受益者的双重身份，水产养殖污染是农户行为的一个客观结果。从观测上看，农户的水产养殖废弃物处置行为是造成环境污染的直接原因；然而，从根源上看，农户的养殖行为是在各种制度的约束或激励下做出的选择，其中不仅包括市场因素，还包括文化传统的改变、政策安排等非市场因素。探究农户的经济行为规律，以此规律来预测和指导农户进行合理的经济行为，有助于防范养殖污染问题的发生和促进环境质量的改善。

2.2.3　生态经济学理论

（1）生态经济学理论的发展与内涵

生态经济学是 20 世纪六七十年代产生的一门生态学与经济学交叉发展起来的新兴边缘学科。美国海洋学家莱切尔卡逊在 1962 年发表的《寂静的春天》一书中，首次结合经济社会问题开展了生态学研究。随着经济发展和生态问题的凸显，人类的认知逐步深入，逐渐产生了生态、经济系统互相协调、互相促进的新的理论模式，社会经济发展要同所处的生态环境相适应是一切社会和一切发展阶段所共有的经济规律的观点在各界达成了共识。随后美国经济学家肯尼斯·鲍尔丁在《一门科学——生态经济学》中正式提出"生态经济学"的概念，生态经济逐步走向成熟。经济社会系统和自然生态系统之间相互平衡和协调发展，是生态经济系统进化发展的总趋势（刘思华，1987），在任何经济社会形态中都具有内在必然性。

生态经济学是从经济学角度研究由经济系统和生态系统复合而成的生态经济系统的结构、功能及其运动规律性的学科（马传栋，1995），是一门研究再生产过程中经济系统与生态系统之间的物质循环、能量转化和价值增值规律及其应用的科学。生态经济学的目的，是根据生态学和经济学的原理，从生态规律和经济规律的结合上来研究人类经济活动与自然生态环境的关系。具体而言，生态经济学是研究使社会物质资料生产得以进行的经济系统和自然界的生态系统之间的对立统一关系的学科，是既从生态学的角度研究经济活动的影响，又从经济学的角度研究生态系统和经济系统相结合形成的更高层次的复杂系统；既包括全社会生态经济问题的研究，也涵盖各专业类型、各层次类别、不同国家和地区生态经济问题的研究，如农田生态经济、森林生态经济、水域生态经济、草原生态经济以及某区域生态经济等。

当前，生态经济学的研究内容主要包括：①生态经济基本理论，如生态价值理论、生态经济协同发展理论等；②人类社会经济与地球生物圈的关系，包括社会经济发展同自然资源和生态环境的关系，人类的生存、发展条件与生态需求等，如人口过剩、粮食匮乏、能源短缺、自然资源耗竭和环境污染；③自然生态系统的维持能力与国民经济的关系，主要是用生态与经济协同发展的观点指导国民经济建设，为制定符合生态经济规律的社会经济综合发展战略提供科学依据；④森林、草原、农业、水域和城市等各主要生态经济系统的结构、功能和综合效益问题，如制定草原生态经济标准和评价生态经济效益的指标体系等；⑤基本经济实体同生态环境的相互作用的问题，如对重大经济项目做出生态环境经济评价等；⑥生态经济史。随着社会生产力的发展，生态经济问题既具有历史普遍性，又具有历史阶段性，进行生态经济史研究，探明其发展的规律性，有助于指导生态经济建设实践。生态经济学的形成和发展体现了当代自然科学和社会科学走向综合统一科学体系的大趋势。

（2）对本研究的启示

生态经济学理论是研究探索农户水产养殖资源可持续利用必要性的理论依据，它阐明了良好的生态环境是经济社会发展的基础和前提。经济社会发展是通过发挥不同主体的主观能动性来实现的，水产生态养殖系统是一个多行为主体的复杂系统，既包括政府、养殖农户和社会公众等内部行为主体，又包括来自外部的关注水产养殖污染防治的非政府组织。水产养殖的外部性、生态保护的长期性、生态环境问题的滞后性以及环境资源的公共物品属性决定其保护主体通常以政府和社会为主，这就决定了在生态经济发展过程中，必然存在诸多利益不统一的问题。因此，本研究在生态经济理论指导下，基于现有生态养殖激励政策，结合研究区域自然地理环境和社会经济发展状况，围绕经济社会生态可持续发展的现实需求与实现农业发展的可持续性等目标，尝试在自由选择、自愿交换、信息不完全等分散化决策条件下，探讨农户水产生态养殖技术采纳行为的一般规律，使农户水产养殖行为与政府既定目标一致，达到经济绩效、技术绩效、社会绩效和生态绩效的统一，实现激励相容。

2.2.4　循环经济理论

（1）循环经济的内涵

循环经济思想萌芽最早可以追溯到环境保护思潮兴起的时代。20世纪中期以后，全球经济迅速发展，人类在享受丰富的物质文明的同时，也承受着能源短缺、生态破坏和环境污染等所衍生的不良影响，开始逐步关注对污染物的无害化处理。1962年美国经济学家肯尼斯·鲍尔丁提出"宇宙飞船理论"，该理论将地球比作一个需要不断消耗自身资源来维持正常运转的宇宙飞船，通过资源闭路循环可协调经济发展与环境保护间的关系，提出了必须依靠循环经济才能让地球文明得以延续的想法。这一理论被学者普遍认为是循环经济思想的萌芽。随着人类以及生物界所面临的环境问题的日趋严峻，环境保护、清洁生产、绿色消费和废弃物的再生利用等逐步整合为一套系统地以资源循环利用、避免废物产生为特征的循环经济战略。循环经济的内涵逐步完善，并且与绿色经济、可持续发展等命题联系到一起，形成了一个独立的理论。循环经济发展的目标是在保持经济稳定增长的同时最大程度节约利用资源和保护环境，本质上是一种帕累托状态，焦点就是废弃物的减少及其资源化利用，基本内涵主要有经济与生态环境协同发展、物质资源减量化、人与自然的和谐统一等，即通过改善资源的利用条件，以协调社会经济的发展和生态环境的保护，是一条走向最优发展的路径。

与传统经济相比较，两者在理论基础、发展目标、发展方式、生产过程以及发展模式等方面存在显著差异，具体差异如表 2 - 1 所示。

表 2 - 1　传统经济与循环经济之间的区别

差异名称	传统经济	循环经济
理论基础	传统产业组织理论	生态经济理论
发展目标	经济效益最大化	经济、社会和环境效益最大化
发展方式	"资源-产品-废弃物排放"的单向流动、线性经济	"资源-产品-废弃物—再生资源"的多向流动、闭合循环经济
生产过程	高开采、高投入、低利用、高排放的生产方式	低开采、低投入、高利用、低排放的生产方式
发展模式	资源浪费、环境污染的粗放型发展模式	资源节约、环境友好的集约型发展模式

　　资料来源：王志刚．农户参与循环农业行为及绩效评价：理论与实证［D］．沈阳：沈阳农业大学，2015.

（2）循环经济的基本原则

循环经济是一种通过降低资源消耗、减少废弃物排放、提高废弃物利用效率来实现可持续发展目标的新型生产经营活动，遵循的"3R"原则，即减量化（Reduce）、再利用（Reuse）、再循环（Recycle）原则（图 2 - 12）。

减量化原则：该原则包括减少源头物质投入和降低末端废物排放两个方面。在输入端，减少进入生产和消费流程的物质，遵循"节水、节地、节能、节力、节材"的原则，提高资源利用率，预防废弃物的产生，即从经济活动的源头就注意节约资源和减少污染；在输出端，尽量减少生产终端废弃物排放量，树立资源节约的理性消费观，降低废弃物对周围环境的负面影响，缓解生态压力。

再利用原则：该原则侧重生产过程，强调各产业中产业链之间的衔接与转化，要求生产者建立"生产-消费-生产"的循环系统，尽可能延长产品或服务的使用或反复使用时间，在产品完成使用功能后尽可能转变为重复利用的资源。如上游产业排放的废弃物，通过技术转化为下游产业输入端的原料资源投入等，尽可能多次以及尽可能多种方式进行再利用，以防止物品过早成为垃圾。

再循环原则：该原则要求生产出来的物品在完成其使用功能后，所排出和使用后的废弃物能重新变成再生资源加以利用,属于输出端方法,同时也要求生产过程中所产生的边角料、中间物料和其他一些物料也能返回到生产过程中或在另外地方加以利用。再循环利用方式有初级再循环和次级再循环两种,前者为废弃物被循环用来生产同种类型的新产品,后者为将废弃物回收后加工形成异于原产品的新产品。

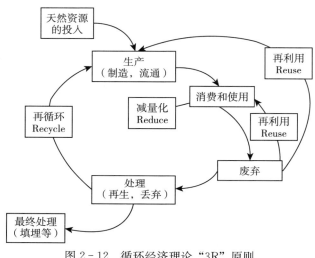

图 2-12 循环经济理论"3R"原则

(3) 对本研究的启示

循环经济关注的焦点为废弃物,包含废弃物的减少及其资源循环利用两个方面。资源学认为,没有绝对的废弃物,只有放错位置的资源。具体到本书的研究对象水产养殖而言,遵循生态学和经济学原理,运用现代系统工程的方法,利用生态系统中的众多生物之间的相生相克关系,通过食物营养关系的相互依存、相互制约,最大程度地挖掘资源循环利用潜力,是循环经济的重要内容。因此,循环经济理论是本书重要的基础理论。

2.2.5 公共产品理论

(1) 公共产品理论的内涵

公共产品理论,是新政治经济学中的一项基本理论,也是正确处理政府与市场关系、转变政府职能、构建公共财政收支、公共服务市场化的基础理论。最早提出公共产品思想的是英国经济学家休谟,其在《人性论》(1739)

一书中通过"公共草地排水"的案例分析了公共产品的公共性特征，并提出"公地悲剧"现象。在 20 世纪末，奥意学派将古典经济学中的边际效用价值论运用到财政学科研究上，论证了政府和财政在市场经济运行中的合理性、互补性，形成了公共产品理论的雏形。公共产品经典理论的形成得益于萨缪尔森的贡献。萨缪尔森在其发表的《公共支出的纯粹理论》（1954）和《公共支出理论的图式探讨》（1955）中系统阐述了公共产品理论，并分析、解决了诸如集体消费产品的定义、生产公共产品所需资源的最佳配置的特征等核心问题。1965 年，布坎南在《俱乐部的经济理论》中首次对非纯公共产品（准公共产品）进行了讨论，认为准公共产品是介于纯粹的公共产品和私人产品之间且兼具两者性质的某类产品。布坎南的定义使公共产品的概念得以拓宽。桑得莫在《公共产品与消费技术》（1973）中着重从消费技术角度对混合产品（准公共产品）进行了研究，进一步推动了公共产品理论的发展。

根据公共产品理论，社会产品分为公共产品和私人产品。私人产品是指那些具有效用上的可分割性、消费上的竞争性和受益上的排他性的产品。按照萨缪尔森在《公共支出的纯理论》中的定义，纯粹的公共产品或劳务是这样的产品或劳务，即每个人消费这种物品或劳务不会导致别人对该种产品或劳务消费的减少。公共产品具有效用的不可分割性、消费的非竞争性和受益的非排他性三个显著特征。在公共产品方面，由于存在"市场失灵"，使市场机制难以在一切领域达到"帕累托最优"，如果由市场来提供公共产品就不可避免地出现"搭便车"现象，从而导致休谟所指出的"公共的悲剧"，难以实现全体社会成员的公共利益最大化。水、大气、森林等环境资源属于典型的公共产品，具有消费的非排他性和非竞争性。这种公共产品的特殊属性决定了每个人都平等地享有使用权，从而导致利己动机的产生，只顾眼前利益，对环境资源过度使用，最终导致生态环境资源越来越稀缺，产生"公地悲剧"的现象。

（2）对本研究的启示

从供给方面看，个体对生态资源的依赖和享用并不妨碍其他个体同时得到相应的消费，即对生态资源的享用具有非排他性；从消费方面看，每增加一个单位的生态资源的供给，其边际成本为零，即生态资源在消费上具有非竞争性。因此，生态资源具有公共物品特征。与其他公共物品一样，在生态资源的供给中，私营厂商和消费者均无法提供充足的生态资源，市场对提供生态资源是失效的，生态资源的供给也是不足的，生态问题由此产生了，生态环境被污染、破坏，生态资源越来越稀缺以及发生所谓"大自然的报复"。由于生态资源不能通过私营厂商和消费者来实现最优配置，即存在着"市场失灵"，而提供公共物品是政府的首要职责，这时就需要政府干预。

政府代表着社会公共权力，对本地区的生态环境质量负有责任，生态环境管理是政府的重要职责之一。环境资源的公共物品属性和养殖污染及其控制的显著外部性特征，使得政府成为控制水产养殖污染最基本也是最重要的主体之一。政府通过建立环保部门，综合运用经济、行政、法律、技术和教育等手段建立利益反馈机制将农户行为外部效应内部化，激励农户采纳水产生态养殖技术，实施生态养殖，以防治水产养殖污染。因此，公共产品理论是本书重要的基础理论。

第3章　我国水产养殖发展及其污染防治

在对关键概念、理论基础进行详细阐述的基础上，本章对我国水产养殖发展历程、发展现状进行回顾，把握我国水产养殖发展动态，分析我国水产养殖产业发展困境，并对水产养殖污染及其防治进行阐述。

3.1　我国水产养殖发展历程及现状

3.1.1　我国水产养殖发展历程

纵观新中国成立以来水产养殖业的发展历程，伴随不同时期经济体制的发展情况以及政策、社会环境等多重因素的影响，我国水产养殖的发展发生了巨大变化，呈现出比较鲜明的阶段性特征，大体可以划分为计划经济时期的养殖阶段、以政府主导为主的养殖阶段、市场力量介入的快速发展阶段、高产养殖向生态养殖转型的发展阶段。

（1）计划经济时期的养殖阶段（1978 年以前）

在计划经济时期，水产养殖与农业生产中的其他领域一样，受到国家政策力量的直接影响，以国家计划体制为主，水产养殖业在曲折中发展。国家力量主要通过政策干预、组织动员、技术推动等方式促使水产养殖向追求高产量的方向转型。在这一时期，除个别年份外，我国水产品产量保持了相对稳定的增长态势，全国水产品产量已从 1949 年的 45 万吨增长到 1977 年的 470万吨，年均增长 8.74%，其中人工养殖水产品产量达到 119 万吨（图 3-1）。

新中国成立初，毛泽东主席提出了"三山六水一分田，渔业大有可为"的思想，大力发展水产养殖是在当时粮食极端匮乏的背景下缓解食品供给紧

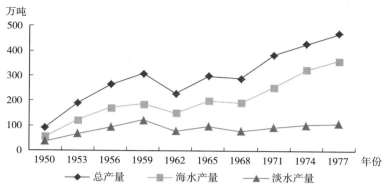

图 3-1　1950—1977 年中国水产养殖产量变化情况
资料来源：中华人民共和国国家统计局。

张、改善人民饮食结构、提高大众营养水平的重要途径。1950—1957 年，我国进入国民经济恢复阶段，也是水产养殖产业的恢复发展时期。在这一时期，我国发布了《中华人民共和国发展国民经济的第一个五年计划书（1953—1957 年）》，要求大力发展淡水水产养殖，快速增产以实现高产被确定为新中国成立后水产养殖的主要目标，水产养殖产量呈现恢复性快速增长的局面，全国水产总产量、海水产品产量、淡水产品产量分别由 1953 年的190 万吨、122 万吨、68 万吨增长到 1957 年的 312 万吨、194 万吨、118 万吨。受"大跃进"、人民公社、自然灾害的影响，1960 年至 1962 年间，我国水产品产量连续四年下降至 1962 年的 228 万吨，比 1959 年下降了26.21%，农村经济衰退，农民家庭养殖被限制，农村集市贸易被关闭，水产养殖产业发展进入低迷调整时期，水产养殖产业在曲折中发展。

这一阶段，在高产、快速增产的目标之下，与新中国成立前的传统水产养殖模式相比，水产养殖品种、方式发生变化。在养殖品种方面，随着海带夏苗培育法、陶罐施肥技术等技术的发展、推广，推动了海带的人工养殖在山东省的全面兴起。在攻克了海带南移的重要技术后，海带养殖逐渐从山东迅速向广东、江苏、浙江等省推广并获得了高产，基本改变了海带长久以来依靠进口的趋势，迎来了我国沿海藻类养殖的第一次浪潮；在养殖方式上，1958 年提出了八字精养法，即"水（改良水质，增加水深）、种（苗种健壮）、饵（饵料充足）、密（密放，合理密养）、混（多品种混合放养）、轮

（轮入轮捕）、防（防治病虫敌害）、管（专人管理）"，开始普遍推广高密度放养，在提高养殖产量上效果显著。

（2）以政府主导为主的养殖阶段（1978—1984 年）

党的十一届三中全会召开以后，随着我国经济体制的发展与完善，我国水产养殖产业的所有制和生产格局也发生了重大变化。与西方现代渔业发展过程中，资本为追求利润成为技术变革的主要推动者不同，政府是我国水产养殖技术变革和推广的主要推动者。国家力量对水产养殖产业发展的推动主要通过政策干预、组织动员、体制改革、技术推动等，以政府力量促进科技创新。

在经济体制改革方面，1978 年我国农村率先实行家庭联产承包责任制，这对水产养殖模式变迁起到了极大地推动作用。与集体经济时期相比，家庭联产承包责任制的实施赋予了农户生产经营自主权，激发了水产养殖户的劳动积极性，单位水面的产量获得提升，涌现出较多水产养殖"万元户"等养殖户养殖致富的事例，经媒体广为宣传，带动我国水产养殖业进入新的发展阶段。

在政策引导方面，1979 年，中央在《关于加快农业发展若干问题的决定》中强调，要合理利用水产资源，充分开发水面和滩涂，以极大的努力发展淡水和海水养殖业，加速渔业生产，增加水产品产量，继续鼓励社员家庭、集体从事水产养殖活动。

在组织动员方面，中央要求由一定的机构或专人负责，从资源的调查和利用、资金和物资的扶持、技术指导、产品加工等各方面作出切实的安排，以保证各类水产养殖事业能够得到迅速发展。1978 年，中国渔业协会赴日本参观考察日本的渔业生产，此次考察形成了把发展水产养殖而不是捕捞作为水产增产的主要途径以加速实现渔业现代化的思路。在 1979 年初召开的全国水产工作会议确定了积极发展水产养殖的方针。国务院批转了该会议的报告并指出，水产是国民经济中不可缺少的一个重要组成部分，要求各有关部门积极支持海洋渔业生产（国发〔1979〕119 号），在此背景下，沿海省份大力发展海水、淡水水产养殖，内陆省份则积极发展淡水水产养殖。

在技术推广方面，改革开放后，以高产为目标的现代养殖技术研究与推广被提升到了一个前所未有的高度。政府提倡采取先进技术和装备，促进渔业捕捞、养殖、加工和储运的现代化。如 1980 年初，科研人员攻克了对虾的工厂化育苗技术，并在全国推广应用；1982 年，国家水产总局给浙江省下达"池塘养鱼连片万亩千斤高产技术推广"项目，通过"混放密养、轮捕轮放、合理投饵、看水施肥、防治鱼病、机械增氧"等技术养鱼，实现增产增效，最高亩净产达到 1 368 千克（浙江省水产志编纂委员会，1999）；1983 年，青岛市对虾放流增殖试验获得成功并在沿海地区大面积推广，增加了海洋渔民的收入，优化了国民的膳食结构。

以上措施对促进水产养殖产业的迅速发展起到了重要作用，我国水产养殖产业进入了快速发展的新时期。在水产品产量上，1984 年全国水产总产量、海水产品产量、淡水产品产量分别为 619.34 万吨、394.37 万吨、224.97 万吨，分别较 1978 年增长 153.99 万吨、34.89 万吨、119.10 万吨，增幅分别为 33.10%、9.71%、112.50%；在水产品来源上，1978 年天然生产、人工养殖提供的水产品产量分别为 344.16 万吨、121.18 万吨，占水产品总量的比重分别是 73.96%、26.04%；1984 年天然生产、人工养殖提供的水产品产量分别为 395.13 万吨、245 万吨，占水产品总量的比重分别是 63.80%、39.56%，天然生产水产品产量占比逐步下降，人工养殖比重逐渐上升；在养殖品种上，突破传统养殖品种，因地制宜地养殖鱼、虾、贝、蛙、海带、紫菜等各种水生动植物，并且积极扩大了精养面积（表 3-1 至表 3-3）。在养殖方式上，逐步建成一批渔业基地，有条件地推广工厂化养鱼、养虾，并积极开辟外海渔场。

表 3-1　1978—1984 年中国水产养殖产量变化情况

单位：万吨

指标	1984 年	1983 年	1982 年	1981 年	1980 年	1979 年	1978 年
总产量	619.34	545.81	516.00	461.00	449.70	431.00	465.35
海水产品	394.37	361.74	359.31	323.23	325.71	318.88	359.48
天然生产	330.51	307.16	——	——	281.27	——	314.52
人工养殖	63.90	54.50	49.50	45.80	44.43	41.60	44.95
淡水产品	224.97	184.08	156.20	137.35	124.00	111.59	105.87
天然生产	64.62	42.00	——	——	33.85	——	29.64
人工养殖	181.10	142.80	120.70	101.40	90.15	81.30	76.23

注：表中数据均来自中华人民共和国国家统计局，因统计口径的原因，海水产品与天然生产和人工养殖的合计略有出入；淡水产品与天然生产和人工养殖的合计略有出入。下同。

表 3-2　1978—1984 年中国海水产品产量变化情况

单位：万吨

指标	1984 年	1983 年	1982 年	1981 年	1980 年	1979 年	1978 年
鱼类	267.04	251.42	257.85	231.74	234.12	231.26	256.07
虾蟹类	59.38	49.09	46.94	41.80	42.05	40.83	50.59
贝类	41.29	36.74	31.69	26.92	23.38	21.76	26.84
藻类	26.66	24.49	22.84	22.77	26.16	25.04	25.98
其他	—	—	—	—	—	—	—
合计	394.37	361.74	359.31	323.23	325.71	318.88	359.48

资料来源：中华人民共和国国家统计局。

表 3-3　1978—1984 年中国淡水产品产量变化情况

单位：万吨

指标	1984 年	1983 年	1982 年	1931 年	1980 年	1979 年	1978 年
鱼类	216.79	175.83	147.90	128.98	116.33	105.28	99.70
虾蟹类	5.19	5.62	5.65	5.13	5.16	4.35	3.81
贝类	2.98	2.63	2.65	3.24	2.50	1.96	2.35
其他	—	—	—	—	—	—	—
合计	224.97	184.08	156.20	137.35	124.00	111.59	105.87

资料来源：中华人民共和国国家统计局。

（3）市场力量介入的快速发展阶段（1985—2005 年）

改革开放以来，伴随着经营体制改革的不断推进，国家逐步为市场让渡空间，市场力量逐渐成为除国家力量以外引导、推动水产养殖产业发展的主要因素。在市场逻辑下，养殖农户的经济理性受到激发。同时，与市场经济相伴生的消费文化，也促使养殖农户采纳"高产"水产养殖模式以最大化投资回报和财富积累，来应对市场经济体制下不断增长且无止境的消费需求（罗亚娟，2018）。

市场力量对水产养殖领域的介入始于 20 世纪 80 年代的经济体制改革。1985 年，为解决大中城市吃鱼难问题，中共中央、国务院发布《关于放宽政策、加速发展水产业的指示》（中发〔1985〕5 号），制定了"水产品全部划为三类产品，一律不派购，价格放开，实行市场调节"的政策，提出了"城市水产品供应，主要靠开放市场，议购议销"的思路，并正式提出了"以养殖为主，养殖、捕捞、加工并重，因地制宜，各有侧重"的发展方针。这一政策通过放开市场，确立养殖为主，大大激发了养殖农户提升水产产量、产值的积极性，我国从此步入"以养殖为主"的轨道上来。此外，在这一阶段，我国进行了一系列的海洋渔业产权制度创新与组织制度创新，进一步规范了渔船生产、经营和管理行为，进一步明晰了渔业生产主体的法律地位。1997 年，国务院批转农业部《关于进一步加快渔业发展意见的通知》（国发〔1997〕3 号），提出"要在稳定和完善以家庭承包及以船独立经营为主、多种经营方式并存的渔业生产体制的同时，不断深化改革，为渔业发展注入新的活力"、"采取拍卖使用权等多种方式，进一步放开搞活，推进水产养殖业形成适度规模经营"、"按照建立现代企业制度的要求，积极、大胆地推进国有水产企业改革。大中型国有水产企业要逐步向有限责任公司过渡，有条件的可改造成为股份有限公司；小型国有水产企业可采取租赁、承包、出售或股份合作制等多种形式进行改革，要依法处置土地等资产使用权"等。在国家政策与市场力量协同作用下，我国水产养殖产业实现了跨越式发展，成为农业经济的重要增长点。

在产量、产值上，2005 年全国水产品总产量达到 4 419.86 万吨，水产品人均占有量 39.02 千克，水产蛋白消费占我国动物蛋白消费的 1/3；渔业经济总产值达 7 619.07 亿元，渔业产值达到 4 180.48 亿元，渔业增加值 2 215.30 亿元，约占农业增加值的 10%；全国水产品出口额 78.9 亿美元，占我国农产品出口总额的 30%；渔民人均收入 5 869 元，比 1999 年增加 1 140 元，比农民人均收入高 2 614 元[①]。渔业在保障国家粮食安全、促进农民增收和农村经济稳步发展中发挥了重要作用。

在产业结构调整上，1988 年，我国天然生产、人工养殖提供的水产品产量分别为 528.70 万吨、532.20 万吨，占水产品总量的比重分别是 49.84%、50.16%，人工养殖规模首次超过天然生产，拉开了我国水产品主

---

① 资料来源：根据《全国渔业发展第十一个五年规划》、《中国渔业统计年鉴 2006》相关数据整理。

要由人工养殖供给的序幕。近海捕捞产量逐步实现了"负增长"，2005 年全国国内海洋捕捞产量 1 309.49 万吨，较 1999 年末减少 81.44 万吨。我国逐步迈入以养殖为主的发展阶段。优势品种区域布局成效明显，对虾、罗非鱼、鳗鲡、河蟹等养殖品种优势区域形成，带动了我国水产出口贸易的快速增长；养殖产品在水产品总产量中的比重从 1999 年末的近 60％提高到 2005 年末的 67％（表 3 - 4）；渔业二、三产业产值占渔业经济总产值的比重由 1999 年末的 31％提高到 2005 年末的 46％。

表 3 - 4　1985—2005 年中国水产养殖产量变化情况

单位：万吨

指标	2005 年	2002 年	1999 年	1996 年	1993 年	1990 年	1987 年	1985 年
总产量	4 419.86	3 954.86	3 570.15	3 280.72	1 823.00	1 427.30	955.40	705.15
海水产品	2 465.89	2 298.45	2 145.26	2 011.53	1 076.04	895.70	548.16	419.75
天然生产	1 255.08	1 237.98	1 293.37	1 245.64	767.34	611.50	438.20	348.52
人工养殖	1 210.81	1 060.47	851.89	765.89	308.70	284.20	110.00	71.23
淡水产品	1 953.97	1 656.40	1 424.89	1 269.19	746.96	531.55	407.19	285.40
天然生产	220.97	194.71	197.95	175.43	102.85	85.64	60.00	47.63
人工养殖	1 733.00	1 461.69	1 226.94	1 093.76	644.11	445.91	347.20	237.77

资料来源：中华人民共和国国家统计局。

在出口贸易上，这一时期，我国水产品出口贸易规模不断扩大，外向型渔业发展成效显著，世界渔业大国地位进一步凸显。2005 年水产品出口额比 1999 年增加 40.6 亿美元，增长 106.00％，年均增长率达 15.56％，连续多年居世界水产品出口贸易首位；公海大洋性渔业资源开发利用能力增强，2005 年远洋渔业产量达到 122 万吨，产值 89 亿元，分别比 1999 年增长 52.5％和 46％。外向型渔业的发展提高了我国渔业的国际竞争力，促进了国内水产养殖、加工等产业的发展。

在这一时期，养殖品种、产业结构进一步优化。在养殖品种上，虾蟹类、贝类水产品产量大幅上升，由 1985 年的 76.16 万吨、50.69 万吨上升至 2005 年的 421.58 万吨和 1 054.43 万吨，年均增长速度为 8.93％和 16.39％，远高于鱼类产品的增长速度，更好地满足了人们对水产品的多样化需求（表3-5、表3-6）。

表3-5 1985—2005年中国海水产品产量变化情况

单位：万吨

指标	2005年	2002年	1999年	1996年	1993年	1990年	1987年	1985年
鱼类	913.94	887.90	918.11	823.52	557.39	423.15	351.63	274.53
虾蟹类	281.30	269.75	240.46	204.65	138.66	107.05	83.97	70.62
贝类	1 008.14	972.18	832.51	852.68	288.59	147.33	88.89	47.30
藻类	133.94	115.81	103.66	92.91	69.39	27.52	23.67	27.30
其他	128.57	52.81	50.52	39.13	22.01	8.25	—	—
合计	2 465.89	2 298.45	2 145.26	2 011.53	1 076.04	895.70	548.16	419.75

资料来源：中华人民共和国国家统计局。

表3-6 1985—2005年中国淡水产品产量变化情况

单位：万吨

指标	2005年	2002年	1999年	1996年	1993年	1990年	1987年	1985年
鱼类	1 737.21	1 476.79	1 309.73	1 177.80	710.59	504.93	393.80	276.48
虾蟹类	140.28	105.68	61.03	36.28	13.33	9.46	8.05	5.54
贝类	46.29	49.00	37.09	48.40	16.29	7.58	5.33	3.39
其他	30.19	24.93	17.04	12.73	6.75	9.59	—	—
合计	1 953.97	1 656.40	1 424.89	1 269.19	746.96	531.55	407.19	285.40

资料来源：中华人民共和国国家统计局。

（4）高产养殖向生态养殖转型的发展阶段（2006年至今）

经过70多年的发展，我国已成为世界上最大的水产养殖国，养殖水产品总产量从1978年的233万吨增至2020年的5 224.2万吨，占全国水产品总产量的79.77%。作为我国"蓝色经济"与农业的重要组成部分，水产养殖活动的效果具有二重性，一方面在增加农民收入、优化农业结构布局、保证粮食安全等方面发挥着重要作用；另一方面，养殖过程中产生的大量污染物未经妥善处理随意排放造成我国农业生态环境面临严峻挑战，水产品品质的下降也给人类健康带来了威胁。《第一次全国污染源普查公报》（2010）、《第二次全国污染源普查公报》（2020）数据显示，水产养殖业水污染物排放量占农业源水污染物排放量的比重增幅显著，已成为我国农村最主要的水资源污染源之一，且污染程度日趋严重（董双林等，2015；胡金城等，2017），是我国水产养殖产业发展与生态环境保护亟待解决的重要课题之一。

　　基于此，《中华人民共和国国民经济和社会发展第十一个五年规划纲要》明确了"积极发展水产业，保护和合理利用渔业资源"；农业部养殖增长方式转变等"九大行动"的实施为我国水产养殖产业加速步入科学发展的轨道创造了条件，全国渔业发展规划就生态养殖的发展目标、重点任务等进行了明确的规划，我国水产养殖产业进入由高产养殖向生态养殖转型的发展阶段。

　　在政策引导上面，近几年的中央 1 号文件对水产养殖的生态转型均提出了要求。如 2017 年中央 1 号文件提出要"合理确定湖泊水库等内陆水域养殖规模，推动水产养殖减量增效，推进稻田综合种养和低洼盐碱地养殖"，"支持集约化海水健康养殖，发展现代化海洋牧场"；2020 年中央 1 号文件也提出要推进水产绿色健康养殖。农业部发布了一系列全国渔业发展规划，均将促进渔业健康生态养殖纳入渔业发展的重点任务（表 3－7）。值得一提的是，2019 年农业农村部、生态环境部、自然资源部等十部委联合发布《关于加快推进水产养殖业绿色发展的若干意见》（2019），将水产生态养殖模式纳入绿色产业指导目录，"开展水产健康养殖示范创建，发展生态健康养殖模式"，"大力推广稻渔综合种养，提高稻田综合效益，实现稳粮促渔、提质增效"，"支持发展深远海绿色养殖，鼓励深远海大型智能化养殖渔场建设"，等等。这是新中国成立以来第一个经国务院同意、专门针对水产养殖业的指导性文件，是当前和今后一个时期指导中国水产养殖业绿色发展的纲领性文件。

表 3－7　中国近几年的全国渔业发展规划

名称	时间	发展目标	重点任务
《全国渔业发展第十一个五年规划》	2006—2010 年	水产品供给平稳增长；渔业结构和区域布局优化；渔业灾害防控和质量安全监管能力提升；资源养护水平提高；渔民收入稳步增加，现代渔业建设稳步推进	围绕对虾、罗非鱼等主导品种和水质调控、深水抗风浪网箱等健康养殖主推技术，加大良种良法推广力度；推进资源节约、环境友好型渔业建设；推广健康养殖技术，建设现代水产养殖业

（续）

名称	时间	发展目标	重点任务
《全国渔业发展第十二个五年规划》	2011—2015 年	渔业经济平稳健康发展，水产品质量安全稳步提高，水生生物资源养护事业深入推进，实现生产发展、产品安全、生态文明、平安和谐的现代渔业发展新格局	大力发展生态健康的水产养殖业，加快推进标准化健康养殖，科学合理调整拓展养殖空间；积极发展环境友好的增殖渔业，积极开展增殖放流，推进海洋牧场建设
《全国渔业发展第十三个五年规划》	2016—2020 年	渔业生态环境明显改善，水产品质量安全水平稳步提升，提质增效、减量增收、绿色发展、富裕渔民的渔业转型升级目标基本实现	转型升级水产养殖业，完善养殖水域滩涂规划，转变养殖发展方式，推进工厂化循环水养殖、池塘工程化循环水养殖、种养结合稻田养殖和外海深水抗风浪网箱养殖等生态健康养殖模式
《全国渔业发展第十四个五年规划》	2021—2025 年	水产养殖业绿色发展取得积极成效，渔业资源养护能力和水平进一步提升，渔民群众获得感幸福感安全感明显增强，实现产业更强、生态更优、渔民更富、渔村更美	稳定水产养殖面积，推进绿色健康养殖，开展国家级水产健康养殖和生态养殖示范区创建，促进水产种业振兴，推进产业融合发展，提升渔业产业现代化水平

在生态养殖实践上，农业农村部 2020 年发布《生态健康养殖模式推广行动方案》，要求在全国范围内开展池塘工程化循环水养殖技术模式、稻渔综合种养技术模式、深水抗风浪网箱养殖技术模式、大水面生态增养殖技术模式、盐碱水绿色养殖技术模式、多营养层级综合养殖技术模式等水产生态健康养殖技术模式示范，并明确了各省份应选择的技术模式数量。

在国家政策的推动下，我国水产养殖产业在曲折中艰难转型。水产品总产量稳定在 6 500 万吨左右，养捕比例由"十二五"末的 74∶26 提高到 80∶20，养殖水域滩涂规划制度基本建立，渔业融合发展成效显著，二三产业产值比重超过 50%，渔民人均纯收入增长 40%，新兴养殖空间持续拓展（表 3-8、表 3-9、表 3-10）。在养殖方式上，在政府的推动下，工厂化养殖比重有一定程度的上升。2020 年，海水工厂化养殖产量、淡水工厂化养殖产量分别为 32.53 万吨、30.26 万吨，较之 2016 年的 20.40 万吨、20.26 万吨，分别增长 59.46% 和 49.36%，保持了良好的发展势头（表 3-11）。

值得一提的是，在水产养殖生态转型的关键时期，稻田养鱼养殖方式养殖面积逐步扩大，由 2016 年的 1 516 093 公顷增加至 2020 年的 2 562 686 公顷，增长 69.03%，水产生态养殖技术模式逐渐成为水产养殖新的增长点。

2015 年，国务院发布《水污染防治行动计划》（国发〔2015〕17 号），强调要推进生态健康养殖。在重点河湖及近岸海域划定限制养殖区，实施水产养殖池塘、近海养殖网箱标准化改造，鼓励有条件的渔业企业开展海洋离岸养殖和集约化养殖。在严格的水污染防治政策下，2016 年，水产养殖面积出现十年来首降，环比下降 1.40%，海水养殖面积下降达到 6.52%。2017 年，环境保护部、国家发展和改革委员会、水利部共同颁布《重点流域水污染防治规划》（2016—2020 年）》（环水体〔2017〕142 号），提出要优化水产养殖空间布局，以饮用水水源、水质较好湖库等敏感区域为重点，科学划定养殖区，明确限养区和禁养区，拆除超过养殖容量的网箱围网设施等，实施重点流域水污染防治。随后，农业部在 2018 年、2019 年的渔业渔政工作要点和《国家质量兴农战略规划（2018—2022 年）》中均明确指出切实开展养殖水域滩涂环境整治，大力推进水产生态养殖。

表 3-8　2006—2020 年中国水产品产量变化情况

单位：万吨

指标	2020 年	2018 年	2016 年	2014 年	2012 年	2010 年	2008 年	2006 年
总产量	6 549.02	6 457.66	6 379.48	6 001.92	5 502.14	5 373.00	4 895.60	4 583.60
海水产品	3 314.38	3 301.43	3 301.30	3 136.25	2 889.61	2 797.53	2 598.28	2 509.63
天然生产	1 179.07	1 270.21	1 385.95	1 403.85	1 314.41	1 315.23	1 257.96	1 245.40
人工养殖	2 135.31	2 031.22	1 915.31	1 732.40	1 575.20	1 482.30	1 340.32	1 264.16
淡水产品	3 234.64	3 156.23	3 078.22	2 865.66	2 612.53	2 575.47	2 297.32	2 073.97
天然生产	145.75	196.39	200.33	202.49	204.02	228.94	224.82	220.38
人工养殖	3 088.89	2 959.84	2 877.89	2 663.17	2 408.51	2 346.50	2 072.50	1 853.59

资料来源：中华人民共和国国家统计局。

表 3-9　2006—2020 年中国海水产品产量变化情况

单位：万吨

指标	2020 年	2018 年	2016 年	2014 年	2012 年	2010 年	2008 年	2006 年
鱼类	1 055.41	1 091.48	1 063.15	1 042.52	957.30	906.32	864.34	892.07
虾蟹类	358.58	368.24	396.09	382.95	345.69	310.44	288.76	299.38
贝类	1 516.27	1 486.97	1 476.88	1 371.71	1 264.78	1 170.44	1 072.47	1 046.71
藻类	263.69	236.22	219.32	202.89	179.04	156.60	142.26	137.65
其他	120.42	118.52	145.82	136.18	142.80	142.09	122.12	133.82
合计	3 314.38	3 301.43	3 301.30	3 136.25	2 889.61	2 797.53	2 598.28	2 509.63

资料来源：中华人民共和国国家统计局。

表 3-10　2006—2020 年中国淡水产品产量变化情况

单位：万吨

指标	2020 年	2018 年	2016 年	2014 年	2012 年	2010 年	2008 年	2006 年
鱼类	2 697.27	2 691.36	2 653.77	2 470.67	2 235.91	2 225.64	1 998.46	1 822.47
虾蟹类	441.97	369.67	316.11	288.74	268.69	248.13	210.07	167.81
贝类	35.77	40.78	52.53	51.45	53.96	53.80	50.09	50.92
其他	59.63	54.42	55.81	54.80	53.97	47.89	38.70	32.78
合计	3 234.64	3 156.23	3 078.22	2 865.66	2 612.53	2 575.47	2 297.32	2 073.97

资料来源：中华人民共和国国家统计局。

表 3-11　2016—2020 年中国水产工厂化养殖产量变化情况

单位：万吨

年份	养殖总产量	海水工厂化养殖产量	淡水工厂化养殖产量
2016	5 142.39	20.40	20.26
2017	4 905.99	24.02	18.94
2018	4 991.06	25.54	21.35
2019	5 079.07	27.59	26.64
2020	5 224.20	32.53	30.26

资料来源：根据《中国渔业统计年鉴》（2017—2021 年）整理。

3.1.2　我国水产养殖发展现状

3.1.2.1　产量与产值

（1）总体情况

近几年，我国水产养殖产量供给总体平稳，略有上升。2020 年，全国水产品总产量 6 549.02 万吨，较之 2016 年增长 2.66%。其中，养殖产量 5 224.20 万吨，捕捞产量 1 324.82 万吨，养殖产品与捕捞产品的产量比例为 79.8∶20.2，养殖比重稳步上升；海水产品产量 3 314.38 万吨，淡水产品产量 3 234.64 万吨，海水产品与淡水产品的产量比例为 50.6∶49.4（图 3-2）。整体上，水产品产量一直保持稳定、缓慢增长的态势。全国水产品人均占有量 46.39 千克（根据第七次全国人口普查结果，全国人口为 141 178 万人），伴随着人口的增长，人均占有水平较之 2016 年有所下降。

按当年价格计算，2020 年全社会渔业经济总产值 27 543.47 亿元，其中渔业产值 13 517.24 亿元，渔业工业和建筑业产值 5 935.08 亿元，渔业流通

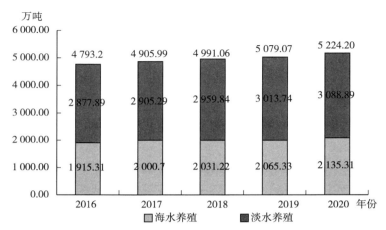

图 3-2　2016—2020 年全国水产养殖产量及其构成

资料来源：《中国渔业统计年鉴》(2021)。

和服务业产值 8 091.15 亿元，三个产业产值的比例为 49.1 : 21.5 : 29.4，
渔业经济体系进一步优化。在渔业产值中，海洋捕捞产值 2 197.20 亿元，
海水养殖产值 3 836.20 亿元，淡水捕捞产值 403.94 亿元，淡水养殖产值
6 387.15 亿元，水产苗种产值 692.74 亿元。海水产品与淡水产品的产值比
例为 47.0 : 53.0，养殖产品与捕捞产品的产值比例为 79.7 : 20.3，2016—
2020 年全国渔业产值及其构成见图 3-3。与水产品产量相对应，我国渔业
产值稳中有升。

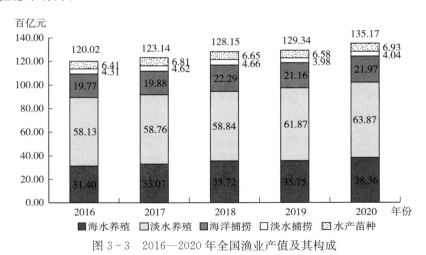

图 3-3　2016—2020 年全国渔业产值及其构成

资料来源：《中国渔业统计年鉴》(2021)。

（2）海水养殖

2020 年，全国海水养殖 2 135.31 万吨，较之 2016 年，年均增长速度为 2.76%，高于淡水养殖产量的增长幅度；产值 3 836.20 亿元，为渔业养殖总产值的 37.52%；在不同养殖品种中，海水鱼类养殖产量增幅最高，由 2016 年的 134.76 万吨增长到 2020 年的 174.98 万吨，年均增长速度达到 6.75%。

表 3-12　中国海水养殖产量及平均增长速度（2016—2020 年）

年份	养殖产量（万吨）				
	海水	鱼类	甲壳类	贝类	藻类
2016	1 915.31	134.76	156.46	1 420.75	216.93
2017	2 000.70	141.94	163.12	1 437.13	222.78
2018	2 031.22	149.51	170.29	1 443.93	234.39
2019	2 065.33	160.58	174.38	1 438.97	253.84
2020	2 135.31	174.98	177.50	1 480.08	261.51
年均增长速度（%）	2.76	6.75	2.69	0.84	4.11

资料来源：根据《中国渔业统计年鉴》（2017—2021 年）整理。

在养殖水域方面，海上养殖产量稳定增长，由 2016 年的 1 110.31 万吨上升至 2020 年的 1 261.76 万吨。滩涂养殖产量有所下降，这可能与近几年来国家治理环境有关。2018 年、2019 年农业农村部渔业渔政工作要点与《国家质量兴农战略规划（2018—2022 年）》均明确提出，要切实开展养殖水域滩涂环境整治，各地区均出台并采取了相关整治工作，滩涂养殖面积缩减，滩涂养殖产量由 2016 年的 626.94 万吨减少至 2020 年的 607.07 万吨，减幅达 3.27%。

在养殖方式上，受环境治理的影响，池塘、普通网箱、底播养殖在震荡中成长，其他养殖方式获得了一定的发展，特别是深水网箱和工厂化养殖方式，发展较快。深水网箱产量由 2016 年的 11.93 万吨增长至 2020 年的 29.31 万吨，年均增幅为 25.20%；工厂化养殖产量由 2016 年的 20.40 万吨增长至 2020 年的 32.53 万吨，年均增幅为 12.37%（表 3-13）。

表 3-13 中国海水不同水域、不同养殖方式养殖产量（2016—2020 年）

单位：吨

类别	项目	2020 年	2019 年	2018 年	2017 年	2016 年
养殖水域	海上	12 617 567	11 938 269	11 630 385	11 425 072	11 103 140
	滩涂	6 070 744	6 139 640	6 228 030	6 196 565	6 269 426
	其他	2 664 765	2 575 378	2 453 791	2 385 336	2 258 742
	池塘	2 573 803	2 503 495	2 466 523	2 665 160	2 367 356
养殖方式	普通网箱	565 112	550 317	594 562	567 333	504 625
	深水网箱	293 120	205 198	153 978	135 032	119 297
	筏式	6 295 033	6 174 565	6 126 152	5 970 989	5 840 349
	吊笼	1 392 719	1 289 917	1 278 542	1 191 006	1 006 450
	底播	5 386 308	5 128 217	5 311 699	5 365 280	5 487 400
	工厂化	325 308	275 875	255 366	240 154	203 958

资料来源：根据《中国渔业统计年鉴》（2017—2021 年）整理。

（3）淡水养殖

2020 年，全国淡水养殖 3 234.64 万吨，较之 2016 年，年均增长速度为 1.02%；产值 6 387.15 亿元，为渔业养殖总产值的 62.48%。在不同养殖品种中，甲壳类产量获得了快速增长，年均增长速度达到 9.94%，增长速度为所有养殖方式之首（表 3-14）。受市场、疫情防控多重因素的影响，鱼类、贝类、藻类养殖产量均出现不同程度的下滑。

表 3-14 中国淡水养殖产量及平均增长速度（2016—2020 年）

单位：万吨

年份	养殖产量				
	淡水	鱼类	甲壳类	贝类	藻类
2016	3 078.22	2 815.54	284.42	26.61	0.88
2017	3 123.59	2 540.98	291.85	21.48	0.72
2018	3 156.23	2 544.28	343.81	19.58	0.69
2019	3 197.87	2 548.03	393.05	18.96	0.55
2020	3 234.64	2 586.38	425.79	18.63	0.62
年均增长速度（%）	1.02	−1.63	9.94	−6.00	−5.91

资料来源：根据《中国渔业统计年鉴》（2017—2021 年）整理。

在养殖水域方面，受国务院发布的《水污染防治行动计划》及各地区水污染防治政策的影响，湖泊、水库、河沟养殖水域养殖产量呈现出逐年下降的趋势，2020 年池塘养殖水域产量为 2 279.76 万吨，较 2016 年减少 6.56 万吨，但比 2019 年增加 49.71 万吨（表 3-15）。

在养殖方式上，围栏、网箱养殖所带来的点源污染日趋严重，受环境治理的影响，养殖面积缩减，带来一定程度上养殖产量的减少。工厂化养殖发展较快，其产量由 2016 年的 20.26 万吨增长至 2020 年的 30.26 万吨，年均增幅为 10.55%，略低于海水工厂化养殖的增速。

表 3-15 中国淡水不同水域、不同养殖方式养殖产量（2016—2020 年）

单位：吨

类别	项目	2020 年	2019 年	2018 年	2017 年	2016 年
养殖水域	池塘	22 797 586	22 300 543	22 109 687	21 222 191	22 863 162
	湖泊	825 676	862 331	977 984	1 332 501	1 642 156
	水库	2 834 439	2 870 495	2 949 226	3 216 712	4 073 441
	河沟	502 408	538 309	637 873	773 275	908 799
	其他	679 694	652 433	590 345	560 744	672 802
	稻田养成鱼	3 249 109	2 913 330	2 333 269	1 947 507	1 632 263
养殖方式	围栏	37 004	41 414	84 030	290 820	468 422
	网箱	320 905	427 302	591 067	826 583	1 358 453
	工厂化	302 620	266 405	213 463	189 380	202 605

资料来源：根据《中国渔业统计年鉴》（2017—2021 年）整理。

3.1.2.2 投入要素

（1）养殖面积

2020 年，全国水产养殖面积 70 361.1 万公顷，其中，海水养殖面积 19 955.5 万公顷；淡水养殖面积 50 405.6 万公顷，海水养殖与淡水养殖的面积比例为 28.4∶71.6。全国水产养殖面积、海水养殖面积、淡水养殖面积较之于 2016 年的 83 463.4 万公顷、21 667.2 万公顷、61 796.2 万公顷，出现较大幅度的缩减，减少幅度分别为 15.70%、7.90%、18.43%（图 3-4）。随着工业的发展和城市的扩容，沿海、城郊优良的渔业水域、滩涂被大量占用，传统的养殖区域受到挤压，资源环境的刚性约束与水产养殖产业可持续发展之间的矛盾日益尖锐。

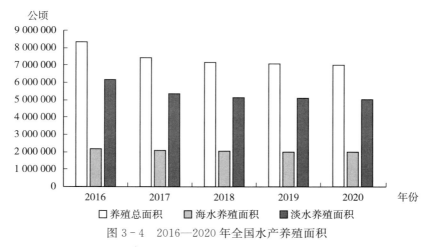

图 3 - 4　2016—2020 年全国水产养殖面积

资料来源：根据《中国渔业统计年鉴》（2017—2021 年）整理。

在养殖面积不断缩减的背景下，工厂化养殖面积、深水网箱养殖面积呈现出持续显著增长的趋势。在海水养殖中，工厂化养殖面积由 2016 年的 28 309 758 公顷增长至 2020 年的 39 409 547 公顷，增长 39.21%；深水网箱养殖面积由 2016 年的 10 675 765 公顷增长至 2020 年的 38 213 920 公顷，增长了 2.58 倍；池塘养殖面积、筏式养殖面积、吊笼养殖面积较稳定，普通网箱养殖面积大幅度下降（表 3 - 16）。

表 3 - 16　中国海水不同品种、不同水域、不同养殖方式养殖面积（2016—2020 年）

单位：公顷

类别	项目	2020 年	2019 年	2018 年	2017 年	2016 年
养殖水域	海上	1 123 317	1 105 763	1 140 199	1 102 887	1 253 966
	滩涂	561 994	584 778	596 483	658 275	605 572
	其他	310 239	301 636	306 387	322 914	307 182
	池塘	411 484	376 091	400 163	400 033	425 677
养殖方式	普通网箱	19 759 461	22 926 367	51 795 309	48 881 971	54 661 225
	深水网箱	38 213 920	19 358 969	13 479 665	12 184 609	10 675 765
	筏式	332 946	325 314	339 123	346 942	340 454
	吊笼	134 866	139 827	131 142	118 681	116 641
	底播	872 516	896 485	932 563	875 712	939 500
	工厂化	39 409 547	35 152 943	33 736 741	31 051 119	28 309 758

（续）

类别	项目	2020 年	2019 年	2018 年	2017 年	2016 年
	鱼类	78 874	75 351	75 123	89 917	84 984
养殖品种	甲壳类	295 174	287 855	295 010	299 053	317 661
	贝类	1 197 407	1 204 247	1 241 107	1 286 771	1 359 198
	藻类	141 807	141 737	144 153	145 263	140 815

资料来源：根据《中国渔业统计年鉴》（2017—2021 年）整理。

在淡水养殖中，工厂化养殖面积由 2016 年的 37 238 560 公顷增长至 2020 年的 58 030 991 公顷，增长 55.84%；受环境治理的影响，湖泊、水库、河沟养殖水域面积下降较为明显；值得一提的是，在水产养殖生态转型的关键时期，稻田养成鱼养殖方式养殖面积逐步扩大，由 2016 年的 1 516 093 公顷增加至 2020 年的 2 562 686 公顷，增长 69.03%，水产生态养殖技术模式逐渐成为水产养殖新的增长点（表 3-17）。

表 3-17　中国淡水不同水域、不同养殖方式养殖面积（2016—2020 年）

单位：公顷

类别	项目	2020 年	2019 年	2018 年	2017 年	2016 年
	池塘	2 625 404	2 644 726	2 666 835	2 527 781	2 762 604
	湖泊	720 648	770 093	746 155	886 492	990 816
养殖水域	水库	1 420 871	1 416 569	1 441 670	1 615 407	2 010 928
	河沟	147 447	155 390	179 414	213 735	267 694
	其他	126 186	129 542	112 381	121 543	147 577
	稻田养成鱼	2 562 686	2 317 488	2 028 262	1 682 689	1 516 093
	围栏	81 114 746	117 502 974	296 482 148	1 138 294 251	2 245 366 310
养殖方式	网箱	13 509 224	23 277 915	41 183 079	69 810 644	142 967 731
	工厂化	58 030 991	54 579 776	48 142 207	39 899 956	37 238 560

资料来源：根据《中国渔业统计年鉴》（2017—2021 年）整理。

（2）渔业人口和渔业从业人员

2020 年渔业总人口为 1 720.77 万人，分散于 694 个渔业乡、7 120 个渔业村、4 391 007 户渔业户中，比 2016 年减少了 252.64 万人，下降 12.80%；从全国渔业从业人员构成上看，2020 年，渔业专业从业人员、兼业从业人员、临时从业人员分别为 666.49 万人、418.84 万人、154.26 万人，较之 2016 年降幅分别为 11.91%、10.35%、2.31%（图 3-5、图 3-6）。值得注意的是，渔业人口中，2020 年传统渔民为 555.43 万人，比 2016 年减少 105.68 万人，下降 15.99%，下降幅度远高于其他渔业人口下降的幅度。随着专业化、机械化、规模化、生态化转型的深入，预计未来渔业人口依然保持下降的趋势。

图 3-5　2016—2020 年全国渔业人口数量

资料来源：《中国渔业统计年鉴》（2021）。

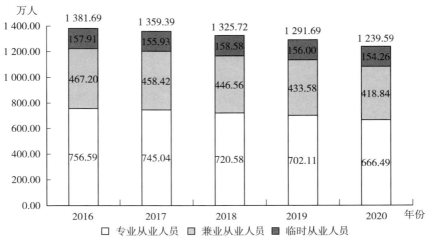

图 3-6　2016—2020 年全国渔业从业人员数量及其构成

资料来源：《中国渔业统计年鉴》（2021）。

（3）水产鱼苗

2020 年，我国水产苗种情况整体平稳，产值 692.74 亿元，较之上年增加 34.25 亿元。淡水鱼苗产量 13 097 亿尾，较之 2016 年略有增长，淡水鱼种产量、投放鱼种产量分别为 3 568 842 吨和 4 166 981 吨，两者较之 2016 年分别下降 9.66%、4.77%。在淡水鱼苗中，扣蟹、鳗苗捕捞量分别有不同程度的增长；海水鱼苗产量 1 165 566 万尾，与 2016 年相比，增长了 30.42%，年均增长 6.08%。其中，大黄鱼、鲥鱼、虾类、贝类、海带、紫菜、海参育苗量分别为 238 079 万尾、48 898 万尾、24 394 亿尾、267 831 571 万粒、398 亿株、133 亿贝壳、551 亿头，大黄鱼鱼苗产量下降显著，较之 2016 年下降了 63.00%，海带育苗量、海参均有不同程度的下降；虾类育苗量增长较快，与 2016 年相比，增长了 126.88%，年均增长 25.38%（表 3-18）。

表 3-18　全国水产苗种情况（2016—2020 年）

指　　标	计量单位	2020 年	2019 年	2018 年	2017 年	2016 年
淡水鱼苗产量	亿尾	13 097	12 517	13 110	13 189	13 005
其中：罗非鱼	亿尾	206	215	201	222	241
淡水鱼种产量	吨	3 568 842	3 553 948	3 587 746	3 697 172	3 950 487
投放鱼种产量	吨	4 166 981	4 093 655	4 085 689	4 187 797	4 375 591
河蟹育苗量	千克	829 634	936 617	891 829	843 890	850 938
扣蟹	千克	65 437 804	67 989 822	62 118 402	58 328 556	53 510 765
稚鳖数量	万只	59 415	60 920	61 771	60 757	63 298
稚龟数量	万只	12 004	13 456	13 024	12 518	11 967
鳗苗捕捞量	千克	16 368	11 992	12 716	17 130	15 557
海水鱼苗产量	万尾	1 165 566	1 143 960	1 283 998	1 292 903	893 711
其中：大黄鱼	万尾	238 079	341 646	325 675	391 472	377 914
鲥鱼	万尾	48 898	48 084	34 787	38 743	52 364
虾类育苗量	亿尾	24 394	18 121	13 418	12 518	10 752
其中：南美白对虾	亿尾	15 615	15 070	10 225	9 552	8 028
贝类育苗量	万粒	267 831 571	252 219 677	280 816 005	248 406 382	238 849 481
其中：鲍鱼育苗量	万粒	872 529	865 215	823 999	741 643	713 935
海带育苗量	亿株	398	370	490	484	476
紫菜育苗量	亿贝壳	133	11	12	13	12
海参	亿头	551	525	562	528	631

资料来源：根据《中国渔业统计年鉴》（2017—2021 年）整理。

（4）渔船

2020 年年末渔船总数为 56.33 万艘，较之 2016 年减少 44.78 万艘；总吨位 1 005.93 万吨，较之 2016 年减少 92.55 万吨。其中，机动渔船 37.48 万艘、总吨位 979.68 万吨、总功率 1 856.39 万千瓦；非机动渔船 18.85 万艘、总吨位 26.25 万吨。机动渔船中，生产渔船 36.02 万艘、总吨位 870.66 万吨、总功率 1 624.80 万千瓦。辅助渔船 1.46 万艘、总吨位 109.03 万吨、总功率 231.58 万千瓦（表 3-19）。

表 3-19　2020 年全国渔船年末拥有量

指标	总数		海洋渔船		内陆渔船	
	艘	总吨	艘	总吨	艘	总吨
渔船合计	563 262	10 059 327	217 821	9 310 512	345 441	748 815
生产渔船	360 152	8 706 560	203 543	8 246 487	156 609	460 073
捕捞	251 343	8 298 311	136 784	7 950 711	114 559	347 600
养殖	108 809	408 249	66 759	295 776	42 050	112 473
辅助渔船	14 605	1 090 256	10 474	1 054 421	4 131	35 835
捕捞	10 953	994 099	9 438	986 616	1 515	7 483
执法	2 810	81 159	536	56 831	2 274	24 328
其他	188 505	262 511	3 804	9 604	184 701	252 907

资料来源：根据《中国渔业统计年鉴》（2017—2021 年）整理。

3.1.2.3 进出口贸易与渔业加工

据海关总署统计，2020 年我国水产品进出口总量 949.04 万吨，进出口总额 346.06 亿美元，同比分别下降 9.89% 和 12.07%，较之 2016 年增长 121.13 万吨、44.94 亿美元，增长幅度分别为 14.63%、14.92%。其中，出口量 381.18 万吨，出口额 190.41 亿美元，同比分别下降 10.66% 和 7.81%，较之 2016 年下降 42.58 万吨、16.97 亿美元，下降幅度分别为 10.05%、8.18%；进口量 567.86 万吨，进口额 155.65 亿美元，同比分别下降 9.36% 和 16.77%，较之 2016 年增长 163.71 万吨、61.91 亿美元，增长幅度分别为 40.51%、66.04%（图 3-7、图 3-8）。贸易顺差 34.76 亿美元，比上年同期增加 15.24 亿美元，较之 2016 年减少 78.88 亿美元。

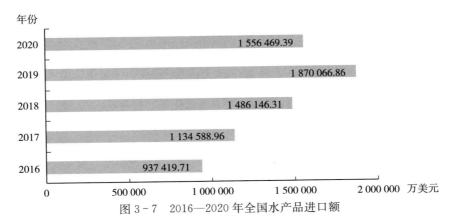

图 3-7 2016—2020 年全国水产品进口额

资料来源：《中国渔业统计年鉴》（2021）。

图 3-8 2016—2020 年全国水产品出口额

资料来源：《中国渔业统计年鉴》（2021）。

我国水产品加工企业因地制宜，充分利用当地原料资源优势，逐步形成了广东、广西南美白对虾加工区域、江苏条斑紫菜加工区域、福建蟹肉和大黄鱼加工区域等特色水产品加工区域，进一步推动了产业集约化和规模化。现阶段，我国水产加工品仍以冷冻产品为主。截至 2020 年年底，全国水产加工企业 9 136 个，水产冷库 8 188 座，较之 2016 年以来有所下降。水产加工品总量为 2 090.79 万吨，同比下降 3.71%，其中，海水加工产品 1 679.27 万吨，淡水加工产品 411.51 万吨，同比海水加工产品下降 5.45%、淡水加工产品增长 4.09%。用于加工的水产品总量 2 477.16 万吨，

同比下降 6.52%。其中，用于加工的海水产品 1 952.98 万吨，同比下降
6.64%；用于加工的淡水产品 524.18 万吨，同比下降 6.09%；2020 年，水
产品加工经济总产值达到 43 541 924.34 万元，占渔业总产值的 15.81%，
较之 2016 年有所下降（表 3 - 20）。

表 3 - 20　2016—2020 年全国水产品加工情况

指　标	计量单位	2020 年	2019 年	2018 年	2017 年	2016 年
水产加工企业	个	9 136	9 323	9 336	9 674	9 694
水产品加工能力	吨/年	28 534 343	28 882 019	28 921 556	29 262 317	28 491 124
其中：规模以上加工企业	个	2 513	2 570	2 524	2 636	2 722
水产冷库	座	8 188	8 056	7 957	8 237	8 595
冻结能力	吨/日	882 134	930 543	868 930	937 190	946 875
冷藏能力	吨/次	4 643 754	4 620 653	4 671 761	4 657 017	4 583 690
制冰能力	吨/日	214 863	208 177	202 420	234 129	253 993
水产加工品总量	吨	20 907 861	21 714 136	21 568 505	21 962 522	21 654 407
淡水加工产品	吨	4 115 121	3 953 244	3 818 330	4 081 875	3 903 668
海水加工产品	吨	16 792 740	17 760 892	17 750 175	17 880 647	17 750 739
用于加工的水产品总量	吨	24 771 592	26 499 616	26 534 066	26 800 176	26 357 579
其中：淡水产品	吨	5 241 770	5 581 716	5 543 884	5 734 971	5 693 896
海水产品	吨	19 529 822	20 917 900	20 990 182	21 065 205	20 663 683

资料来源：根据《中国渔业统计年鉴》（2017—2021 年）整理。

3.1.3　我国水产养殖产业发展困境

经过多年的发展，我国水产养殖在增加农民收入、优化农业结构布局、
保证粮食安全等方面发挥着重要作用，但由于养殖农户过度追求产量的提
高，忽视对生态环境的保护，我国水产养殖业发展的内外部环境正在发生深
刻变化：资源与环境双重约束趋紧，资源日益衰竭，水域污染严重，发展方
式粗放，设施装备落后，生产成本上升，效益持续下滑，水生动物疫病增
多，也引发了较为严重的水产品质量安全问题。我国水产养殖产业发展面临
着来自资源、环境、市场、科技、体制等方面的诸多挑战。

3.1.3.1　资源环境约束

现阶段，资源环境的刚性约束与水产养殖产业可持续发展之间的矛盾日

益尖锐。随着工业的发展和城市扩容，沿海、城郊优良的渔业水域、滩涂被大量占用，传统的养殖区域受到挤压；大型水利工程建设改变了水生生物赖以栖息的生态环境，部分宜渔水域受到污染，鱼类的产卵场遭受破坏，养殖环境日益恶化。

（1）养殖空间缩减，供给增速下降

工业扩张，养殖面积减少，养殖空间缩减。湖泊、水库、河流、近岸浅海、滩涂、港湾是目前水产养殖的主要载体。近年来，我国经济高速发展，城市化水平不断提高，随着临港临湖临河工业开发、交通空间拓展、旅游用地扩张、海洋油气开发等工程的实施，大量养殖池塘、近岸海域、浅海滩涂等养殖空间被占用，适宜开展水产养殖的水域面积面临着日趋减少的压力，水产养殖与工业用地之间的矛盾逐渐凸显。随着生态环境的恶化与生物资源的日渐匮乏，传统的渔业生存发展空间不断减少。

严格的环境治理政策的实施，进一步压缩了水产养殖空间。近几年发布的《水污染防治行动计划》（国发〔2015〕17 号）、《重点流域水污染防治规划》（2016—2020 年）》（环水体〔2017〕142 号）、《国家质量兴农战略规划（2018—2022 年）》等政府文件均明确指出，要在重点河湖及近岸海域划定限制养殖区，拆除超过养殖容量的网箱围网设施，切实开展养殖水域滩涂环境整治。在严格的环境治理政策下，2016 年，水产养殖面积出现改革开放以来首次下降，养殖空间进一步缩小。

国际作业场域被压缩，远洋渔业发展缓慢。随着《联合国海洋法公约》的逐步实施和一系列渔业协定的签署，原第三国 12 海里领海和专属经济区海域禁止渔业作业扩大到 200 海里专属经济区，我国渔船的活动范围受到限制，海洋渔业国际作业场域被压缩。如《中韩海洋渔业协定》实施之后，舟山渔民作业的传统外海渔场区域减少了约 30%，还有 25% 的范围受到了限制。渔民的国际作业场域被压缩之后，部分渔民被迫转产转业，一定程度上阻碍了我国远洋渔业的发展。

随着水产养殖面积的减少，水产品供给能力增长趋势放缓。有数据显示，海洋食物供给的年均复合增长率不到 2%，较 20 世纪 80 年代大幅下降。《中国渔业统计年鉴》（2016—2021 年）数据显示，2020 年，全国水产品人均占有量为 46.39 千克，比 2019 年减少 0.06 千克，下降了 0.13%，较之于 2016 年的水产品人均占有量（49.91 千克），减少了 3.52 千克，下降了 7.59%，降幅显著。

（2）养殖环境恶化，水资源浪费严重

养殖水质下降，养殖环境恶化。我国水产养殖的快速发展是以消耗大量资源为代价取得的，粗放式养殖生产导致的生态失衡和环境恶化等问题已日益显现，各种养殖水域周边的陆源污染、工程建设、自身污染等对养殖水域的水环境影响不断增大，养殖水质不断下降，养殖与环境之间的矛盾日益加剧。养殖环境污染主要包括两个方面，外界带来的污染和养殖业自身产生的污染。外界带来的污染主要是工业废水、农药以及生活污水等。据《中国海洋环境质量公报》显示，2014 年，我国海水增养殖区的赤潮和绿潮灾害影响面积较 2013 年有所增大，近岸局部海域石油类、无机氮等污染严重，东海劣四类海域面积增加了 3 510 平方千米。近岸海域海水质量状况尤其是海水增养殖区水质状况直接影响我国海洋捕捞业、海水养殖、海水育苗业的发展。养殖业自身产生的污染主要是水产养殖污染物的排放及沉积物分解所产生的大量氮、磷、无机盐等，导致养殖水体富营养化。以养虾为例，专家介绍，即使是管理最好的养虾场，也有 30% 的饵料未被摄食，残饵溶生的氮、磷等营养物质是虾池及其邻近水域的主要污染物（盛立超，2012）。自然环境有一定的自净能力，当养殖区域人工投喂的饵料残渣和养殖生物的粪便等污染物超过了环境的自净能力，污染就产生了。近年来，随着我国水产养殖向高度集约化、专业化、区域化方向发展，尤其是"公司＋农户"的农业产业化模式在水产养殖业中被越来越多地采用，使得水产养殖带来的污染问题越来越严重，且随着养殖规模的不断扩大，水产养殖导致的环境污染呈现总量增加、程度加剧、范围扩大的趋势，对水产养殖产业的健康发展与区域环境造成了巨大的压力（图 3-9）。

传统养殖方式依然占主体，水资源浪费严重。现阶段，在养殖方式上，传统的、粗放式养殖方式在我国水产养殖中占绝对优势，这种状况在短时间内不会根本改变（"中国水产养殖业可持续发展战略研究"课题综合组，2016）。对于传统养殖模式来说，由于未能循环利用水资源，产生的水资源消耗量比较大，属于典型的线性经济，养殖产业经济效益的获得以资源的高水平消耗为代价。以工厂化流水养殖模式为例，工厂化流水养殖模式运行需

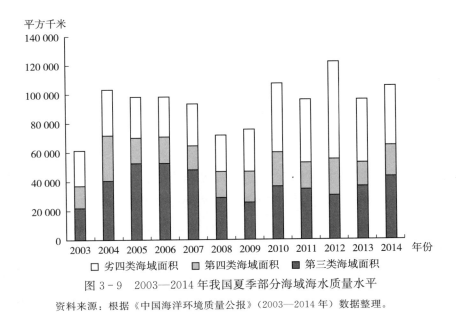

图 3-9　2003—2014 年我国夏季部分海域海水质量水平

资料来源：根据《中国海洋环境质量公报》(2003—2014 年) 数据整理。

要通过深水井和浅水井抽取地下水的方式获得，在养殖生产过程中也需要持续不断的水源供应，每日换水量一般为养殖用水体积的 2～3 倍，庞大的换水量对地下水储量造成了严重的威胁，且大量的排水量使得尾水处理成为难题，尾水排放对区域水体存在一定程度的污染风险。随着工厂化养殖模式养殖面积的持续扩大，其对资源环境的影响也越来越大。

（3）渔业专业人员匮乏

渔业劳动力不足，养殖人员老龄化严重。市场环境对渔业劳动力的影响主要源于劳动力的稀缺，即从事农业生产和从事非农产业的收入比较差异。随着农村市场化改革的深入和城镇化的快速推进，大量农村劳动力进城务工，工资性收入持续增长。2013 年，农民工资性收入为 4 025 元，占人均纯收入的 45.30%，首次超过家庭经营纯收入，成为农民收入的最主要部分。而在 1990 年农民工资性收入仅为 138.8 元，占人均纯收入的 20.22%，与之相对应的农业收入比重也从 1990 年的 66.45% 下降到 2013 年的 31.80%。基于利益均衡和利益预期，随着城镇化发展加速和城市化进程加快，渔村人口向城镇快速转移，大批具有丰富经验的区域渔业劳动力退出水产养殖行业，大量渔村青壮年劳动力流向城镇寻找新的就业机会，渔村人口呈现老龄化。渔村青壮年流失、养殖人口老龄化导致渔业劳动力不足，渔业劳动力资源匮乏。

渔业专业技术人员匮乏。从整体上看，我国目前水产养殖人员老龄化严重、文化程度低，欠缺对生态养殖技术基础理论知识的学习和应用，养殖全凭经验，没有技术含量可言，渔业从业人员中年青、高素质的新型渔民少，懂管理会经营的人才更少。从养殖技术来看，目前政府大力推广的水产生态健康养殖模式，大多具有一定的技术含量，如封闭式循环水工厂化养殖模式是一种涉及很多领域、跨越众多学科的综合性、系统性养殖模式，科技含量高、管理难度大。这就对采纳者的综合素质提出了更高要求。科技人才的匮乏一定程度上影响了我国水产养殖业的健康发展。

3.1.3.2　资金约束

（1）养殖比较收益低，养殖基础设施粗放，更新难

首先，生产资料价格的整体上涨制约了渔业增效、渔民增收，在生产成本持续增加条件下，水产养殖产业边际效益在不断下降；其次，水产养殖必须在养殖场地内施行，养殖对象的投资、产量、成本和经济效益的高低很大程度上取决于养殖场地的选择、规划、设计。现阶段，我国水产养殖整体水平仍然处在粗放养殖的阶段。以海水养殖为例，养殖场所大多通过对沿海滩涂进行分割、筑坝、小面积海域围堵成大型池塘而形成，这些池塘面积在 6 公顷以上，深度大多在 0.5～1 米以上，池底凹凸不平，大部分仅仅配备初级的进水、排水闸门，其他养殖设施几乎没有。就养殖本身而言，区域内养殖产品同质性强，结构单一，产业链短，产品附加值低，渔民渔业收入有限，而工厂化循环水养殖模式等生态养殖模式大多属于高投入、高科技、高风险的养殖模式，其循环水设备的投入成本较高，渔民往往难以承受，养殖基础设施更新难。

（2）生态养殖模式的投入、运营成本过高

随着资源环境压力的增大，国家对渔业发展重视程度加深，颁布了一系列推进渔业生态转型升级的政策文件，但生态养殖模式的投入、运营成本过高，水产养殖产业转型升级难度大。以深海网箱养殖模式为例，由于普通网箱养殖模式在近岸海域加速集聚导致近岸海域生态环境受到影响，远离近海、环境污染较小及规模化生产等优势的深水网箱养殖模式被各界广泛关

注。但受投入成本、运营费用等资金约束，深水网箱养殖模式的推广进展缓慢。首先，与普通网箱比较，深海网箱养殖前期投资成本较高，除框架建造成本外，深水网箱、抗风浪海上平台、自动投饵设备以及完备的监控系统设施投入也较高（表3-21）；其次，深水网箱养殖所需运营费用过高。深水网箱养殖模式应用在离岸较远的海域，养殖活动所需的船只购置费用、保养费用、运营费用较普通网箱养殖模式显著上升，导致饵料运输成本以及成鱼运送成本升高（张智一，2020）。与之相对应的是，大部分深海网箱养殖品种价格与普通网箱无明显差异，养殖农户无法获得比较收益，也一定程度上阻碍了深海网箱养殖模式的推广。

表3-21 深水网箱与普通网箱成本表

网箱类型	框架面积（平方米）	网衣深度（米）	建造成本（元）	可容纳成鱼量（尾）	饵料系数	人员费用（元/年）	燃油费用（元/年）
普通网箱	14.44	6.00	5 000	1 750	1.70	3 290.00	220.50
普通网箱	16.00	7.00	6 000	5 000	2.00	14 800.00	700.00
普通网箱	32.00	8.00	30 000	2 700	2.00	3 600.00	540.00
深水网箱	200.00	10.00	160 000	10 000	1.70	7 280.00	560.00
深水网箱	800.00	10.00	320 000	50 000	1.70	36 400.00	2 800.00
深水网箱	144.00	10.00	187 500	28 800	1.90	47 428.57	6 857.14
深水网箱	225.00	10.00	300 000	45 000	1.90	74 107.14	10 714.29
深水网箱	400.00	10.00	350 000	40 000	1.50	23 333.33	1 064.58

资料来源：张智一. 产业集聚背景下海水鱼类不同养殖模式生态经济绩效研究 [D]. 上海：上海海洋大学，2020.

（3）产业内缺少正规金融服务机构

发展水产生态养殖模式，不管是相关设备、设施的投入，还是管理运作、维护，每个阶段都需要资金的注入与周转，除了养殖农户自身的资金投入之外，政府的支持及相关的金融服务也是很重要的一个方面。现阶段，虽然政府在一定程度上给予养殖农户或养殖企业优惠和扶持，但总体上科技创新的金融支撑体系不健全，资金支持不足，使得很多水产养殖产业转型升级的科研成果产业化进程实施受到了延误。同时，海水养殖产业风险保障机制不完善，目前我国渔业互保主要涉及渔民和渔船，渔业互保协会里所涉及的险种基本上与海水养殖无关，商业保险中也没有专门针对海水养殖产业的险种，一旦遭受损失，海水养殖户缺乏相关的风险保障。金融体系的不健全、保险机制的不完善一定程度上制约了水产养殖产业的转型升级。

3.1.3.3　技术约束

基于资源环境的刚性约束和污染防治的迫切性，科技在水产养殖产业发展中的地位和作用愈显重要。现阶段，我国在水产养殖良种繁育、育苗、病害防治、生态养殖技术等方面取得了很大进步，但离产业发展需求还有较大差距，目前的科技水平已经远远不能满足日益成熟的养殖业的发展速度，科技投入低、新技术引进开发落后、科技成果转化慢、"产、学、研"不能紧密结合，技术推广的投入过少，网络推广服务体系不健全等一系列问题阻碍了水产养殖的生态发展。

（1）良种繁育技术和育苗技术落后

目前，我国水产养殖产业正处于从"规模产量型"向"质量效益型"发展的关键时期。良种是增产增效的关键，我国水产养殖良种工程取得了很大进步，但离产业需求差距甚远。农业农村部渔业统计数据显示，我国从事水生生物孵化、繁育生产的苗种场有 15 000 多个，2020 年，淡水鱼苗、海水鱼苗产量分别为 13 097 亿尾、1 165 566 万尾，但优质高值养殖种类产量总比例不足 1/10；适于养殖的优良苗种遗传改良率仅为 1/4；海水养殖良种覆盖率总体只达到 25％左右。良种数量少不能满足我国多样化养殖和拓展养殖空间的需要，一定程度上制约了我国水产养殖产业的生产能力、作业方式与水平。

现阶段，我国水产苗种的获得主要有三种生产方式：一是完全依赖天然资源型，直接从自然水域捕捞幼苗进行养殖；二是半人工型，从自然水域捕捞亲本，采用人工繁殖方式获得苗种或部分捞取苗种；三是全人工型，养殖种类的苗种全部来源于人工选育良种繁育的后代。目前，我国绝大部分养殖种类的苗种生产方式为半人工型，只有少数水产种类能够实现全人工型苗种供应，与发达国家在水产苗种繁育技术和育苗技术的精准化、数字化和信息化的发展阶段存在较大差距，落后的苗种生产方式和设施设备不能满足水产养殖业规模化高质发展需求。

（2）病害防治技术基础研究薄弱

我国水产养殖产业健康稳定的持续发展依赖于病害防治研究工作的发展

与科技进步。现阶段，我国在水产养殖鱼类病害的病原学、流行病学、病理学和免疫学等基础研究领域，无论是广度还是深度，都明显欠缺，远不能满足产业发展对支撑技术的需求，如苗种检疫仍存在较多的薄弱环节；疫病检测与诊断技术手段落后；检测诊断技术尚未在生产环节中得到充分应用；对病原的致病机理和宿主的免疫防御系统研究缺乏深度和系统性；决定疫病暴发和流行的病原、宿主和环境之间的关系还很不清晰，等等。这些基础性研究与迅速发展的水产养殖产业的要求仍有很大距离，其不足直接影响了有效的病害防治技术的研发及防控体系的建立。病害防治技术落后，对各种养殖品种病害缺乏有效的防治手段和针对性措施，使得养殖病害呈现多发、频发、逐年加重态势，水产品质量安全形势严峻。

（3）渔业科技成果转化率低

尽管水产养殖产业获得了长足发展，科技成果转化的大环境也在不断健全和完善，总体上，我国渔业科技成果转化率低。据统计，我国水产行业科技成果转化率只有 39.43%，远低于农业科技成果整体转化率，离渔业发达国家转化率 70% 以上还存在不小的差距（表 3-22）。由于水产养殖产业的自然特性，水产养殖生产过程复杂，受到气候、水温、环境等影响很大，科技成果转化过程受到干扰因素很多，科技成果未能有效的转化，既有科技成果本身的原因，也有科研机构、金融机构、水产养殖从业主体多方面的原因。

表 3-22　不同农业产业应用技术研究成果转化率

产业	种植业	畜牧业	水产业	跨行业	总计
科技成果转化率（%）	58.72	37.56	39.43	30.14	53.69

资料来源：王骞．我国农业科技成果转化研究［D］．青岛：中国海洋大学，2012.

3.1.3.4　制度约束

水产养殖农户的养殖行为是在各种正式或非正式的制度约束或激励下做出的选择。与水产养殖有关的制度主要包括相关的农业政策、环境政策。农业政策与环境政策的安排与水产养殖行为密切相关，这已在学术界获得共识。"通常而言，判断法律领域是否成熟的标志是相关法律规范的多少和法律规范被适用的频率以及相关案例的多寡"（熊伟，2016）。经检索，我国目前并没有专门针对水产养殖污染防治的相关法律规范，涉及水产养殖污染问题的相关条款大多散见于其他与环境污染有关的法律规范中，所涉相关案例较少。

目前，我国跟渔业有关的法律、法规有《中华人民共和国渔业法》、《中华人民共和国海洋环境保护法》、《中华人民共和国水污染防治法》、《中华人民共和国环境保护法》、《水产养殖质量安全管理规定》等，包含了渔政管理、海洋保护、水资源保护等各种渔业生产和管理，涉及内容多、杂、乱，导致一些具体定义模糊、解释不清，实践性弱，给执法人员带来实际操作困难，如渔具的定义模糊、机动渔船底拖禁渔区区线的管理划分不明确、海洋行政组织多头领导等。渔业法规的不完善，一定程度上制约了我国水产养殖的有序发展。

3.2　我国水产养殖污染及其防治

3.2.1　水产养殖污染现状

作为我国"蓝色经济"与农业的重要组成部分，水产养殖活动的效果具有二重性，一方面在增加农民收入、优化农业结构布局、保证粮食安全等方面发挥着重要作用；另一方面，受资源、环境、市场、科技、体制等方面的诸多约束，养殖过程中产生的大量污染物未经妥善处理随意排放造成我国农业生态环境面临严峻挑战。养殖过程中饵料的过量投入、残饵的分解、排泄物和代谢物的产生以及化学药品和抗生素的使用等，使水体中营养物质、有机碎屑等严重超标，导致养殖水域生态系统失衡，病害滋生，加剧了水体环境的恶化。尤其是随着集约化水产养殖模式的迅猛推进和发展，水质恶化和废水排放直接制约了水产养殖产业的可持续发展。

（1）海水养殖污染现状

在海水养殖方面，环保部监测数据显示，主要超标因子为无机氮，无机氮、活性磷酸盐、化学需氧量、石油类监测浓度优于评价标准的面积占所监测面积的比例分别为 24.6%、56.0%、66.1% 和 95.6%；海水重点增养殖区主要超标因子为无机氮和活性磷酸盐，无机氮、活性磷酸盐、石油类、化学需氧量监测浓度优于评价标准的面积比例分别为 40.1%、49.4%、62.8%

和 92.8%，较之往年，活性磷酸盐和石油类超标范围有所增大；国家级水产种质资源保护区（海洋）主要超标因子为无机氮，无机氮、化学需氧量、活性磷酸盐和石油类监测浓度优于评价标准的面积占所监测面积的比例分别为 25.3%、59.6%、91.0% 和 76.7%（表 3-23）。

表 3-23 2018 年海水养殖主要区域部分指标监测浓度优于评价标准的面积比例

指　　标	无机氮	活性磷酸盐	石油类	化学需氧量
海水养殖整体情况（%）	24.60	56.00	66.10	95.60
海水重点增养殖区（%）	40.10	49.40	62.80	92.80
国家级水产种质资源保护区（海洋）（%）	25.30	91.00	76.70	59.60

资料来源：根据《中国渔业生态环境状况公报》（2018）整理。

2018 年，我国海水重点增养殖区无机氮、活性磷酸盐、石油类和化学需氧量超标面积占所监测面积的比例分别为 59.9%、50.6%、37.2% 和 7.2%（图 3-10），较之上一年度，活性磷酸盐和石油类超标范围有所增大。其中，雷州湾经济鱼类增养殖区无机氮平均浓度最高（1.14 毫克/升），最大值超标 4.4 倍，广西钦州湾近江牡蛎、对虾增养殖区的活性磷酸盐平均浓度最高（0.155 毫克/升），最大值超标 25.4 倍，广西防城港珍珠贝、对虾增养殖区的化学需氧量平均浓度最高（3.6 毫克/升），最大值超标 0.9 倍；雷州湾经济鱼类增养殖区的石油类平均浓度最高（0.167 毫克/升），最大值超标 7.0 倍。在国家级水产种质资源保护区（海洋），无机氮、活性磷酸盐、化学需氧量和石油类的超标面积占所监测面积的比例分别为 74.7%、9.0%、40.4% 和 23.3%。所监测的渔业水域中无机氮、活性磷酸盐和化学需氧量的平均浓度超过评价标准的水域数量分别占 50%、12.5%、25%。

从数据上看，我国海水养殖最主要的污染物是无机氮，超一半的养殖水域受到了无机氮的污染，其次是活性磷酸盐。学界的相关污染测算结果表明，2014 年全国海水增养殖区氮、磷年产出量分别达到 29.3 万吨和 9.7 万吨。其中，投饵性养殖生物（鱼类、甲壳类等）总氮、总磷产出量分别达到 3.9 万吨和 0.6 万吨，非投饵性养殖生物（滤食性贝类）总氮、总磷产出量分别达到 25.4 万吨和 9.1 万吨。与全国陆源污染物排海量相比，海水养殖总氮、总磷产出量分别约占江河总氮、总磷排海量的 10.0％和 36.1％；同时，海水养殖总氮、总磷产出量已分别超过排污口氨氮、总磷的排海量，分别约为二者的 5.6 倍和 7.2 倍（宗虎民等，2017）。海水养殖污染已成为我国近岸海域重要污染源之一。

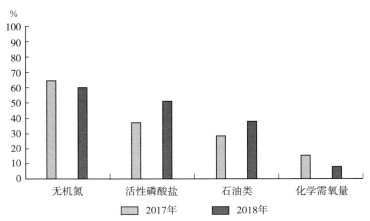

图 3 - 10　海水重点养殖区主要污染物超标面积占监测面积百分比

资料来源：《中国渔业生态环境状况公报》（2018）。

（2）淡水养殖污染现状

在淡水养殖方面，江河重要渔业水域主要超标因子为总氮。总氮、总磷、高锰酸盐指数、铜、非离子氨、石油类及挥发性酚的监测浓度优于评价标准的面积比例分别为 4.0％、64.0％、67.2％、91.3％、92.2％、96.7％和 99.5％，非离子氨和石油类超标范围较往年有所增加；湖泊、水库重要渔业水域主要超标因子为总氮、总磷和高锰酸盐指数，总氮、总磷、高锰酸盐指数、铜、石油类及挥发性酚监测度优于评价标准的面积占所监测面积的比例分别为 3.8％、12.6％、46.0％、85.1％、98.4％ 和 100％；国家级水产种质资源保护区（内陆）主要超标因子为总氮，总氮、石油类、高锰酸盐指数、总磷、挥发性酚和铜监测浓度优于评价标准的面积占所监测面积的比例分别为 10.5％、93.5％、95.2％、96.3％、97.1％ 和 99.1％（表 3 - 24）。从数据上看，我国绝大部分淡水养殖总氮水平超标严重，是我国江河、湖泊、水库重要渔业水域和国家级水产种质资源保护区（内陆）最重要的污染物，对环境的影响最大。

表 3 - 24   2018 年淡水养殖主要区域部分指标监测浓度优于评价标准的面积比例

指　　标	总氮	总磷	高锰酸盐指数	石油类	挥发性酚	铜
江河重要渔业水域（%）	4.00	64.00	67.20	96.70	99.50	91.30
湖泊、水库重要渔业水域（%）	3.80	12.60	46.00	98.40	100.00	85.10
国家级水产种质资源保护区（内陆）（%）	10.50	96.30	95.20	93.50	97.10	99.10

资料来源：根据《中国渔业生态环境状况公报》（2018 年）整理。

环保部监测数据显示，2018 年，我国江河天然重要渔业水域总氮、总磷、非离子氨、高锰酸盐指数、石油类、挥发性酚、铜的超标面积占所监测面积的比例分别为 96.0%、36.0%、7.8%、32.8%、3.3%、0.5%、8.7%（图 3 - 11）；湖泊、水库重要渔业水域总氮、总磷、高锰酸盐指数、石油类、挥发性酚及铜的超标面积占所监测面积的比例分别为 96.2%、87.4%、54.0%、1.6%、0%、14.9%（图 3 - 12），其中总氮超标以淀山湖和万家寨水库渔业水域相对较重，总磷超标以沙湖和南太湖渔业水域相对较重，高锰酸盐指数超标以呼伦湖和沙湖渔业水域相对较重，与 2017 年相比，总氮、总磷和铜污染物指标超标范围有所增加，高锰酸盐指数、石油类和挥发性酚超标范围有所减少。在部分国家级水产种质资源保护区（内陆），总氮、总磷、高锰酸盐指数、石油类、挥发性酚和铜的超标面积占所监测面积的比例分别为 89.5%、3.7%、4.8%、6.5%、2.9% 和 0.9%。

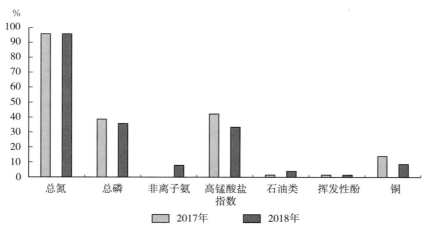

图 3 - 11   江河重要渔业水域主要污染物超标面积占监测面积百分比

资料来源：《中国渔业生态环境状况公报》（2018）。

以上监测数据表明，我国淡水养殖主要污染物是总氮，污染面积较大，达到 90%以上。学界的相关污染测算结果表明，在部分淡水养殖水域，水产养殖业的氮、磷污染物排放量居各农业养殖业之首，是流域区面源污染的主要来源（李翠梅等，2016）。随着集约化、规模化养殖比重的逐步提高，养殖污染形势日益严峻。

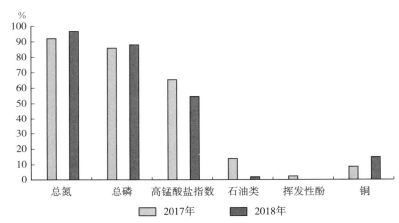

图 3 - 12　湖泊、水库重要渔业水域主要污染物超标面积占监测面积百分比

资料来源：《中国渔业生态环境状况公报》(2018)。

3.2.2　水产养殖主要污染来源及其环境影响

水产养殖的主要污染物来源于两个方面。一是外来污染，如工业废水、生活污水直排或经雨水冲刷进入养殖水域等，二是养殖业自身污染，即养殖过程中残饵、动物排泄物以及渔药等投入品等对养殖水域带来的污染。

3.2.2.1　主要污染来源

（1）外部污染

生活污染。生活污染主要包括生活污水和生活垃圾未经处理的随意排放。伴随人民生活水平的提高，排放水体中的生活污水的营养成分不断增加，造成养殖水域整体浑浊且富营养化现象严重，固体废弃物无序排放漂浮，减少了太阳的辐射，影响水域与大气之间氧气交换，当固体废弃物沉入底部时，使得栖息生物被迫逃离，破坏传统渔场的生产能力，造成水域生态系统紊乱。水域的生态环境遭到破坏，也给渔业资源带来了减产的危害。研究表明，生活污水排放量、生活垃圾清运量与水产品总产量有较强的相关性，对渔业总产值有很强的抑制作用（桑婧，2018）。

石油污染。石油污染主要是指海运途中的石油泄漏以及海底钻井平台的石油勘测工作事故造成的石油外溢。石油中溶于水的成分可使鱼体中毒直至死亡；油膜长期覆盖水面，不利于水域与大气中氧气的交换与对流，影响光合作用发挥功效，可造成藻类及浮游生物灭亡，减低水域初级生产力，破坏底栖生态环境，减少饵料来源，危害生物的正常繁殖。此外，石油类污染往往不易清除，抑制水汽蒸发，引起水温上升，对渔业生物种群的正常生存、繁衍形成致命危害，对渔业产业发展造成毁灭性破坏。如 2014 年福建福州市罗源湾网箱养殖区，因"JASMIN JOY"船油污泄漏，造成鲍鱼等养殖生物死亡约 300 吨，造成的直接经济损失为 1 300 万元。

化学污染。化学污染主要是指电力、冶金、机械等工业废水和固体废弃物的排放。这些污染物的排放导致部分养殖水域温度骤然升高，含氧量稀少，破坏了水域生态平衡，致使鱼类缺氧致死。部分放射性物质通过外照射、内吸收的方式，破坏鱼类的生长繁殖，减少鱼类寿命。此外，由于鱼体内部大量有毒物质的聚集，给人类的健康带来了潜在威胁。如 2017 年中铁14 局集团有限公司在四川雅安市施工过程中造成思经河水污染，导致思经河渔业污染事故发生，天全冷水鱼产业园区的养殖鱼类大量死亡，造成的经济损失高达 5 651.11 万元。

病原体生物污染。病原体生物污染主要是指医院、屠宰、皮革加工工业等重污染行业的废水或固定废弃物排入水域，致使带有疾病的病原微生物感染局部水域，引发鱼体感染甚至大量死亡。人类误食感染鱼类后，容易引起人体头晕、恶心，引发慢性中毒症状等，使人类面临潜在的健康威胁。

表 3 - 25　近几年部分典型渔业污染事故

时间	事故描述	经济损失
2013 年	在山东日照北部山海天养殖区，因港口施工倾废污染，造成贻贝、扇贝、牡蛎、海参等死亡约 20 万吨	15 574 万元
2014 年	福建福州市罗源湾网箱养殖区，因"JASMIN JOY"船油污泄漏，造成鲍鱼等养殖生物死亡约 300 吨	1 300 万元

（续）

时间	事故描述	经济损失
2015 年	安徽省五河县天井湖、沱湖，因遭受污染致渔业污染事故，造成鱼、虾、蟹大量死亡，污染面积 5 334 公顷	9 000 万元
2016 年	广西壮族自治区钦州外海浅海养殖区发生渔业污染事故，造成钝缀锦蛤、缢蛏、象皮螺大量死亡，污染面积达 1 333.3 公顷	1 000 万元
2017 年	中铁 14 局集团有限公司在四川雅安市施工过程中造成思经河水污染，导致思经河渔业污染事故发生，造成天全冷水鱼产业园区的养殖鱼类大量死亡	5 651.11 万元
2018 年	广西壮族自治区岑溪市南渡镇、马路镇水域，因上游水电站排放大量泥沙发生渔业污染事故，造成草鱼、罗非鱼等大量死亡	454.29 万元

资料来源：根据《中国渔业生态环境状况公报》（2013—2018 年）整理。

以上污染给我国渔业造成了巨大的经济损失，由于各类污水长期排入大江、大湖、大海等开放性大水面，从而造成渔业水域受到非急性污染。非急性水污染对天然渔业资源的影响主要反映在鱼类的产卵场、索饵场受污染而影响鱼卵、仔幼鱼的发育、生长，使早期补充群体减少，最终导致渔获产量的减少。根据《中国渔业生态环境状况公报》（2018 年）统计，2018 年，非急性水污染对海洋、内陆水域天然渔业资源的经济损失结果为：海洋水域合计经济损失约为 102.17 亿元，内陆水域合计经济损失约为 11.59 亿元，海洋、内陆水域总经济损失为 113.76 亿元。2018 年全国渔业水域污染事故发生情况见表 3-26。

表 3-26　2018 年全国渔业水域污染事故发生情况

地区	污染事故（起）		经济损失（万元）	
	海洋	内陆	海洋	内陆
广东		3（2）		3.60
广西		4（2）		526.46
天津		1（1）		21.70
四川		1		
陕西		14		
安徽		9（3）		14.70
贵州		6		
湖北		7（1）		2.00

（续）

地区	污染事故（起）		经济损失（万元）	
	海洋	内陆	海洋	内陆
湖南		3（2）		0.12
河南		6		
重庆		12（9）		26.50
上海		11		
吉林		38（1）		13.00
江西		3		
甘肃		1		
宁夏		15		
云南		5（4）		5.70
福建	1			
合计	1	139		613.78

资料来源：《中国渔业生态环境状况公报》（2018 年）。

注：污染事故一栏括号内数字为已完成渔业损失评估的事故数量；经济损失一栏为已完成渔业损失评估的直接经济损失额。

（2）养殖业自身污染

研究表明，水产养殖废水含有鱼类排泄物和代谢物、残留饲料、除草剂、抗生素等（Klinger D. et al.，2021），这些是水产养殖自身污染物的主要来源。

投入品污染。投入品污染主要是指饵料、渔药及化学投入品等对养殖环境带来的污染及对人体健康的潜在威胁。饵料成分一般包括蛋白质、脂肪、维生素以及矿物质等鱼类所需的营养物质，它们给水产养殖物提供了生长所需的氮磷营养元素，但大量投入会造成水体中残留较多的剩余残饵，导致水产养殖环境发生变化，甚者遭受严重的污染。饵料是养殖塘中氮、磷输入的主要来源，占到总输入的 68%～92% 和 73%～91%，饵料中的氮、磷仅有 14%～21% 和 7%～10% 转化为鱼虾的生物量（李纯厚等，2004；Casillashern Ndez R，2006；李金亮等，2010；戴修赢等，2010），其余大多以残饵的形式停留在水体。有研究表明，在精养虾池中，人工饵料输入的氮占总输入氮的 90%，其中仅 19% 被虾吸收利用，8%～12% 以颗粒态、可溶性有机氮和无机氮等形式存在于水体中（计新丽等，2000）；集约化、规模化水产养殖带来了更多经济效益，也增加了养殖动物疾病暴发的可能性，渔药以及相关的抗生素在我国水产养殖中广泛使用。目前，传统养殖依然是我国水产养殖的主流，众多养殖农户对养殖用药的知识与技术规范不完全了解，不规范用药行为、滥用药行为、凭经验用药行为等时有发生。我国是世界上最大的抗生素生产国和消费国。据推算，2013年中国抗生素年产量约24.8万吨，总使用量估计为16万吨，约为美国（世界第二大抗生素消费国）的9倍。其中，水产养殖业抗生素年使用量为0.8万～1万吨（Lin X，2015）。在水产养殖业，被投加的抗生素仅有少量被养殖生物吸收，80％～90％的抗生素未经养殖生物体内代谢，直接进入养殖水体环境中。有研究表明，世界各地水产养殖用水和沉积物中都检测出了抗生素，特别是磺胺类和四环类（梁惜梅等，2013），在冬夏两季养殖水和沉积物中的17种抗生素中，有11种抗生素在水中被检出，检出频率为10％～100％（韩千帆，2020）。环境中的抗生素可以在养殖动物中积累，甚至合成有毒化合物，对人类和动物的健康构成潜在的风险（Klosterhaus S L，2013）。以上行为导致我国水产品的药物残留超标现象普遍。在我国影响养殖水产品质量安全的问题中，药物残留超标居首位，超过了重金属污染、石油烃类污染、病原生物污染、生物毒素污染等其他因素导致的质量安全问题，也是我国养殖水产品贸易中经常遭遇技术性壁垒的主要原因。

代谢物污染。代谢物污染是指水产养殖物在食用了一定数量养料后的排泄物污染，其存在方式主要有氮磷形式、粪便形式以及尿碱形式等。水产养殖行业是一种高度密集的养殖业，与其他养殖业相比，其代谢物相对较多，水产养殖环境极易被污染。淡水养殖中每生产1千克的渔获物可产生162克有机废物，其中包括50克蛋白质，31克脂质，81克碳水化合物，其废物将会产生30克总氮，7克总磷（刘长发等，2002）。相关的氮、磷收支研究结果表明，仅有31.89％的氮进入机体后转化为鱼体组织，52.50％随尿液（以氨、尿素和尿酸的形式）排出，15.61％随粪便排出，进入水体环境；进入水体环境中磷的比例超过了氮，达到投饲量的70.20％，其中的5.10％和65.10％分别随尿和粪便排出体外（吴伟等，2014）。代谢物污染成为我国水产养殖污染物的主要来源。

底部沉积物污染。底部沉积物主要是指水产养殖物的碎屑物与生物遗体等分解后所形成的物质,这些物质是水体底部物质的重要来源。过量沉积物会改变水域底质环境,强化底部原有微生物的分解功能,导致附近水域的过高耗氧量,水质溶解氧能力降低,水域呈现出缺氧、无氧的状况。Smith 等(1999)对精养虾池中物质平衡的研究结果表明,只有 10%的氮和 7%的磷在虾类养殖过程中被利用,其余都以各种形式进入沉积物中。在工厂化高密度水产养殖系统中,每天所投饵料(干物质)的 25%以上是以固体废弃物的形式排入水体中,并最终沉降到池底(Timmons M B,2002)。在网箱虹鳟养殖系统中,以饵料和鱼苗形式人为输入的氮只有 27%~28%,通过鱼的收获而回收,其中 23%积累于沉积物中,固态废物的沉积率为 149.6 克/(平方米·天)(陈东兴等,2013)。孙云飞等(2015)也研究发现,不同养殖模式下,饵料氮、磷输入是养殖系统氮、磷输入的主要途径,分别占总输入的 85%~93%和 83%~84%,而系统氮的输出则以养殖生物为主,占 62%~77%,其次是沉降到池底的底泥,占 13%~15%,磷的输出则以底泥为主,占 76%~80%。底部沉积的有机质的溶解和释放会造成淤泥数量的增加,增大养殖塘底部耗氧量,造成缺氧或无氧环境,使得底泥中产生大量有害气体,产生二次污染。

以上养殖业自身污染源,在不控制或控制力度不够的情况下,容易形成"饵料超量喂养-养殖品种抗病能力下降-渔药及抗生素超标使用-养殖环境恶化-养殖品种疾病增加-渔药及抗生素超标使用"的恶性循环。高密度、高投饵的网箱养殖系统,更是一种持续的污染源。

3.2.2.2 污染物对环境的影响

(1)生物资源严重破坏

水产养殖活动向周边水域排放大量富含氮、磷等营养物质的养殖废水,造成近岸水体环境质量的下降,对生态系统产生严重影响;养殖池的修建,使原本存在的湿地面积大量减少,生态系统的服务功能下降;养殖残料在底泥厌氧条件下分解产生有害物质,影响底栖生物的生长繁殖,改变养殖区周边生物群落结构,生物多样性降低、渔业资源减少、生态环境退化、赤潮危害加重等环境问题日益严峻,渔业自然与生态灾害频发(表 3-27)。

天然湿地的破坏、减少。由于水产养殖池的大规模修建,我国湿地面积逐年减少。湿地在调蓄水源、调节气候、储存营养物质、保护沿岸以及污水净化方面具有重要的生态意义。随着水产养殖大规模的围塘养殖活动的逐年增长，湿地面积逐年减少，其原有的生态服务功能逐步退化。以红树林湿地为例，红树林等植物群落为鸟类、爬虫类、甲壳类及其他物种的产卵、繁育和栖息地的保护起到关键性作用，同时在水质净化、污染物降解、防止海水侵蚀、减少洪灾发生和生物固碳等方面也具有重要的生态作用。从世界范围来看，全球各主要海水养殖区域的红树林面积都在逐年减少。印度尼西亚、菲律宾、泰国、越南、墨西哥等地的海水养殖造成的红树林缩减比例分别达到 55％、76％、84％、37％和 30％（陈一波，2015）。在我国，近些年滨海养殖业的发展，将原本的湿地环境改造为养殖池，造成近岸湿地面积逐年降低。现有研究表明，1950—2000 年我国滨海湿地以每年 240 平方千米的速率进行开垦，2006—2010 年开垦速率增加到每年 400 平方千米（Ma Z J，2014）。以上数据表明，作为世界上最大的海水养殖国，我国近海红树林等湿地的开发速率逐步加快，原本的生物多样性以及生态系统服务功能均受到不同程度的影响。海水养殖池的大规模修建是加速我国湿地开发的原因之一。

生物群落结构的改变与基因污染。鱼类养殖过程中产生的大量有机废物和无机废物的排放，尤其是在一些半封闭湾口水域中，常造成水域有机污染负荷加重，水体富营养化，破坏了养殖生态平衡，危害了水域生物生长繁殖，造成水体浮游生物和大型底栖动物的生物量、丰度、种类的减少（赵安芳等，2003），水域的自我净化功能逐渐丧失。研究表明，在植被覆盖较少的区域修建养殖池后，底栖生物的数量出现明显下降（Mirto S，2010）。通过对养殖区和对照区的底栖生物种类的分析，对照区底栖生物包括多毛类、双壳类、海星和甲壳类等，而养殖区仅监测到多毛类存在（杨红生，1998）。长此以往，底栖生物的群落结构逐步改变，海底生态稳定受到了严重威胁，底栖生态系统失衡甚至崩溃。此外，养殖水域的水体富营养化、药物污染、大量单一物种的养殖方式破坏了养殖水域生态系统原有的稳定食物链结构，养殖区域的物种多样性向单一化转变，部分养殖鱼类逃逸，与水域环境中的自然种群进行交配，对天然基因库造成了基因污染，也加剧了病源扩散。

天然渔业资源减少。随着水产养殖活动对生态系统影响的加剧，我国渔业水域天然渔业资源衰减（Naylor R L，2000）。目前我国渔业捕捞产能严重过剩、品种品质不高、渔业资源持续衰退，原因主要是过度捕捞和环境因素。以长江流域为例，长江流域分布了 370 余种鱼类，其中 170 种是长江特有的鱼类，多数受到生存威胁，其中白鳍豚、白鲟已经灭绝，中华鲟和江豚等极度濒危。农业农村部数据显示，青鱼、草鱼、鲢、鳙长江四大家鱼从占渔获物的 80％降至目前不足 14％，产卵量也从 300 亿尾降至目前不足 10 亿尾，仅为原来的 3％。天然渔业资源的减少，导致"东海无鱼"成了事实，其他海域也在一定程度上出现了无鱼可捕的现象。

表 3－27　2018 年渔业自然与生态灾害

有害生物	生态影响	主要分布范围	影响渔业面积
浒苔	浒苔在海面上大量形成会吸收大部分的阳光，死亡的浒苔会消耗水中的氧气并分泌化学物质，对渔业产生较大影响	黄海南部的石岛渔场、青海渔场、连青石渔场、海州湾渔场和吕泗渔场	17 536 平方千米
蓝藻	导致水中的溶解氧浓度迅速降低，且死亡的蓝藻被细菌分解后会产生毒素，从而导致成鱼、虾等渔业生物的大量死亡	太湖地区	373 平方千米
海冰	缩短了海上作业时间；养殖水域持续低温、冰封，增养殖产品受到冰冻损伤；渔业设施遭受损坏等	渤海和黄海北部	14 100 平方千米

资料来源：根据《中国渔业生态环境状况公报》（2018 年）整理。

（2）水体环境质量降低

良好的水域生态环境是水生经济动植物赖以生存和发展的重要保证，是维持水产养殖业可持续发展的基本前提（张秋卓等，2013；吴伟等，2014）。养殖池的修建减缓近岸水体交换过程，养殖过程中饵料的过量投入，残饵的分解，排泄物的产生以及化学药品和抗生素的使用等，改变水质常规参数，使水体中营养物质、有机碎屑等严重超标，加剧了水体环境的恶化。

水动力特征的改变。我国水产养殖通常以池塘、网箱、围栏、浮筏等方式实施养殖，这些围栏、网箱、浮筏均以一定的规模、密度分布在养殖水域中，随水的流动而产生相应的相互运动，对水域水动力特征产生许多影响，一定程度上导致水动力特征的改变。研究发现，桑沟湾贝类筏式养殖修建后，海湾内水流速度减小约 35％～40％（季如宝等，1998）；养殖池修建后，蓬莱芦洋湾潮汐时最大水流速度从 46 厘米/秒下降至 16 厘米/秒（项福亭等，1996）。此外，养殖生物对水域水动力特征也会产生一定程度的影响。如海水流速、交换律和潮流周期发生变化会进一步影响养殖区域内海水水质状况、海中营养物质循环以及浮游动植物、底栖动物的构成与分布，对海水养殖业的健康发展产生不利影响（陈一波，2015）。

水质恶化。水产养殖经济效益的获取，主要是通过高投入追求高产量实现的。在水产养殖系统中，养殖时产生大量的有机物质和养分（氮、磷和其他元素），只有约 20%～25%的氮是通过鱼类生物量获得的，超过 70%的氮是通过氨的形式排泄到周围的环境中（Hargreaves J A.，1998；Lu Lu，2012）。这些物质进入水体后，发生一系列生物化学反应，均将导致水域的溶解氧（DO）和 pH 发生变化（马从丽，2016），造成周边水域水体富营养化。水体 pH 下降，影响水产养殖物的呼吸、代谢、生长等，从而影响水产养殖物的代谢活性、摄食能力和抗病力。此外，养殖过程中为防治疾病，会大量使用抗生素、抗菌剂等药品，其在水体中的残留不仅会污染水域环境，而且会诱导细菌产生抗药性，威胁人体健康（Xiong Wenguang，2015；刘佳等，2016）。《中国生态环境状况公报》数据显示，2018 年，在监测的海洋渔业水域中，四类水质为 3.1%，劣四类水质为 15.6%；内陆渔业水域中，七大流域、浙闽片河流等监测的水质断面中，Ⅳ类占 14.4%，Ⅴ类占 4.5%，劣Ⅴ类占 6.9%；在监测水质的 111 个重要湖泊（水库）中，Ⅴ类 9 个，占 8.1%；劣Ⅴ类 9 个，占 8.1%；在 110 个监测营养状态的湖泊（水库）中，轻度富营养占 23.6%，中度富营养占 4.5%，重度富营养状态占 0.9%，水质富营养化严重。现阶段，我国 80%以上的工厂化水产养殖主要靠大量换水来改善水质，每天频繁的水体交换量，加剧了环境污染（李秀辰等，2007）。研究表明，养殖池出水是我国沿海地区水污染的重要来源，也是湖泊富营养化的主要来源之一（Yang P.，2017；Ni Z F.，2018）。

（3）水产品品质下降

近几年来，消费者对水产品质量安全要求的日益提高与我国水产品质量安全保障水平低的矛盾日益突出。目前我国水产养殖不合理用药现象仍较为普遍，水产品药残超标事件屡有发生，一些药剂在水产品体内累积，通过食物链放大，最终给人类健康造成威胁；部分渔业水域环境质量下降，导致水产品被污染或携带病毒、细菌、寄生虫、生物毒素的概率增加，危及鱼类的健康生长及水产品的安全供给。

2017 年，在全国经营环节重点水产品专项检查中，鲜活水产品抽检合格率为 89.1％，孔雀石绿和硝基呋喃类代谢物是经营环节重点水产品不合格的主要原因；2013—2018 年，水产品一直是农产品出口中不合格批次最多的出口食品种类，且呈现波动增长的趋势，由 2013 年的 341 批次增长到 2018 年的 470 批次，累计增长 37.83％。其中，农兽药残留超标、品质不合格是出口水产品不合格的主要原因，鱼类产品是不合格出口水产品的最主要种类；食品安全事件大数据监测平台的数据显示，2009—2018 年的 10 年间，全国共发生了 21 294 起有风险隐患的水产品及制品质量安全问题，平均每天发生 5.83 起，维持在一个相对较高的水平[①]，水产品质量安全尚存在很多隐患。

3.2.3 我国水产养殖污染防治

3.2.3.1 水产养殖污染防治主体

水产养殖污染防治系统是一个多行为主体的复杂系统，既包括政府、水产养殖农户和社会公众等内部行为主体，又包括来自外部的关注水产养殖污染防治和健康发展的非政府组织。我国现阶段没有专门针对水产养殖污染防治的法律法规，有关水产养殖污染防治的条款散落在《中华人民共和国渔业法》、《中华人民共和国水污染防治法》、《中华人民共和国农业法》、《中华人民共和国环境保护法》等法律法规中，遵循"谁污染，谁治理"的原则，即水产养殖农户是污染防治的主体，对水产养殖污染的防治负主要责任。但受投资成本约束、环境意识等现实情况的影响，大部分水产养殖农户不愿意对防治水产养殖污染投入资金。政府代表着社会公共权力，环境管理是政府的基本职能。因此，现阶段我国水产养殖污染防治主体主要是各级政府和养殖农户。

（1）政府的组织、引导控制

组织控制是指由政府建立起来的一些机构和制定的一系列政策进行水产

---

① 资料来源：党的十八大以来中国水产品质量安全状况的研究报告［EB/OL］. http：//www. cssn. cn/gd/gd＿rwhd/gd＿ktsb＿1651/jndxspaqfxzlyjcg/202001/t20200114＿5076195. shtml.

养殖污染防治。政府代表着社会公共权力，对本地区的环境质量负有责任，环境管理是政府的重要职责之一，政府可以建立环保部门，综合运用经济、行政、法律、技术和教育等手段，激励或约束农户的水产养殖行为，引导公众、非政府组织和社会资本参与污染治理，从而达到防治养殖污染的目的。在水产养殖污染防治过程中，养殖农户源于对利益的追逐，往往置社会责任于不顾，控制养殖污染的动力不足。在这种情况下，政府可以通过制定和实施环境保护政策，并依据法规和规章制度审查和监督养殖农户是否按照规定进行养殖活动，以及对违反规则的养殖农户进行处罚，强制或激励其减少排放、治理污染。

（2）水产养殖农户的自我控制

从理论上说，任何经济活动都以谋求效益最大化或成本最小化为出发点，经济活动主体根据私人边际收益等于私人边际成本原则确定资源配置状态，其决策只考虑私人成本，将外部不经济性转嫁给了他人或社会。水产养殖农户是水产养殖最基本的微观主体，兼具养殖污染物直接制造者和污染防治与生态环境改善潜在受益者的双重身份。水产养殖农户在从事养殖活动过程中，由于没有将养殖废弃物对环境的污染计入市场交易成本和交易价格，从而导致养殖活动的边际社会成本大于边际私人成本，将污染转嫁给了社会，由全社会承担其环境后果，其实质以大众福利换取水产养殖农户的个体利益，环境问题由此产生。水产养殖污染的产生是水产养殖农户养殖行为的一个客观结果，水产养殖农户对污染的自我控制主要是指水产养殖农户按照政府所确定的污染防治控制目标、规则所进行的有意识的水产养殖污染削减与防治行为。

3.2.3.2　污染环境的外部性与政府干预

（1）生态环境资源的公共物品属性

从供给方面看，个体对生态环境资源的依赖和享用并不妨碍其他个体同时得到相应的消费，即对生态环境资源的享用具有非排他性；从消费方面看，每增加一个单位的生态环境资源的供给，其边际成本为零，即生态环境资源在消费上具有非竞争性。因此，生态环境资源具有公共物品特征。与一般公共物品所不同的是，生态环境资源作为容纳污染物的载体，可以通过大气、水流扩散等，在物理、化学作用下，将污染物转化为无害物，即生态环境资源具有自净功能。但生态环境资源的自净能力是有限的，一旦超出其限度，产生生态负效用，将使全体消费者的效用减少。

与其他公共物品一样，在生态环境资源的供给中，私营厂商和消费者均无法提供充足的生态环境资源。私营厂商通常以谋求效益最大化或成本最小化为出发点，其对利润的追逐与生态环境资源消费的非排他性，导致私营厂商在提供生态环境资源时很难排除不付费的消费者，从而使得私人厂商缺乏动力，不能有效地提供生态环境资源；由于生态环境资源消费所具有的非竞争性和非排他性特征，出于搭便车的动机，每个消费者都有可能隐瞒其对生态环境的真实偏好信息，不会自愿掏钱购买，导致难以实现生态环境资源的充分供给。因此，市场对提供生态环境资源是失效的，生态环境资源的供给也是不足的，生态环境问题由此产生了，生态环境被污染、破坏，生态环境资源越来越稀缺以及发生所谓"大自然的报复"等。由于生态环境资源不能通过私营厂商和消费者来实现最优配置，即存在着"市场失灵"，而提供公共物品是政府的首要职责，这时就需要政府干预。

（2）水产养殖生态环境破坏的外部性

从理论上说，任何经济活动都以谋求效益最大化或成本最小化为出发点，经济活动主体根据私人边际收益等于私人边际成本原则确定资源配置状态，其决策只考虑私人成本，将外部不经济性转嫁给了他人或社会。水产养殖生态环境破坏的外部性是指在水产养殖活动过程中，由于没有将养殖废弃物对环境的污染计入市场交易成本和交易价格，从而导致养殖活动的边际社会成本大于边际私人成本，养殖农户将本由自身负担的环境成本转嫁给了社会，由全社会承担其生态后果，其实质以大众福利换取养殖农户的个体利益，生态环境问题由此产生。由于生态环境问题具有滞后效应，水产养殖对水体等的破坏作用要经过一段时间后才被人们所认识，这更容易造成人们忽视这种社会成本和个体利益的交换。

（3）水产养殖生态破坏的政府干预

源于对利润的追逐，私人厂商在经济活动过程中一般不会采取措施主动将环境成本内部化；无论是国家层面，还是市场本身，也没有将生态的稀缺成本和污染治理成本计入商品的生产成本或市场价格，从而导致生态公共物品真实价值的扭曲。生态环境资源作为公共物品，不能通过私人交易市场来实现最优配置，社会公众要求政府提供，也只有政府才能提供诸如保护生态环境的措施、政策和制度等生态公共物品，同时建立起来新的生态环境秩序。政府有力而适度的干预、协调发展经济与保护生态环境之间的矛盾，能够消除或缓解市场失灵，提高市场配置资源的效率。

现有研究表明，养殖过程中所出现的半点源污染，应更多地源于政府的"规制失灵"，对养殖实施补贴等环境经济政策能够显著影响农户对养殖污染处理方式的选择，有效约束养殖农户的废弃物处置行为，进而防治养殖产生的环境污染，以实现养殖的健康发展与环境保护的"双赢"（周力，2011，Shortle and Horan，1998；David Colman，2000；侯影，2006；仇焕广，2012；乔淑文，2013；金书秦，2013）。现阶段，虽然工厂化养殖比重不断提高，但在水产养殖中，微小型养殖主体依然占总量的绝大部分，且范围分散，无法形成集聚效应；同时，在水产养殖废弃物的处理方式上，由于水产养殖农户是有限理性人，在不同客观条件限制下具有不同的"理性限度"，受水产养殖成本高、比较利益低、疫病风险大、污染防治投入多回报少等客观条件的影响，有限理性的养殖农户对养殖废弃物很容易做出"不加处理随意排放"的选择。因此，我国水产养殖生态破坏需要政府的积极干预。

水产养殖污染及其防治的显著外部性特性，使得政府成为组织控制养殖污染问题的最基本也是最重要的主体。政府利用其所拥有的对公共财政的支配权，一方面，可以为污染防治投入资金支持和引导民间资本向生态保护领域流动，解决水产养殖污染防治的资金约束；另一方面，政府通过建立环保部门，综合运用命令强制型和经济激励型政策工具，以激励或约束养殖农户的养殖废弃物处置行为，布局、引导水产养殖生态转型，达到防治水产养殖污染、促进产业生态发展、保护生态环境的目标。政府在水产养殖生态环境保护中的作用和主要手段有：

信息披露与信息传递。当水产养殖污染防治成为政府、养殖农户及社会公众共同的目标之后，相关信息的披露成为一个急需解决的问题。如何描述养殖农户水产养殖活动污染物的产生量、处理量、排放量以估算其产生的各种环境污染和生态破坏造成的货币价值损失，这些信息的披露将有效促进环境保护的发展。特别是政府通过建立完善的社会生态保护体系后，可以在一定程度上解决信息不充分、逆向选择和搭便车所提高的交易费用，减少不必要的摩擦费用（世界银行，1997）。在保障信息供给的同时，政府还负有信息传递的作用。信息传递的主要形式有教育、培训、宣传等。政府通过教育、宣传、培训、合作与交流等，培养、提高社会公众、非政府组织、经济活动主体的生态保护意识，鼓励、引导其改变破坏生态的行为。

财政激励、规制政策及区域协调。政府拥有税收和补贴等权力，可以以此对养殖农户征收差别税来引导农户的养殖行为，以减少污染和废弃物的排放，促进产业生态转型。环境规制是政府向社会提供的一种特殊公共产品，是社会规制的一项重要内容，源于对生态破坏负外部性问题所造成的市场失灵，是市场失灵的制度安排，政府通过制定相应的规制政策与措施，对经济活动主体的环境污染与生态破坏行为进行干预、调节，以此修正由于外部性等带来的市场失灵，减少生态破坏。生态环境问题作为一个全球性问题，具有跨区域的特点，需要世界各国和地区内各级政府协调一致，采取一致行动控制环境污染，协调经济发展与生态保护的关系。

产权与法律体系。创建和维护私人产权和管理好公共产权，是有力的生态保护工具，这需要有功能完备的法律体系加以保障，在这一体系下，对侵害产权的诉讼可以用相对低的时间和费用成本来解决（高有福，2006）。对经济活动主体破坏生态环境的各种行为，政府通过立法和制度予以禁止，并对破坏生态的经济活动主体进行处罚，这有助于生态保护。受投资成本的约束以及对利润的追逐，农户一般不会主动采取污染治理技术手段、修建污染治理设施对生态破坏进行削减。在这种情况下，政府可以依法对养殖农户的养殖活动进行检查和监督，对违反生态保护法律法规的农户给予处罚，以调节、修正养殖农户破坏污染生态环境的行为，削减对生态的不良影响。

（4）政府干预效果

随着我国标准化、规模化水产养殖的快速发展，由此而产生的生态环境污染也越来越严重，引起了社会各界的广泛关注。我国各级政府制定了涉及水产养殖的包括环境法律、法规和环境标准在内的相关命令强制型政策工具和财政补贴、教育培训等经济激励手段对环境污染问题进行直接干预。但从近年来的环境监测数据来看，水产养殖环境污染状况并未得到有效改善，污染控制效果欠佳。

《第一次全国污染源普查公报》（2010）、《第二次全国污染源普查公报》

（2020）数据显示，水产养殖业中化学需氧量、总氮、总磷等水污染物排放量由 2010 年的 55.83 万吨、8.21 万吨、1.56 万吨增长至 2020 年的 66.60 万吨、9.91 万吨、1.61 万吨，增长幅度分别为 19.29%、20.71%、3.21%，以上 3 种主要水污染物排放量占农业源水污染物排放量的比重增幅显著，其增幅分别达到 47.87%、130.26%、38.50%（表 3 - 28、表 3 - 29）。氮、磷是我国渔业水域主要污染物，在水产养殖污染中扮演着重要角色。水产养殖污染业已成为我国农村最主要的水资源污染源之一，且污染程度日趋严重（董双林等，2015；胡金城等，2017），是我国水产养殖产业发展与生态环境保护亟待解决的最重要课题之一。

表 3 - 28　第一次全国污染源普查公报水产养殖污染物排放情况

主要污染物	化学需氧量 （万吨）	总氮 （万吨）	总磷 （万吨）	铜 （吨）	锌 （吨）
水产养殖业污染物排放量	55.83	8.21	1.56	54.85	105.63
农业源污染物排放总量	1 324.09	270.46	28.47	2 452.09	4 862.58
水产养殖业占农业源的比重（%）	4.22	3.04	5.48	2.24	2.18

表 3 - 29　第二次全国污染源普查公报水产养殖污染物排放情况

主要污染物	化学需氧量 （万吨）	氨氮 （万吨）	总氮 （万吨）	总磷 （万吨）
水产养殖业污染物排放量	66.60	2.23	9.91	1.61
农业源污染物排放总量	1 067.13	21.62	141.49	21.20
水产养殖业占农业源的比重（%）	6.24	10.31	7.00	7.59

3.3　本章小结

纵观新中国成立以来水产养殖业的发展历程，伴随不同时期经济体制的发展情况以及政策、社会环境等多重因素的影响，我国水产养殖的发展发生了巨大变化，呈现出比较鲜明的阶段性特征，大体可以划分为计划经济时期的养殖阶段、以政府主导为主的养殖阶段、市场力量介入的快速发展阶段、高产养殖向生态养殖转型的发展阶段。

受国家与市场力量的双重驱动，我国水产品产量一直保持稳定、缓慢增长的态势，已成为世界上最大的水产养殖国。但由于养殖农户过度追求产量的提高，忽视对生态环境的保护，我国水产养殖产业发展面临着来自资源、环境、市场、科技、体制等方面的诸多挑战。

随着我国标准化、规模化水产养殖的快速发展，由此而产生的环境污染也越来越严重，引起了社会各界的广泛关注。我国各级政府制定了涉及水产养殖的包括环境法律、法规和环境标准在内的激励手段对环境污染问题进行直接干预。但从近年来的环境监测数据来看，水产养殖环境污染状况并未得到有效改善，污染控制效果欠佳。摒弃水产养殖产业粗放发展方式、加快渔业绿色发展、推进渔业供给侧结构性改革已成为我国水产养殖产业发展亟待解决的重要问题。

第4章 研究区养殖概况与样本描述

在把握我国水产养殖发展历程、发展现状及其污染防治的基础上，本章对研究区域进行界定，对研究区域水产养殖现状进行梳理，介绍本研究调研实施方案、问卷内容和数据来源，并从农户个体禀赋特征、水产养殖特征、外部环境特征、认知特征等方面进行样本描述性统计分析。

4.1 环南海地区水产养殖概况

4.1.1 研究区域的界定及理由

（1）研究区域的界定

从地理区域范围上，国内外学者以"环南海地区"为研究区域的相关文献中，对"环南海地区"的界定有广义与狭义之分，广义"环南海地区"指整个环南海的国家、地区及腹地，包括中国的华南沿海各省、中国香港、中国澳门、中国台湾，以及越南、柬埔寨、马来西亚、印度尼西亚、菲律宾、新加坡、文莱等（于文金等，2008；金凤君等，2021）；狭义"环南海地区"主要包括我国濒临南海的海南省、广东省、广西壮族自治区、福建省、台湾地区、香港地区和澳门地区（潘兴蕾等，2013；林勇新等，2013）。在综合借鉴的基础上，结合调研数据的可获得性，本研究中的"环南海地区"指我国濒临南海的海南省、广东省、广西壮族自治区、福建省。

（2）选取的理由

研究拟选择环南海地区作为研究区域，理由是：环南海地区具有独特的自然资源禀赋和重要战略地位，是国家重点水域水污染防治的主要对象。深入贯彻习近平生态文明思想，树立、践行"绿水青山就是金山银山"理念，探索绿色、生态发展战略视野下环南海地区农户水产生态养殖技术采纳行为的一般规律，对防治水产养殖污染、推进水产养殖生态转型、加快环南海地区绿色发展、以生态文明建设引领经济社会全面发展新路径具有重要的现实意义和实践价值。

环南海地区地域广阔，地貌类型复杂，社会经济发展程度、产业结构布局、农户生产与生活方式等具有明显的地域性差异。因此，其样本具有较强的代表性。

环南海地区是我国重要的水产养殖基地，养殖业发达，但区域内部分养殖水域总氮、总磷、化学需氧量、活性磷酸盐等平均浓度超标严重（中国渔业生态环境状况公报，2018；中国生态环境状况公报，2020），海水鱼类养殖产污成本、养殖富营养化虚拟治理成本及水质污染成本居高不下，其中福建、广东和海南远高于其他地区（表4-1）。尽管各级政府花费大量资金实施养殖污染治理，引导水产养殖生态转型，该区域依然面临巨大的生态压力。因此，其样本具有较强的典型性。

表 4-1　2017 年沿海各地区海水鱼类养殖污染治理成本

地区	虚拟治理成本（万元）	COD 处理成本（万元）	富营养化成本（万元）
天津	22.57	12.34	12.34
河北	112.10	71.28	71.28
辽宁	1 330.4	629.31	1 305.18
江苏	770.79	231.12	238.07
浙江	2 887.33	302.52	2 557.90
福建	27 952.27	2 967.07	25 863.03
山东	3 371.23	835.24	2 539.28
广东	8 565.32	991.12	8 027.39
广西	1 636.61	177.24	1 591.48
海南	2 914.76	325.19	2 806.70

资料来源：廖凯. 海水鱼类养殖产业集聚与资源环境的互动关系研究 [D]. 上海：中国海洋大学，2019.

4.1.2　水产养殖概况

4.1.2.1　产量与产值

（1）总体情况

2020 年，环南海地区渔业产品产量为 22 192 320 吨，占全国渔业总产量的 33.89%。其中，养殖产量 17 074 445 吨，捕捞产量 5 117 875 吨，养殖产品与捕捞产品的产量比例为 76.94：23.06；海水产品产量 15 200 523 吨，淡水产品产量 6 991 797 吨，海水产品与淡水产品的产量比例为 68.49：31.51（表 4-2）。

按当年价格计算，2020 年环南海地区渔业产值 3 991.19 亿元，约占全国渔业总产值的 30%。在渔业产值来源上，海水养殖贡献度最大，接近全国总产值的一半为 47.61%，海洋捕捞、淡水养殖、淡水捕捞、水产苗种分别占全国渔业总产值的 35.59%、30.77%、10.54%、23.10%；从养殖区域来看，福建省、广东省的渔业产值分别为 1 422.637 亿元、1 608.79 亿元，占环南海地区渔业产值的 75.93%，达到全国渔业总产值的 22.43%，是名副其实的水产大省（表 4-3）。现有研究表明，广东、海南和福建在海水养殖方面具有较强的资源禀赋优势，形成了较强的规模比较优势，具有显著的综合比较优势（陈一波，2015）。

表 4-2　2020 年研究区渔业产品及其构成

单位：吨

指　　　标	福建	广东	广西	海南	小计
养殖产品	6 122 683	7 466 461	2 867 825	617 476	17 074 445
海水养殖	5 268 029	3 312 352	1 506 672	266 547	10 353 600
淡水养殖	854 654	4 154 109	1 361 153	350 929	6 720 845
捕捞产品	2 207 121	1 291 597	590 185	1 028 972	5 117 875
海洋捕捞	1 528 951	1 131 722	484 058	1 014 614	4 159 345
远洋捕捞	607 935	61 193	18 450	—	687 578
淡水捕捞	70 235	98 682	87 677	14 358	270 952
各省小计	8 329 804	8 758 058	3 458 010	1 646 448	22 192 320
研究区占比（%）	12.72	13.37	5.28	2.51	33.89

资料来源：根据《中国渔业统计年鉴》（2021 年）整理。

表 4-3　2020 年研究区渔业产值及其构成

单位：万元

研究区	海水养殖	淡水养殖	海洋捕捞	淡水捕捞	水产苗种	小计
福建	8 410 529.99	1 803 023.21	3 369 458.81	148 171.47	495 185.78	14 226 369.26
广东	6 480 036.48	7 505 486.07	1 458 754.00	175 784.00	467 826.21	16 087 886.76
广西	2 193 298.00	1 973 701.00	836 252.00	79 757.00	255 712.03	5 338 720.03
海南	1 180 126.00	520 449.00	2 154 344.00	22 181.00	381 854.00	4 258 954.00
小计	18 263 990.47	11 802 659.28	7 818 808.81	425 893.47	1 600 578.02	39 911 930.05
全国总产值	38 361 985.60	63 871 516.20	21 971 998.25	4 039 442.71	6 927 422.71	135 172 365.47
研究区占比（%）	47.61	30.77	35.59	10.54	23.10	29.53

资料来源：根据《中国渔业统计年鉴》（2021 年）整理。

（2）海水养殖

2020 年，环南海地区海水养殖 1 009.54 万吨，占全国海水养殖总量的 47.28%（表 4-4）；产值 1 826.40 亿元，为全国海水养殖总产值的 47.61%。在不同养殖品种中，海水鱼类养殖产量最高，为 142.72 万吨，达到全国鱼类总产量的 81.57%，甲壳类、藻类的养殖产量均超过全国水平的一半以上。其中，福建省海水养殖总量最高，达到环南海地区的近一半，占全国海水养殖总量的 23.92%；在养殖水域方面，尽管近几年来国家大力推进养殖水域滩涂环境整治工作，滩涂养殖面积缩减，但滩涂养殖依然是环南海地区主导养殖水域，达到了全国海水养殖总量的 52.86%（表 4-5）；在养殖方式上，池塘、普通网箱、海上三种养殖方式的养殖产量均超过全国同养殖方式总产量的一半以上，但也带来了一定程度的污染（表 4-6）。通过对滨海各省份不同养殖类型、不同养殖种类以及不同污染物的污染负荷估算，研究发现，池塘养殖和网箱养殖产生的污染负荷量最大，福建、广东、海南的鱼类网箱养殖，以及广西的甲壳类池塘养殖是本省海水养殖总氮和总磷负荷的主要来源；广东和广西甲壳类池塘养殖、福建鱼类网箱养殖为本省海水养殖化学需氧量负荷的主要来源，福建和广东鱼类池塘养殖是其海水养殖铜和锌元素排放负荷的主要来源（陈一波，2015）。此外，环南海地区工厂化养殖发展速度较快，达到了全国海水工厂化养殖总量的 79.98%。

表 4 - 4　2020 年研究区海水不同养殖品种产量及其构成

项目	养殖产量（吨）				
	海水	鱼类	甲壳类	贝类	藻类
福建	5 107 162	464 961	217 134	3 308 910	1 235 977
广东	3 291 325	742 823	629 598	1 862 058	67 695
广西	1 425 970	97 464	351 150	1 053 056	—
海南	270 955	121 950	118 782	21 021	4 710
小计	10 095 412	1 427 198	1 316 664	6 245 045	1 308 382
全国总产量	21 353 076	1 749 764	1 775 001	14 800 800	2 615 136
研究区占比（%）	47.28	81.57	74.18	42.20	50.03

资料来源：根据《中国渔业统计年鉴》（2021 年）整理。

表 4 - 5　2020 年研究区海水不同养殖水域产量及其构成

项目	养殖产量（吨）			
	小计	海上	滩涂	其他
福建	5 268 029	3 592 512	1 212 713	462 804
广东	3 312 352	1 237 484	1 301 526	773 342
广西	1 506 672	631 601	586 150	288 921
海南	266 547	71 445	108 443	86 659
小计	10 353 600	5 533 042	3 208 832	1 611 726
全国总产量	21 353 076	12 617 567	6 070 744	2 664 765
研究区占比（%）	48.49	43.85	52.86	60.48

资料来源：根据《中国渔业统计年鉴》（2021 年）整理。

表 4 - 6　2020 年研究区海水不同养殖方式产量及其构成

项目	养殖产量（吨）							
	池塘	海上	普通网箱	深水网箱	筏式	吊笼	底播	工厂化
福建	303 507	283 867	103 834	1 620 786	136 392	426 982	42 576	283 867
广东	722 227	121 545	37 891	443 438	79 983	611 744	12 070	121 545
广西	284 659	34 449	45 703	382 269	3 903	328 775	569	34 449
海南	182 949	12 105	49 691	—	220	9 216	12 539	12 105
小计	1 493 342	451 966	237 119	2 446 493	220 498	1 376 717	67 754	451 966
全国总产量	2 573 803	565 112	293 120	6 295 033	1 392 719	5 386 308	325 308	565 112
研究区占比（%）	58.02	79.78	80.89	38.86	15.83	25.56	20.83	79.98

资料来源：根据《中国渔业统计年鉴》（2021 年）整理。

（3）淡水养殖

2020 年，环南海地区淡水养殖 672.08 万吨，占全国淡水养殖总量的 21.76%（表 4 - 7）；产值 1 180.27 亿元，为全国淡水养殖总产值的 30.77%，养殖效率略高于全国平均水平。广东省淡水养殖总量最高，达到环南海地区的 61.81%，占全国淡水养殖总量的 13.45%；在不同养殖品种中，与海水养殖相同，鱼类养殖产量占比最高，甲壳类、藻类的养殖产量较低；在养殖水域方面，以池塘、水库、河沟养殖为主，以上三种养殖方式养殖产量为 642.32 万吨，达到了全国淡水养殖总量的 20.79%（表 4 - 8）；在养殖方式上，以网箱养殖为主，网箱养殖产量达到全国网箱养殖方式总产量的 40.63%（表 4 - 9）。

表 4 - 7　2020 年研究区淡水不同养殖品种产量及其构成

项目	养殖产量（吨）					
	淡水	鱼类	甲壳类	贝类	藻类	其他
福建	854 654	720 868	95 034	29 274	64	9 414
广东	4 154 109	3 794 906	303 457	5 692	—	50 054
广西	1 361 153	1 315 650	7 035	8 060	—	30 408
海南	350 929	343 970	2 960	—	133	3 866
小计	6 720 845	6 175 394	408 486	43 026	197	93 742
全国总产量	30 888 912	25 863 823	4 257 861	186 314	6 247	574 667
研究区占比（%）	21.76	23.88	9.59	23.09	3.15	16.31

资料来源：根据《中国渔业统计年鉴》（2021 年）整理。

表 4 - 8　2020 年研究区淡水不同养殖水域产量及其构成

项目	养殖产量（吨）					
	池塘	湖泊	水库	河沟	稻田	其他
福建	532 435	4 478	165 832	40 563	16 824	94 522
广东	3 810 942	8 564	244 099	10 719	2 200	77 585
广西	755 040	—	454 569	63 994	37 247	50 303
海南	289 350	1 595	55 620	28	28	4 308
小计	5 387 767	14 637	920 120	115 304	56 299	226 718
全国总产量	22 797 586	825 676	2 834 439	502 408	3 249 109	679 694
研究区占比（%）	23.63	17.73	32.46	22.95	1.73	33.36

资料来源：根据《中国渔业统计年鉴》（2021 年）整理。

表 4-9　2020 年研究区淡水不同养殖方式产量及其构成

项目	养殖产量（吨）		
	围栏	网箱	工厂化
福建	1 214	20 102	88 522
广东	4	839	4 587
广西	9 074	108 772	2 300
海南	—	680	—
小计	10 292	130 393	95 409
全国总产量	37 004	320 905	302 620
研究区占比（%）	27.81	40.63	31.53

资料来源：根据《中国渔业统计年鉴》（2021 年）整理。

4.1.2.2　投入要素

（1）养殖面积

2020 年，环南海地区水产养殖面积 955 070 公顷，其中，海水养殖面积 397 735 公顷；淡水养殖面积 557 335 公顷，分别占全国水产养殖面积、海水养殖面积、池塘养殖面积的 13.57%、19.93%、13.77%（表 4-10）。其中，广东省的养殖面积最大为 474 096 公顷，占环南海地区水产养殖面积的 49.64%，占全国水产养殖面积 6.74%。

表 4-10　2020 年研究区水产养殖面积及其构成

单位：公顷

项目	面积小计	海水养殖面积	淡水养殖面积	
			池塘	其他
福建	250 247	163 144	35 314	51 789
广东	474 096	164 719	246 997	62 380
广西	186 062	52 277	61 211	72 574
海南	44 665	17 595	17 959	9 111
小计	955 070	397 735	361 481	195 854
全国总计	7 036 106	1 995 550	2 625 404	2 415 152
研究区占比（%）	13.57	19.93	13.77	8.11

资料来源：根据《中国渔业统计年鉴》（2021 年）整理。

海水养殖方面，在养殖品种上，就全国海水养殖而言，环南海地区养殖面积占比最大的为鱼类养殖，养殖面积占全国养殖总面积的 69.94％；就区域内部而言，环南海地区的主要养殖品种为甲壳类和贝类，分别占环南海地区海水养殖总量的 28.24％、44.22％（表 4－11）。在养殖水域上，主要以滩涂养殖为主，达到全国海水养殖总面积的 23.33％（表 4－12）。在养殖方式上，环南海地区以海上养殖、普通网箱、工厂化养殖方式为主，分别占全国海上养殖、普通网箱、工厂化养殖面积的 83.43％、73.92％、73.92％（表 4－13）。其中，福建省的工厂化养殖方式为 13 846 395 公顷，占环南海地区的 49.01％，达到全国的 36.23％。

表 4－11   2020 年研究区海水不同养殖品种面积及其构成

项目	养殖面积（公顷）					
	海水	鱼类	甲壳类	贝类	藻类	其他
福建	163 144	14 661	23 119	77 709	44 399	3 256
广东	164 719	33 218	59 086	67 130	2 148	3 137
广西	52 277	1 949	19 839	29 505	—	984
海南	17 595	5 340	10 291	1 547	375	42
小计	397 735	55 168	112 335	175 891	46 922	7 419
全国总面积	1 995 550	78 874	295 174	1 197 407	141 807	282 288
研究区占比（％）	19.93	69.94	38.06	14.69	33.09	2.63

资料来源：根据《中国渔业统计年鉴》（2021 年）整理。

表 4－12   2020 年研究区海水不同养殖水域面积及其构成

项目	养殖面积（公顷）			
	海水	海上	滩涂	其他
福建	163 144	88 027	45 038	30 079
广东	164 719	48 873	62 600	53 246
广西	52 277	20 457	14 943	16 877
海南	17 595	3 419	8 569	5 607
小计	397 735	160 776	131 150	105 809
全国总面积	1 995 550	1 123 317	561 994	310 239
研究区占比（％）	19.93	14.31	23.33	34.11

资料来源：根据《中国渔业统计年鉴》（2021 年）整理。

表 4 - 13　2020 年研究区海水不同养殖方式面积及其构成

项目	养殖面积（公顷）							
	池塘	海上	普通网箱	深水网箱	筏式	吊笼	底播	工厂化
福建	22 529	12 519 795	13 846 395	46 129	6 276	15 652	13 364 915	13 846 395
广东	66 746	2 885 611	2 811 014	16 533	3 423	44 457	1 472 475	2 811 014
广西	17 280	580 407	4 370 302	7 014	178	12 148	433 060	4 370 302
海南	13 435	499 959	7 221 848	—	—	903	1 567 887	7 221 848
小计	119 990	16 485 772	28 249 559	69 676	9 877	73 160	16 838 337	28 249 559
全国总计	411 484	19 759 461	38 213 920	332 946	134 866	872 516	39 409 547	38 213 920
研究区占比（%）	29.16	83.43	73.92	20.93	7.32	8.38	42.73	73.92

资料来源：根据《中国渔业统计年鉴》（2021 年）整理。

淡水养殖方面，在养殖水域上，主要以池塘、水库养殖为主，分别占全国池塘、水库养殖总面积的 13.77%、12.14%，湖泊养殖的比例很低，仅为全国湖泊养殖面积的 0.35%（表 4 - 14）。在养殖方式上，环南海地区围栏、网箱、工厂化养殖的养殖面积分布均匀，分别占全国围栏、网箱、工厂化养殖面积的 38.37%、33.35%、39.29%（表 4 - 15）。

表 4 - 14　2020 年研究区淡水不同养殖水域面积及其构成

项目	养殖面积（公顷）					
	池塘	湖泊	水库	河沟	其他	稻田
福建	35 314	776	43 668	3 880	3 465	16 417
广东	246 997	1 681	52 683	1 107	6 909	3 740
广西	61 211	—	67 387	3 213	1 974	49 982
海南	17 959	93	8 782	60	176	27
小计	361 481	2 550	172 520	8 260	12 524	70 166
全国总面积	2 625 404	720 648	1 420 871	147 447	126 186	2 562 686
研究区占比（%）	13.77	0.35	12.14	5.60	9.93	2.74

资料来源：根据《中国渔业统计年鉴》（2021 年）整理。

表 4 - 15　2020 年研究区淡水不同养殖方式面积及其构成

项目	养殖面积（平方米）		
	围栏	网箱	工厂化
福建	38 670	1 148 083	21 308 642
广东	670	94 698	1 252 108
广西	31 086 651	3 234 262	242 025
海南	—	27 600	—
小计	31 125 991	4 504 643	22 802 775
全国总面积	81 114 746	13 509 224	58 030 991
研究区占比（%）	38.37	33.35	39.29

资料来源：根据《中国渔业统计年鉴》（2021 年）整理。

（2）渔业人口和渔业从业人员

2020 年，环南海地区渔业总人口为 5 185 815 人，分散于 168 个渔业乡、1 936 个渔业村、1 206 310 户渔业户中，占全国渔业总人口、渔业乡、渔业村、渔业户的比重分别为 30.14%、24.21%、27.19%、27.47%。从渔业人口的构成来看，传统渔民为 2 294 488 人，占环南海地区渔业人口总量的 44.25%，占全国传统渔民总量的 41.31%，高于全国传统渔民 32.28% 的占比；从渔业从业人员构成上看，2020 年，环南海地区渔业专业从业人员、兼业从业人员、临时从业人员分别为 1 726 813 人、967 668 人、240 963 人，占全国渔业专业从业人员、兼业从业人员、临时从业人员的比重分别为 29.39%、23.10%、15.62%（表 4 - 16）。

表 4 - 16　2020 年研究区渔业人口与从业人员及其构成

项目	渔业乡（个）	渔业村（个）	渔业户（户）	渔业人口（人）		渔业从业人员（人）			
				传统渔民	其他	专业从业人员		兼业从业人员	临时从业人员
						捕捞	养殖		
福建	51	563	400 125	842 178	779 671	175 620	297 075	266 515	76 612
广东	81	896	499 564	964 728	1 203 182	218 339	503 038	354 815	70 979
广西	14	205	225 931	308 105	703 894	64 823	302 862	316 153	86 314
海南	22	272	80 690	179 477	204 580	110 947	54 109	30 185	7 058
小计	168	1 936	1 206 310	2 294 488	2 891 327	569 729	1 157 084	967 668	240 963
全国总计	694	7 120	4 391 007	5 554 348	11 653 306	1 298 588	4 575 402	4 188 354	1 542 612
研究区占比（%）	24.21	27.19	27.47	41.31	24.81	43.87	25.29	23.10	15.62

资料来源：根据《中国渔业统计年鉴》（2021 年）整理。

（3）水产鱼苗

2020 年，环南海地区水产苗种实现产值 1 600 578.02 万元，占全国水产苗种渔业总产值的 23.10%。海水鱼苗 1 030 331.17 万尾，淡水鱼苗 8 898.31 亿尾，鳗苗捕捞 5 630 千克，分别占全国海水鱼苗、淡水鱼苗、鳗苗捕捞总量的 88.40%、67.94%、34.40%（表 4 - 17）。投放鱼种、河蟹育苗占比较低。

表 4 - 17　2020 年研究区水产苗种及其构成

项目	淡水鱼苗（亿尾）	淡水鱼种（吨）	投放鱼种（吨）	河蟹育苗（千克）	稚鳖（万只）	稚龟（万只）	鳗苗捕捞（千克）	海水鱼苗（万尾）
福建	32.12	16 150	40 292	—	89.20	12.01	5 519	416 570.00
广东	8 091.35	224 625	193 777	2 000	6 033.00	678.00	32	469 856.00
广西	743.10	128 283	138 034	—	6 485.22	569.00	79	40.97
海南	63.86	1 365	1 915	—	8.00	123.00		143 864.20
小计	8 898.31	370 423	374 018	2 000	12 615.42	1 382.01	5 630	1 030 331.17
全国总产量	13 097.09	3 568 842	4 166 981	829 634	59 415.28	12 003.61	16 368	1 165 566.17
研究区占比（%）	67.94	10.38	8.98	0.24	21.23	11.51	34.40	88.40

资料来源：根据《中国渔业统计年鉴》（2021 年）整理。

（4）渔船

2020 年，环南海地区年末捕捞渔船、养殖渔船、辅助渔船数分别为 106 603 艘、33 897 艘、6 155 艘，占全国年末捕捞渔船、养殖渔船、辅助渔船数的比重分别为 42.41%、31.15%、44.72%，渔船拥有量高于全国平均水平（表 4 - 18）。

表 4 - 18　2020 年研究区渔船年末拥有量及其构成

单位：艘

项目	小计	生产渔船		辅助渔船	
		捕捞	养殖	捕捞	执法
福建	52 578	21 963	28 693	1 846	76
广东	49 283	41 898	4 338	2 822	225
广西	22 827	21 101	735	848	143
海南	21 967	21 641	131	176	19
小计	146 655	106 603	33 897	5 692	463
全国总产量	373 915	251 343	108 809	10 953	2 810
研究区占比（%）	39.22	42.41	31.15	51.97	16.48

资料来源：根据《中国渔业统计年鉴》（2021 年）整理。

4.1.2.3 渔业加工与进出口贸易

2020 年，环南海地区用于水产加工品的淡水加工品和海水加工品为 796 492 吨和 5 365 033 吨，分别为全国淡水加工品和海水加工品的 19.36%、31.95%；用于加工水产品的淡水产品和海水产品为 1 069 679 吨、6 074 339，分别为全国用于加工水产品的淡水产品和海水产品的 20.41%、31.10%；水产品加工企业、水产品冷库数为 2 324 个和 1 489 个，分别为全国水产品加工企业、水产品冷库总数的 25.44%、18.19%（表 4 - 19）。

表 4 - 19 2020 年研究区水产品加工及其构成

项目	水产加工品总量（吨）		用于加工的水产品量（吨）		水产品加工企业（个）	水产品冷库（座）
	淡水加工品	海水加工品	淡水产品	海水产品		
福建	192 471	3 511 616	208 090	4 180 745	1 161	822
广东	396 997	1 057 587	543 320	1 117 326	944	566
广西	123 930	621 122	163 835	582 819	186	44
海南	83 094	174 708	154 434	193 449	33	57
小计	796 492	5 365 033	1 069 679	6 074 339	2 324	1 489
全国总计	4 115 121	16 792 740	5 241 770	19 529 822	9 136	8 188
研究区占比（%）	19.36	31.95	20.41	31.10	25.44	18.19

资料来源：根据《中国渔业统计年鉴》（2021 年）整理。

近年来，特色水产品加工区域的发展，进一步推动了产业集约化和规模化，形成了具有区域经济特色的优势产业聚集区，如广东、广西南美白对虾加工区域、福建蟹肉和大黄鱼加工区域、海南罗非鱼加工区域。以海南罗非鱼出口贸易为例，近几年来，海南罗非鱼出口贸易额保持稳定增长的趋势，2020 年出口贸易额为 31.62 亿元，较之 2016 年增长 93.51%，年均增速为 18.70%（表 4 - 20）。从出口地区来看，主要以美洲为主，美国和墨西哥为主要出口地区；从出口形式来看，主要以冷冻整鱼、冷冻鱼片为主，深加工不足。

表 4 - 20 2016—2020 年海南罗非鱼出口贸易情况

指标		2020 年	2019 年	2018 年	2017 年	2016 年
出口总额（亿元）		31.62	23.71	20.70	18.43	16.34
同比增长率（%）		7.22	14.54	12.32	12.79	13.22
出口形式占比（%）	冷冻整鱼	68.92	65.04	67.23	70.84	74.41
	冷冻鱼片	29.01	32.93	31.45	28.08	24.74
	制作或保藏	1.98	2.03	1.32	1.08	0.85

（续）

指标		2020 年	2019 年	2018 年	2017 年	2016 年
出口地区分布 （%）	美洲	65.17	60.18	54.23	50.86	49.93
	亚洲	8.32	9.64	11.28	9.03	4.77
	非洲	9.20	10.53	13.65	14.15	20.83
	欧洲	12.64	14.43	17.67	18.72	18.51
	其他	4.67	5.22	3.17	7.24	5.96

资料来源：根据海南省罗非鱼协会、海南省农业农村厅发布的《海南省罗非鱼贸易出口总量数据》整理。

4.2　调研方案与数据来源

4.2.1　调研方案

依据研究目的，调研选取环南海地区不同地域、不同养殖类型、不同养殖方式的水产养殖农户进行随机抽样调查。数据获取方式、调研对象的确定、调研区域的选择如表 4 - 21 所示。

表 4 - 21　调研方案

（1）数据获取方式	（2）调研对象
◆ 统计资料查询：如历年水产养殖产量、面积、产值、渔民人数等数据 ◆ 专家咨询：通过电子邮件、电话以及面谈等方式咨询该领域国内外学者、水产管理和环保部门专家的意见，筛选影响农户行为的可能因素及其构成 ◆ 访谈：选择一些有代表性的水产养殖农户进行访谈，深度了解其养殖尾水处置情况、生态养殖现状、对环境问题与激励政策的态度，以及未来养殖行为的倾向 ◆ 问卷调查：在访谈、专家咨询、预测的基础上，设计农户水产生态养殖技术采纳行为调查问卷，在选定调研区域内开展调研，以获取研究数据	◆ 水产养殖农户：包括不同养殖类型（海水养殖、淡水养殖）、不同养殖品种（鱼类、甲壳类、贝类等）、不同养殖方式（池塘、网箱、筏式、吊笼、底播、工厂化等）、不同养殖规模的水产养殖农户 ◆ 相关职能管理者： 社区、水产养殖管理部门、环境保护部门等相关部门的工作人员 ◆ 相关研究者和技术工作者：高校与科研机构的专家、学者和技术推广服务、培训工作者

（3）调研区域选择

在综合借鉴的基础上，结合调研数据的可获得性，本研究将"环南海地区"界定为我国濒临南海的海南省、广东省、广西壮族自治区、福建省四省。根据平均分布和具有代表性原则，样本数据拟采用分层随机抽样方式在以上区域获得，以此进行实证研究

4.2.2　问卷设计

本研究选取水产养殖产业的农户为主要调查对象。问卷分为四个部分，主要调查农户当前的养殖方式、对水产生态养殖技术采纳的态度与现状、对水产生态养殖技术采纳的满意度等。

第一部分：农户的个体与家庭特征、所处村庄基本特征及养殖行为特征。这部分试图了解农户的一般性信息，包括：农户的年龄、受教育程度等一般人口统计因素；家庭总人口、养殖人数等家庭特征；养殖类型（海水养殖、淡水养殖）、养殖品种（鱼类、甲壳类、贝类等）、养殖方式（池塘、网箱、筏式、吊笼、底播、工厂化等）、养殖规模、最近1年在养殖技术方面的革新情况以及未来1年内有无扩大规模的打算等养殖行为特征；所在村庄的地貌特征、村经济发展水平等村庄基本情况。

第二部分：农户的认知、社会资本与外部环境因素。这部分包括三个内容。一是农户对水产养殖污染、水产生态养殖技术、现行激励政策的认知及对当地生态环境的关注度，主要包括：您认为水产养殖尾水直接排放对环境有影响吗？如果有，污染程度如何？您知道哪些水产生态养殖技术？您认为您村的生态环境相对5年前是变差了还是变好了？等等；二是农户的社会资本情况，主要包括：资金紧张时您从邻居、亲戚朋友中借钱的难易程度如何？您认为村民之间互帮互助及相互团结（村庄社区凝聚力）的程度如何？您的社会关系中与水产养殖相关的人占比如何？等等；三是农户所处外部环境因素，主要包括：您所在的乡镇政府或村委会对农户养殖尾水直接排放是何态度？村镇是否有农技推广站？村镇是否有垃圾集中处理站？等等。

第三部分：农户水产生态养殖技术采纳的态度与现状。这部分调查农户是否已采纳水产生态养殖技术，主要包括两种情况。第一种情况是农户已经采纳水产生态养殖技术，则调查其采纳方式、采纳程度、投资投劳情况等；第二种情况是对于还没有采纳的农户，调查其采纳意愿。问卷内容主要包括农户对水产生态养殖技术易用性、有用性、经济性、主观规范及采纳意愿的描述。如您认为采纳水产生态养殖技术促进了养殖污染问题的解决吗？您的邻居认为您应该采纳水产生态养殖技术吗？您有足够的精力来采纳水产生态养殖技术吗？您愿意向朋友推荐水产生态养殖技术吗？等等。

第四部分：农户对采纳水产生态养殖技术效果满意度评价。这部分是对已采纳水产生态养殖技术的农户，调查其对采纳结果的满意情况。主要包括：您对采纳水产生态养殖技术达到预期收益的满意程度？您对采纳水产生态养殖技术解决当地环境污染问题的满意程度？您对采纳水产生态养殖技术提升自身素质和专业技能的满意程度？您对采纳水产生态养殖技术提升自身社会地位的满意程度？您对采纳水产生态养殖技术提升村庄归属感的满意程度？等等。

4.2.3　数据来源

数据主要通过对环南海地区进行抽样调查来获得。通过选取环南海地区不同地域不同养殖类型的水产养殖农户进行随机抽样调查获取数据，并对个别农户进行深度访谈以弥补信息的遗漏。

在已有研究中，通常采用调查潜在消费者自述偏好方式来预测未来的实际选择，这一反映消费者自述偏好数据的真实性受到了经济学家的普遍质疑，消费者在假设情境下对产品的自述偏好与他们在真实的市场环境下的选择存在着很大差异（Loomis et al.，1996）。因此，如何提高自述偏好数据的可利用性是目前有价值的研究问题之一。

为了克服上述数据上的不足，本研究的抽样调查分两阶段进行。第一次调查时间为 2020 年 9—12 月份，调查内容主要是农户个体特征、养殖特征及对生态环境价值等相关认知和不同地区农户对水产生态养殖技术采纳的现状与意愿。由于农户面临的养殖环境在短期内发生变化的可能性较小，生态技术采纳也需要长期才能看出利用效果，故第二次抽样调查在 2022 年 6—10 月进行。第二次调查的样本与第一次调查的样本基本相同，重点考察在第一次调查时没有采纳水产生态养殖技术但表达了采纳意愿的农户。

第一次调查共发放问卷 1 200 份，剔除信息不完整和信息明显错误的问卷后，共获得有效问卷 1 087 份，问卷有效率为 90.58%，其中已经采纳水产生态养殖技术的农户为 357 个，未采纳但表达了采纳意愿即自述偏好的为558 个，172 个农户不愿意采纳水产生态养殖技术。第二次调查重点为第一次调查中未采纳但表达了采纳意愿即自述偏好的 558 个水产养殖农户，调查方式主要为现场访谈或电话访谈。调查结果显示，未采纳但表达了采纳意愿即自述偏好的 558 个水产养殖农户中，已经采纳水产生态养殖技术的农户为 208 个，无行为的为 350 个。

4.3 样本总体描述

4.3.1 农户个体禀赋特征

年龄。统计结果显示，年龄均值为 44.35 岁，分布在 18～30 岁、31～40 岁、41～50 岁、51～60 岁、60 岁以上的样本农户占比分别为 13.71%、24.75%、32.29%、21.16%、8.09%，其中 40 岁以上的农户为 61.54%（图 4-1）。与大多数以农户为研究对象的相关文献不一致的地方是，31～40 岁的水产养殖农户占比较高为 24.75%。可能的原因是，受新冠疫情防控的影响，青壮年选择非农就业的机会减少以及意愿较低，一部分农户放弃了非农生产经营活动而选择了农业生产。

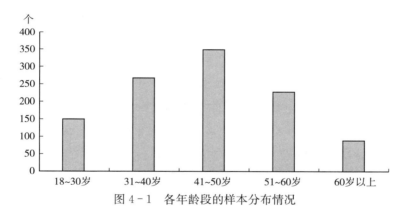

图 4-1 各年龄段的样本分布情况

性别。在被访水产养殖农户中，男性居多，共计 680 人，占比为 73.51%，女性水产养殖农户为 245 人，占比 26.49%。统计结果显示，男性仍然是当前农业生产经营的主要决策者。

受教育程度。统计结果显示，受教育程度在小学及以下、初中、高中或中专（职高）毕业、大专、大专以上的样本农户占比分别为 7.64%、45.45%、36.71%、8.28%、1.92%，其中受教育程度为初中的样本农户最多为 494 位，这一结论与农村的实际情况较为接近，九年义务教育的普及使更多的农户接受了中小学教育。接受过高中或职高教育的样本农户也较多，有 399 个（图 4-2）。通常，年龄与文化程度高度负相关，被访农户中，31～40 岁的水产养殖农户有 269 个，这可能是样本农户受教育程度略高于已有相关文献的原因。

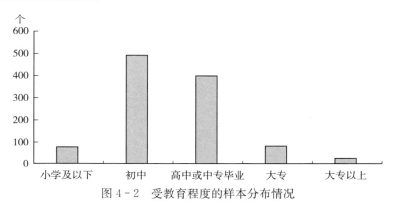

图 4-2　受教育程度的样本分布情况

社会身份与非农就业经历。1 087 个样本农户中，党员和村干部有 198 个，占被访水产养殖农户总量的 18.22%，889 个为普通群众。被访农户大多有外出务工经历，占比 68.17%，纯务农农户仅为 346 个。

风险态度。通常农户风险承受能力越强，越能应对不确定性带来的风险。在被访农户中，风险厌恶型农户、风险中性型农户、风险偏好型农户的占比分别为 35.46%、43.14%、21.40%，样本农户面对水产生态养殖技术采纳所带来的不确定性，普遍持相对保守的态度（图 4-3）。

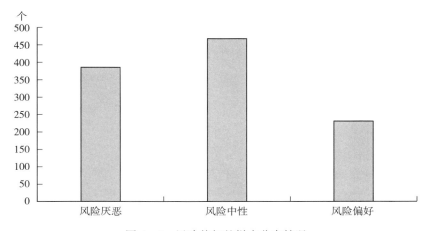

图 4-3　风险偏好的样本分布情况

　　家庭中的劳动力人数和从事水产养殖业的劳动力人数。统计结果显示，家庭中的劳动力人数均值为 3.84 人，主要集中在 2～4 人，这一区间的样本量达到样本总量的 69.95％，其分布占比也略高于相关文献的调查结果，可能的原因与样本年龄分布一样，受新冠疫情防控的影响，部分青壮年农户放弃了非农生产经营活动，选择返乡和父母一起从事农业生产（图 4 - 4）。从事水产养殖业的家庭劳动力人数均值为 1.94 人，约为家庭中劳动力人数的一半（图 4 - 5）。一方面，兼业现象普遍，调查表明，68.11％的样本农户有非农就业经历或家庭中有正在外出务工的成员；另一方面，由于机械化和农业生产性服务组织的出现，当前农业生产经营活动呈现节约劳动力的趋势，雇佣工人或者委托外包的形式进行农业生产日趋普遍。

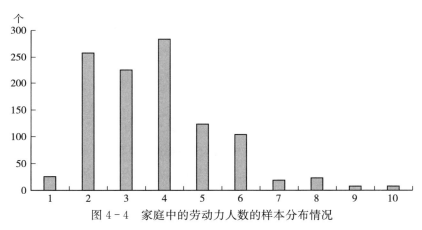

图 4 - 4　家庭中的劳动力人数的样本分布情况

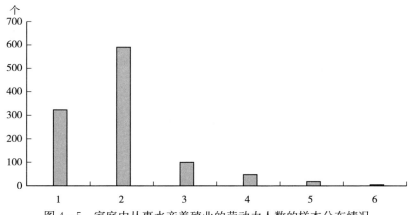

图 4 - 5　家庭中从事水产养殖业的劳动力人数的样本分布情况

近几年家庭主要支出与获得银行贷款难易程度。被访农户近几年在"子女教育"、"医疗健康"、"购房购车"等方面有重大支出的有 562 个,占样本总量的 51.70%。在银行贷款方面,"很难获得"、"不容易获得"的农户占大部分,比重分别为 30.81%、32.22%,仅有 5.62% 的农户表示"容易获得",这与其他农业产业领域相似(图 4-6)。

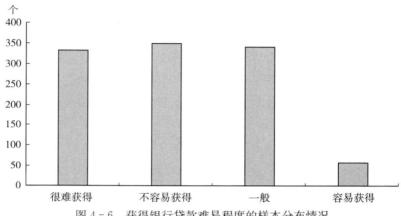

图 4-6　获得银行贷款难易程度的样本分布情况

4.3.2　水产养殖特征

养殖历史。调研数据表明,养殖年限主要集中"5 年以下"、"6~10 年"两个区间,其样本农户分别为 301 个和 326 个,合计占样本总容量的 57.68%(图 4-7)。值得注意的是,在被访养殖农户中,养殖年限在 30 年

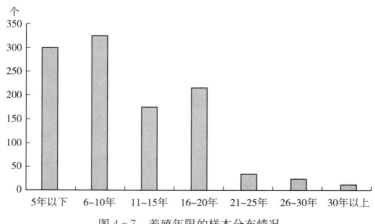

图 4-7　养殖年限的样本分布情况

以上的有 11 个，其中 31 年的有 7 个，32 年、33 年的各 2 个。通常养殖年限越长，养殖经验越丰富，但有可能存在养殖习惯、养殖思维固化的情况。

养殖规模。被访养殖农户中，养殖水面在 30 亩以下的散养户为 604 个，占样本总量的 55.57%，"小规模"、"中等规模"、"大规模"分别为 187 个、220 个和 76 个，分别占样本总量的 17.20%、20.24%、6.99%（图 4-8）。统计数据表明，现阶段，与其他农产品生产一样，我国水产养殖大多由农户分散进行。

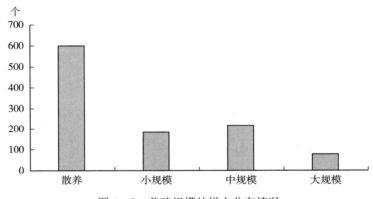

图 4-8　养殖规模的样本分布情况

养殖收入占家庭总收入的比重。统计结果显示，养殖收入占家庭总收入的比重在 10% 以下、10%～50%、50%～80%、80% 以上的样本农户分别有 451 个、376 个、157 个和 103 个，占比分别为 41.49%、34.59%、14.44%、9.48%（图 4-9）。水产养殖收入占家庭总收入在 50% 以下的样

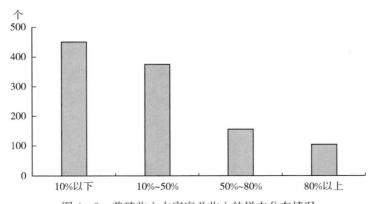

图 4-9　养殖收入占家庭总收入的样本分布情况

本占样本总量的绝大部分，这与养殖规模以散养为主、从事水产养殖业的家庭劳动力人数约为家庭中劳动力人数的一半等统计指标结果也是契合的。

4.3.3 外部环境特征

在被访农户中，获得政府补助的农户仅有 81 个，仅占样本总量的 7.46％，这与样本大多为养殖散户相关；对于水产养殖技术培训，回答"没有"、"可以咨询，有一般的指导"、"提供了全面的技术指导"的样本农户分别为 463 个、536 个、88 个，得到全面技术指导的农户占比仅为 8.11％。在排污费方面，有 46 个农户缴纳过，大部分农户表示没有缴纳过。在调研村镇中，有 877 个养殖农户所在村镇有管理垃圾条文，占比达到 80.68％。在垃圾集中焚烧站、病死水产品尸体回收点或焚烧点、农技服务站、环境保护宣传栏等公共设施供给方面，没有提供和分别提供 1 种、2 种、3 种、4 种及以上的样本农户的占比分别为 12.32％、37.73％、36.77％、10.59％、2.59％，可见在新农村建设和乡村振兴背景下，农村公共设施供给日趋完善（图 4 - 10）。

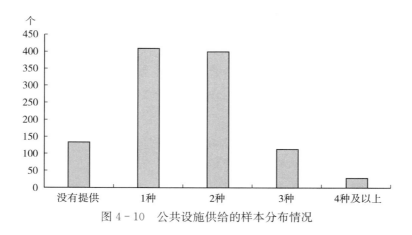

图 4 - 10 公共设施供给的样本分布情况

4.3.4 认知特征

认知是激发行为的基础，影响人的行为动机偏好，认知的提升往往导致合理的期望行为。农户对技术采纳预期收益、资源环境价值、水产养殖环境影响以及水产生态养殖技术的认知程度越深，感知水产养殖污染可控程度越高，则采纳水产生态养殖技术的概率越高。

水产生态养殖技术采纳收益预期。新古典经济学认为，农户作为理性经济人，以追求经济效应最大化为目标，技术能否带来超额经济回报是其采纳的主要动因（Griliches Z et al.，1957）。样本数据显示，对于采纳水产生态养殖技术的预期收益，"亏本"、"基本收回成本"、"有一定收益"、"有较好收益"的样本农户占比分别为 40.65％、37.95％、13.62％、7.78％，对水产生态养殖技术采纳所带来的预期收益普遍不看好，这与文献中有关农业技术采纳中面临的现状比较接近（图 4－11）。

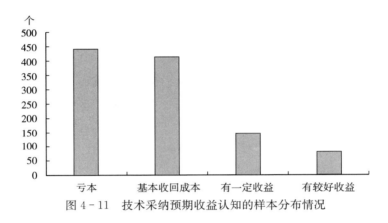

图 4－11　技术采纳预期收益认知的样本分布情况

资源环境价值认知。被访农户中，对于资源环境是否具有价值，认为"没有价值"、"价值非常小"、"价值比较小"、"有一定价值"、"有较大价值"的样本农户占比分别为 2.65％、7.25％、13.34％、48.11％、28.65％（图 4－12）。统计数据表明，水产养殖农户对资源环境的价值认同比较高。

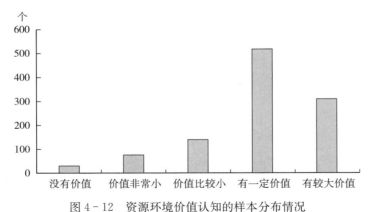

图 4－12　资源环境价值认知的样本分布情况

　　水产养殖环境影响认知。被访农户中，对于水产养殖对资源环境的影响及其程度，认为"没有影响"、"影响较轻"、"影响一般"、"影响较重"、"影响严重"的样本农户占比分别为 5.15％、22.36％、41.30％、23.55％、7.64％（图 4-13）。大部分农户认为水产养殖对环境的影响有限，仅有 83 位养殖农户认为影响严重。

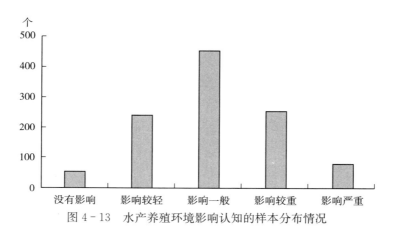

图 4-13　水产养殖环境影响认知的样本分布情况

4.4　本章小结

　　环南海地区是我国重要的水产养殖基地，养殖业发达，渔业产值约占全国渔业总产值的 1/3。在渔业产值来源上，海水养殖贡献度最大，接近全国总产值的一半，养殖效率略高于全国平均水平。但区域内部分养殖水域总氮、总磷、化学需氧量、活性磷酸盐等平均浓度超标严重，海水鱼类养殖产污成本、养殖富营养化虚拟治理成本及水质污染成本居高不下，其中福建、广东和海南远高于其他地区。尽管各级政府花费大量资金实施养殖污染治理，依然面临巨大的生态压力。

　　本章对实地调研中的调研方案、问卷设计、数据来源进行了说明，数据主要通过对环南海地区进行抽样调查来获得。通过选取环南海地区不同地域不同养殖类型的水产养殖农户进行随机抽样调查获取数据，并对个别农户进行深度访谈以弥补信息的遗漏。

　　描述性统计分析表明，在农户个体禀赋方面，男性被访者居多，年龄分布在 41～50 岁的农户最多，受教育程度以初中为主，大部分为普通群众，党员和村干部较少。面对水产生态养殖技术采纳所带来的不确定性，普遍持相对保守的态度。家庭中的劳动力人数主要集中在 2～4 人，从事水产养殖业的家庭劳动力人数均值为 1.94 人，约为家庭中的劳动力人数的一半。在银行贷款方面，认为"很难获得"、"不容易获得"的农户占大部分。在水产养殖特征方面，与其他农产品生产一样，我国水产养殖大多由农户分散进行，养殖年限主要集中"5 年以下"、"6～10 年"两个区间，水产养殖收入占家庭总收入在 50％以下的样本占样本总量的绝大部分。在外部环境特征方面，获得政府补助、受到环境规制约束以及得到全面技术指导的农户极少，但在新农村建设和乡村振兴背景下，农村公共设施供给日趋完善。在认知特征方面，被访农户对水产生态养殖技术采纳所带来的预期收益普遍不看好，但资源环境价值认知、水产养殖环境影响认知较高。

第 5 章　农户水产生态养殖技术
采纳的行为意愿

　　在回顾我国水产养殖发展历程与把握其发展现状的基础上，本章引入了技术接受模型分析框架，利用环南海地区 558 个养殖农户的微观调研数据和结构方程模型进行实证研究，着重考察农户的感知有用性、感知易用性、感知经济性、主观规范对其水产生态养殖技术采纳意愿的影响效应，从而为政府掌握农户水产生态养殖技术采纳特征并制定促进农户采纳水产生态养殖技术的引导政策提供科学参考。

5.1　问题的提出

　　在农户技术采纳意愿与行为理论分析方面，基于农户视角，希克斯提出了诱致性技术变迁理论，认为资源禀赋和经济环境是技术变革的主要诱因（Hayami Y et al.，1985）。舒尔茨认为应将农户对新技术的接受速度、对新技术的学习能力等作为研究农户技术采纳行为的主要考虑因素（Schultz，T W，1964）。罗杰斯将农户技术采纳行为划分为认知阶段、说服阶段、决策阶段、实施阶段和确认阶段（Rogers，1962）；在农户技术采纳意愿实证研究方面，依据农业技术属性的不同，国内的现有研究大多选用某一特定农业技术为研究对象，如环境友好型技术（姚文，2016）、规模化养殖污染清洁处理技术（何如海，2013）、病虫害综合防治技术（储成兵，2014）、劳动节约型技术（吴丽丽，2016）、绿色防控技术（刘洋，2015）、水稻秸秆还田技术（吴雪莲，2016）、循环农业技术（李后建，2012）等，研究成果颇为丰硕。已有研究表明，农户的性别、文化程度、家庭收入、社会身份、风险偏好类型、社会网络规模、技术培训、产业组织化程度、农业信息的获取、感知易用性、感知有用性、采纳机会、区域位置、环境意识、贷款的可获性、政府支持、农业技术指导情况等因素对农户农业技术采纳意愿均具有显著影响。

以上研究成果对促进农户采纳水产生态养殖技术具有重要的理论价值和现实意义。现有研究成果也留下了以下值得探究的空间：①在研究内容上，研究者大多从农户因素、家庭因素、经济因素、政策因素、社会因素等方面分析影响农户技术采纳意愿的各因素，少有学者基于技术接受模型，选择感知有用性、感知易用性变量考察农户农业技术采纳意愿，鲜有学者将感知有用性、感知易用性与感知经济性三者结合起来进行考察；②在研究方法上，已有文献对农户农业技术采纳意愿的研究主要采用二元选择模型以及博弈模型，较少采用结构方程模型。此外，目前学界对农户水产生态养殖技术采纳意愿这一特定领域的针对性研究稀少。

基于以上现实与学术背景，本书引入了技术接受模型分析框架，利用环南海地区 558 个养殖农户的微观调研数据和结构方程模型进行实证研究，着重考察农户的感知有用性、感知易用性、感知经济性、主观规范对其水产生态养殖技术采纳意愿的影响效应，从而为政府掌握农户水产生态养殖技术采纳特征并制定促进农户采纳水产生态养殖技术的引导政策提供科学参考。

5.2　研究假设

技术接受模型（TAM）是解释经济个体在不同环境下技术采纳意愿决定因素的理论模型，在理性行为理论（Theory of Reasoned Action，TRA）和计划行为理论（Theory of Planned Behavior，TPB）的基础上发展而来，其核心要素包括感知有用性（Perceived Usefulness，PU）和感知易用性（Perceived Easy of Use，PEU）两个变量（Davis F D，1989）。随着 TAM 的广泛应用，在对 TAM 不断探索和修正的基础上，Venkatesh 和 Davis 将主观规范（Subjective Norm，SN）这一重要变量引入进来（Venkates V et al.，2003），使模型的解释能力和适用范围进一步增强。基于技术接受模型坚实的理论基础以及早期与模型预期一致的实证支持，TAM 模型广泛应用于社会经济问题的研究中。在初期访谈调查和情景试验中，发现受访农户普遍对技术的资金投入回报程度比较敏感。因此，本书在 TAM 扩展模型的基础上，引入感知经济性（Perceived Economy，PE）变量，以验证其对农户水产生态养殖技术采纳意愿（Adoption Willingness，AW）的影响。

（1）感知有用性（PU）

感知有用性是农户对采纳水产生态养殖技术有效性程度的感知。Rogers 研究表明，如果一项新技术能够让潜在使用者感受到该项技术可以为其带来生态环境效益和社会效益，其采纳该项技术的可能性就会越高（Rogers，E M，2003）。基于此，本书提出假设 1：

H1：感知有用性对农户水产生态养殖技术采纳意愿有正向显著影响。

（2）感知易用性（PEU）

感知易用性是农户对采纳水产生态养殖技术难易程度的感知。已有研究表明，知觉易用性对知觉有用性产生正向影响，特别是在技术采纳的早期阶段，知觉易用性有助于降低农户接受新技术的焦虑感，从而影响其对新技术的采纳意愿（Igbaria M et al.，1997；Sorebo O et al.，2008）。如果农户认为水产生态养殖技术容易掌握、培训学习或操作简单，那么其采纳意愿可能更高。基于此，本书提出以下假设：

H2：感知易用性对农户水产生态养殖技术采纳意愿有正向显著影响。

H3：感知易用性对感知有用性有正向显著影响。

（3）感知经济性（PE）

感知经济性是农户对采纳水产生态养殖技术的投入与回报的多少程度的感知。已有研究表明，技术的采纳与扩散受到技术的利润率水平的影响（赵绪福，1996）。农户在收入、生产函数及时间或劳动力供给的约束下，以效用最大化为准则来安排生产、消费及劳动力供给（虞祎，2012）。对水产生态养殖技术的采纳需要一定的投入，农户根据效用最大化原理安排投资，生态养殖技术投入能否收回成本、是否获得收益以及获得多少收益是影响农户水产生态养殖技术采纳意愿的重要因素。基于此，本书提出以下假设：

H4：感知经济性对农户水产生态养殖技术采纳意愿有正向显著影响。

H5：感知经济性对感知有用性有正向显著影响。

（4）主观规范

主观规范是个体对执行或不执行某行为所感知到的重要他人或群体的影响，即他人行为对个体行为发挥影响作用的大小。Ajzen 和 Venkatesh 的研究认为，主观规范是农户行为意愿的决定性因素（Icek Ajzen，1991；Venkatesh V et al.，2003）。在农村关系网络中，意见领袖为核心的社会影响对农户技术的采纳需求具有不可替代的影响（Merwer V et al.，2009）。农户是否采纳某项新技术，会参考其他农户对技术的采纳情况和取得的效果，如果大家都采纳或采纳的效果不错，则其技术采纳的意愿将获得提升。基于此，本书提出假设 6：

H6：主观规范对农户水产生态养殖技术采纳意愿有正向显著影响。

本章的假设框架如图 5－1 所示。

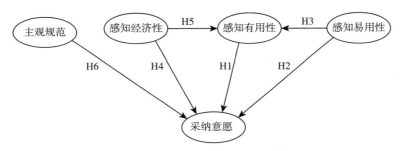

图 5－1　基于扩展的技术接受模型的假设框架

5.3　量表设计、模型选择与样本描述

5.3.1　量表设计

本研究测量农户采纳意愿的量表包括两部分内容：调查样本的基本信息和农户水产生态养殖技术采纳意愿及影响因素信息。前者主要包括样本农户的性别、年龄、文化程度、社会身份、非农就业经历、家庭劳动力分配情况、养殖污水等废弃物处理方式等内容，采用单选或多选的判断选择形式；后者包括测量农户的感知有用性、感知易用性、感知经济性、主观规范和采纳意愿的指标，共 16 个题项，均采用李克特 5 点量表（Likert Scaling）测量。有关变量的具体含义以及描述性统计见表 5－1。

表 5 - 1 变量及其描述

变量	编码	测量变量	均值	标准差
感知有用性	PU_1	采纳水产生态养殖技术促进了养殖污染问题的解决	4.26	0.476
	PU_2	采纳水产生态养殖技术增加了农户的知识和经验	4.31	0.481
	PU_3	采纳水产生态养殖技术改善了农村的生活环境	4.28	0.478
感知易用性	$PEOU_1$	理解掌握水产生态养殖技术对我来说较容易	4.21	0.456
	$PEOU_2$	简单的培训学习后我能掌握水产生态养殖技术	4.21	0.445
	$PEOU_3$	技术操作讲解能使我掌握水产生态养殖技术	4.16	0.435
感知经济性	PE_1	采用水产生态养殖技术的资金投入少且成本低，整体效益高	4.24	0.471
	PE_2	采用水产生态养殖技术可以获得政策补贴	4.23	0.458
	PE_3	经济上允许我采用水产生态养殖技术	4.26	0.481
主观规范	SN_1	是否采纳水产生态养殖技术，我会考虑乡邻的意见	4.12	0.482
	SN_2	是否采纳水产生态养殖技术，我会考虑村干部的意见	4.11	0.539
	SN_3	是否采纳水产生态养殖技术，我会考虑技术员的意见	4.09	0.586
	SN_4	是否采纳水产生态养殖技术，我会考虑示范户的意见	4.05	0.569
采纳意愿	AW_1	如果技术人员推广水产生态养殖技术，我愿意采纳	4.16	0.423
	AW_2	如果经济条件允许，我愿意采用水产生态养殖技术	4.18	0.368
	AW_3	我愿意向朋友推荐水产生态养殖技术	4.06	0.419

5.3.2 模型选择

本章利用结构方程模型（SEM）和 Amos 21.0 软件进行实证分析。该模型由 Karl G Joreshog 提出，为难以直接观测的潜变量提供了一个可以观测和处理的分析工具，可以检验假设模型中复杂的因果关系。具体模型的方程式如下：

结构方程式： $$\eta = \gamma\xi + \beta\eta + \zeta \qquad (5-1)$$

测量方程式： $$Y = \lambda\eta + \varepsilon \quad X = \lambda\xi + \delta \qquad (5-2)$$

（5-1）式中，η 及 ξ 是向量类型，γ 及 β 是回归类型；（5-2）式中，λ 为回归类型，ε 及 δ 为方差/协方差类型。

5.3.3 数据来源与样本描述

为了达成研究目标，本研究的抽样调查分两阶段进行。第一次调查时间为 2020 年 9—12 月份，调查内容主要是农户个体特征、养殖特征、认知特征和不同地区农户对水产生态养殖技术采纳的现状与偏好。调查共发放问卷 1 200 份，剔除信息不完整和信息明显错误的问卷后，共获得有效问卷 1 087 份，其中已经采纳水产生态养殖技术的农户为 357 个，未采纳但表达了意愿的农户为 558 个，占无采纳行为总量的 76.44%。样本农户的基本情况如表 5－2 所示。

表 5－2　558 个样本农户的基本情况

类别	变量	频数	比例（%）	类别	变量	频数	比例（%）
性别	男	405	72.58	从事养殖业的劳动力人数	0～1	141	25.28
	女	153	27.42		2～3	358	64.16
					≥4	59	10.56
年龄（岁）	≤30	112	20.01	是否为村干部或党员	否	434	77.78
	31～45	302	54.12		是	124	22.22
	46～60	134	23.99				
	≥61	10	1.88				
文化程度	小学及以下	23	4.12	是否有非农就业经历	否	189	33.87
	初中	258	46.24		是	369	66.13
	高中及中专	215	38.53				
	大专	53	9.50				
	大专以上	9	1.61				

5.4　实证分析过程及结果

5.4.1　问卷的信度、效度检验

本章采用 Cronbach's Alpha 系数检验潜变量的信度，以保证问卷数据的可靠性与有效性。输出结果表明（表 5－3），Alpha 系数均在 0.7 以上，表明各因子之间具有较好的内部一致性，问卷的信度可以接受；因子分析是量表效度检验的常用方法。本研究量表的标准因子载荷系数都在 0.6 以上，KMO 值介于 0.668～0.779，Bartlett 球形检验的显著性概率值 $P = 0.000 < 0.05$，表明各变量的结构效度较好，则问卷的结构效度可以接受。

表 5 - 3　变量的信度、效度检验

变量	编码	Cronbach's Alpha	标准因子载荷	KMO	Bartlett 球形检验
感知有用性	PU_1	0.738	0.628	0.684	307.852 ($P=0.000$)
	PU_2		0.696		
	PU_3		0.643		
感知易用性	$PEOU_1$	0.813	0.723	0.713	430.854 ($P=0.000$)
	$PEOU_2$		0.716		
	$PEOU_3$		0.718		
感知经济性	PE_1	0.809	0.657	0.684	488.234 ($P=0.000$)
	PE_2		0.811		
	PE_3		0.704		
主观规范	SN_1	0.824	0.614	0.779	671.892 ($P=0.000$)
	SN_2		0.664		
	SN_3		0.641		
	SN_4		0.679		
采纳意愿	AW_1	0.817	0.718	0.668	554.212 ($P=0.000$)
	AW_2		0.836		
	AW_3		0.674		

5.4.2　模型适配性检验

本章选取了绝对适配度指数、相对适配度指数以及简约适配度指数指标来分析评价模型的拟合优度，适配标准或临界值参照吴明隆的研究（吴明隆，2011）。检验结果均在可以接受范围，模型的拟合效果较好（表 5 - 4）。

表 5 - 4　模型适配性检验

拟合指数	具体指数	参考值	模型估计值	检验结果
绝对拟合值	χ^2/df	<3.00	2.516	接受
	RMR	<0.05	0.014	接受
	$RMSEA$	<0.08	0.056	接受
	GFI	>0.90	0.945	接受
	$AGFI$	>0.90	0.918	接受
相对拟合指数	NFI	>0.90	0.951	接受
	TLI	>0.90	0.954	接受
	CFI	>0.90	0.967	接受
	IFI	>0.90	0.959	接受
简约拟合指数	$PNFI$	>0.50	0.725	接受
	$PCFI$	>0.50	0.732	接受
	$PGFI$	>0.50	0.631	接受

5.4.3 结果分析

实证结果表明（表 5-5），感知有用性、感知易用性、感知经济性与主观规范对农户水产生态养殖技术采纳意愿的影响均通过了正向显著性检验，与理论预期保持一致。其标准化路径系数依次为 0.428、0.352、0.542、0.469，表明对农户水产生态养殖技术采纳意愿的直接影响程度从大到小依次为感知经济性＞主观规范＞感知有用性＞感知易用性。同时，感知经济性和感知易用性均通过了感知有用性的中介作用间接影响农户水产生态养殖技术采纳意愿。

表 5-5 基于最大似然估计的 SEM 回归结果

路径	Estimate	S. E.	C. R.	路径	Estimate	S. E.	C. R.
$PU{<}{-}PE$	0.870***	0.075	11.811	$PU_3{<}{-}PU$	0.989***	0.081	11.644
$PU{<}{-}PEOU$	0.124	0.051	2.582	$PE_1{<}{-}PE$	1.000		
$AW{<}{-}PU$	0.428***	0.049	8.941	$PE_2{<}{-}PE$	0.948***	0.071	12.014
$AW{<}{-}PEOU$	0.352***	0.042	8.701	$PE_3{<}{-}PE$	0.997***	0.073	13.843
$AW{<}{-}SN$	0.469***	0.051	8.666	$SN_1{<}{-}SN$	1.000		
$AW{<}{-}PE$	0.542***	0.063	8.757	$SN_2{<}{-}SN$	0.971***	0.081	11.818
$PEOU_1{<}{-}PEOU$	1.000			$SN_3{<}{-}SN$	0.935***	0.087	10.484
$PEOU_2{<}{-}PEOU$	0.949***	0.065	14.000	$SN_4{<}{-}SN$	0.979***	0.089	11.221
$PEOU_3{<}{-}PEOU$	0.911***	0.067	13.281	$AW_1{<}{-}AW$	1.000		
$PU_1{<}{-}PU$	1.000			$AW_2{<}{-}AW$	0.981***	0.059	16.967
$PU_2{<}{-}PU$	0.899***	0.078	11.379	5 $AW_3{<}{-}AW$	0.981***	0.062	15.377

注：C.R. 值即为 t 值；** 和 *** 分别表示在 5% 和 1% 水平上显著。

（1）感知有用性的影响

感知有用性对农户水产生态养殖技术采纳意愿有正向显著影响，其标准化系数为 0.428，在 1% 的显著性水平上接受假设 H1，与预期相符。可能的原因是，近年来，在国家大力推进农业绿色转型的背景环境下，调研区域水产生态养殖技术推广与应用取得了一定进展，农户切实感受到了养殖环境的改善（0.628）、养殖经验的增加（0.696）和生活环境的改观（0.643）。当农户对水产生态养殖技术的有用性感知越具体越强烈时，农户采纳水产生态养殖技术的意愿就越高。

（2）感知易用性的影响

感知易用性对农户水产生态养殖技术采纳意愿有正向显著影响，其标准化系数为 0.352，在 1%的显著性水平上接受假设 H2，与预期相符；但是感知易用性对感知有用性有影响但不显著，与预期不符。接受假设 H2 的可能原因是，从因子分析结果来看，随着环南海地区水产生态养殖技术推广与应用地不断深入，农户对理解（0.723）、学习（0.716）、操作（0.718）该技术的易用性感知度较高；另一方面，在调研的农户样本中，年龄在 46 岁以下的占到了 74.13%，年轻的农户接受能力和学习能力相对较强，技术感知易用性更好，降低了农户对学习一项新技术的畏惧心理，进而促使其技术采纳意愿会更高。拒绝假设 H3 的可能原因是，农户采纳水产生态养殖技术的首要考虑因素不是技术的易用性，基于 Schultz 的理性小农理论，尽管农户认为技术很容易掌握，但是若技术不能给其带来利益，农户也不会产生强烈的意愿去采纳该项技术。

（3）感知经济性的影响

感知经济性对农户水产生态养殖技术采纳意愿有正向显著影响，其标准化系数为 0.542，在 1%的显著性水平上接受假设 H4，与预期相符；感知经济性对感知有用性有正向显著影响，其标准化系数为 0.870，在 1%的显著性水平上接受假设 H5，与预期相符。可能的原因是，一方面，由于环南海地区经济处于高速发展阶段，近 3 年的经济总量也名列全国前列，经济因素对该区域农户的观念和行为影响越来越深刻，农户在考虑是否采用水产生态养殖技术时的关键因素是技术的经济效益，农户认为采用技术可获得政策补贴（0.811）、可减少成本（0.657）、可获得一定的收益（0.704）等经济效益，从而农户的采纳意愿会很高。另一方面，调研的样本农户中有 66.13%的农户有外出务工经历，农户受到社会经济环境的影响，对技术的感知会更加现实"理性"，出于最小投入最大产出的考虑，如果农户采用技术能使其经济上获得"好处"，那么农户会更容易感知技术对自身的有用性，从而对水产生态养殖技术采纳意愿会更高。因此，感知经济性是农户水产生态养殖技术采纳意愿的影响因素中最显著的重要因素。

（4）主观规范的影响

主观规范对农户水产生态养殖技术采纳意愿有正向显著影响，其标准化系数为 0.469，在 1% 的显著性水平上接受假设 H6，与预期相符。在农村关系网络中，乡邻（0.614）、村干部（0.664）、技术员（0.641）、示范户（0.679）等在技术推广过程中起重要的示范作用和带头作用。主要原因是，农户受到自身素质、信息获取能力和风险承受能力的约束，更容易受到周围人或团体的影响，更加倾向于相互模仿、随大众决策。因此，主观规范是农户水产生态养殖技术采纳意愿影响因素中的重要因素。

5.5　本章小结

本章基于扩展的技术接受模型分析框架，运用结构方程模型，对农户水产生态养殖技术采纳意愿进行了实证研究。研究结论如下：第一，基于扩展的技术接受模型，从心理机制层面构建结构方程模型来研究农户水产生态养殖技术采纳意愿是合理且适用的。第二，对农户水产生态养殖技术采纳意愿的直接影响程度从大到小依次为感知经济性＞主观规范＞感知有用性＞感知易用性。感知有用性和感知易用性是影响农户水产生态养殖技术采纳意愿的重要因素；感知经济性是影响农户水产生态养殖技术采纳意愿的关键因素，农户采纳意愿的首要考虑是技术的经济效益；主观规范是影响农户水产生态养殖技术采纳意愿的重要因素，即在农村关系网络中，乡邻、村干部、技术员、示范户等在技术推广过程中的示范作用和带头作用对农户水产生态养殖技术采纳意愿具有重要影响。

基于上述结论，本章提出以下政策建议：第一，在技术推广初期，通过政策激励与舆论引导的方式，给予采纳水产生态养殖技术的农户政策补贴，充分发挥调动农户的积极性，引导农户采纳水产生态养殖技术。第二，在水产生态养殖技术的推广阶段，充分发挥乡邻、村干部、技术员、示范户等在技术推广过程中的示范作用和带头作用，以提高农户的主观规范，进而增强其水产生态养殖技术的采纳意愿。第三，推广适用技术，鼓励适度规模经营。重点推广与当地资源禀赋条件相耦合的适用技术，从而提高农户对水产生态养殖技术的感知有用性和感知易用性，进而提高水产生态养殖技术采纳意愿。

第6章 农户水产生态养殖技术采纳的行为响应

在对农户水产生态养殖技术采纳意愿及其影响因素进行研究的基础上，基于农户行为理论与行为经济学理论，本章依据环南海地区 1 087 份被访农户的调研数据，运用 Logistic-ISM 模型，从农户个体特征、养殖特征、政策特征、经济特征、认知特征等方面对农户水产生态养殖技术采纳的行为响应进行实证研究，以揭示农户技术选择行为特征，并运用计量模型分析农户行为响应的主要影响因素和作用机理，以期为政府掌握农户水产生态养殖技术采纳行为特征并制订激励政策提供实证依据。

6.1 问题的提出

作为我国"蓝色经济"与农业的重要组成部分，水产养殖在增加农民收入、优化农业结构布局、保证粮食安全等方面发挥了重要作用。但养殖过程中产生的大量污水未经妥善处理随意排放也造成我国农业生态环境面临严峻挑战。《第一次全国污染源普查公报》（2010）、《第二次全国污染源普查公报》（2020）显示，水产养殖业水污染物排放量占农业源水污染物排放量的比重增幅显著，已成为我国农村最主要的水资源污染源之一，且污染程度日趋严重（董双林，2015），是我国水产养殖产业发展与生态环境保护亟待解决的重要课题。

学界普遍认为，构建健康、生态、节水减排和多营养层次养殖系统的生态养殖技术体系，是控制水产养殖污染的有效途径（秦鹏等，2019；张懿等，2020）。政府层面上，农业农村部、生态环境部等十部委联合发布《关于加快推进水产养殖业绿色发展的若干意见》(2019)，将水产生态养殖模式纳入绿色产业指导目录，并在全国范围内开展水产生态健康养殖技术模式示范，推进水产生态健康养殖。

宏观生态技术体系的建立需以微观上推动农户广泛采纳为基础。有关农户生态农业技术采纳行为响应的相关研究，国内外学者进行了大量有益探索，研究脉络普遍遵循认知、意愿、行为等农户行为逻辑，重点关注了农户采纳意愿与行为响应及其影响因素，这些影响因素包括政府补贴（余威震等，2020）、经济激励与政策宣传及项目扶持（耿宇宁等，2017；盖豪等，2019）、技术推广与培训（葛继红等，2010；米松华等，2014）、信贷需求抑制（魏昊等，2020）等宏观因素和农户个体特征、资源禀赋异质性等微观因素（周力等，2020）。此外，农户对政策与技术的认知（徐涛等，2018）、对技术有用性与易用性的感知（Smith A et al.，2004）及其风险态度（仇焕广等，2020）等亦是影响其技术采纳的关键因素。在水产养殖产业领域，基于农户微观视角，利用微观调研数据实证探究农户水产生态养殖技术采纳行为响应的文献较少，仅涉及稻虾共养技术（刘可等，2020；杨兴杰等，2020；陈雪婷等，2020；田卓亚等，2021）、淡水养殖微生物调水技术（李博伟等，2018），关注的变量有生态养殖模式认知、风险偏好、养殖集聚、邻里交流、社会资本等。相对于其他产业领域及生态农业技术，水产生态养殖技术农户采纳这一特定领域的系统性、针对性研究缺乏。

基于以上现实与学术背景，农户水产生态养殖技术采纳的行为响应受到了哪些关键因素的影响？这些影响因素相互之间的作用机理如何？哪些是直接影响因素？哪些是间接影响因素？哪些又是根源影响因素？本章将在前人研究的基础上，结合调研数据，对以上问题进行探讨，以期为政府掌握农户水产生态养殖技术采纳的行为特征并制订科学的引导政策提供实证依据。

6.2 研究假设

农户是发展中国家最为主要的经济组织，作为农业生产的生产者和决策者，其行为直接左右农业生产的变动（张林秀，1996）。在有限理性假设前提下，农户的决策是农户目标、禀赋与外部环境的函数（陈和午，2004）。农户作为效用最大化追求者，基于自身资源禀赋条件，并考虑外部社会制度环境，在综合权衡后做出决策。即农户生产行为的选择受到经济、社会及生态理性的共同约束，在一定程度上影响了生态可持续发展目标的实现。农户水产生态养殖技术采纳行为是在各种制度的约束或激励下做出的选择，不仅包括个体和养殖因素、经济因素，还包括政策安排等社会因素。

研究表明，农户生态农业技术采纳行为与户主个体特征有密切关系，这些个体特征主要包括年龄①、文化水平、非农就业经历、政治身份、风险倾向等。教育具有外溢作用，能够促进技术环境的改善（Lucas R，1988）。农户文化水平越高，对水产生态养殖技术采纳所带来的生态效益和经济效益认知越深，采用水产生态养殖技术的可能性越大；外出务工等非农就业经历通过拓展务工农户信息渠道，带来间接行为能力的提升，使其拥有比纯务农农户更广泛的关系网络，对水产养殖环境影响认知更深。研究发现，农户行为决策与其政治身份具有相关性，村干部在新型技术的推广和应用中具有重要的带头示范作用（秦诗乐等，2020；唐琳等，2021）。村干部和党员拥有比普通农户更广泛的人际关系和信息渠道，其环保意识更强，对国家生态农业发展政策更了解，采纳水产生态养殖技术的概率也更高；受生产过程中自然灾害、市场波动和政策变化等不确定性因素的影响，农户从事农业生产面临得到的收益可能低于预期的风险。通常，农户风险承受能力越强，越能应对不确定性带来的风险。在水产生态养殖技术采纳行为中，从环境规制的角度来看，受逃避政府处罚机会主义的影响，风险偏好型农户可能冒险被处罚将水产养殖污染物直接排入环境；反之，风险厌恶型农户在相同条件下可能采纳水产生态养殖技术；从经济效益的角度来看，池塘工程化循环水养殖技术、稻渔综合种养技术等生态养殖技术需要资金投入，且回报存在不确定性，因而风险偏好型农户采纳水产生态养殖技术的可能性更大。基于以上分析，本章提出以下假说：

---

① 年龄是最主要的个体特征变量之一。由于年龄与文化程度高度负相关，考虑共线性问题，Logistic 模型中不引入年龄变量。

H1：农户个体特征对其水产生态养殖技术采纳行为响应有影响，其中，文化水平、非农就业经历、政治身份有正向影响，风险倾向对农户水产生态养殖技术采纳行为响应影响不确定。

农业生产最基本的投入要素是耕地、淡水等资源（于法稳等，2022）。农业技术采纳行为是对关键经济变量变动的一种内生反应（速水佑次郎，2000），水产养殖必然受到养殖面积这一物质资源变化的影响。养殖水面越大，生态养殖规模效益越大，养殖污染过大使自身遭受疫病的风险增大，污染物集中排放对环境破坏形成"规模效应"，受政府与乡邻关注的程度更高，为了减少损失、规避处罚和改善邻里关系，农户选择水产生态养殖技术概率更高；养殖年限越长的农户，获取水产养殖污染环境的信息资源越丰富，选择采纳水产生态养殖技术的概率越高，但也更易受传统观念的束缚，选择将养殖污水直接排入环境的传统方式；研究表明，非农收入对农户生态农业技术采纳存在抑制效应（Rejesus R et al.，2011），养殖收入占家庭总收入的比重越高，家庭收入对水产养殖依赖性更强，水产养殖特有的自然属性和疫情风险，使得此类农户的收入具有很大的脆弱性，也更愿意采纳水产生态养殖技术以降低养殖风险；参与契约农业能降低农户面临的生产风险和销售风险（Wang，H et al.，2011）。水产养殖所具有的产业特征，使得生态养殖技术设施的投入具有较高的资产专用性，农户对交易对象的依赖性也相对较强，参加合作社或养殖协会，可以稳定交易对象，降低风险，减少"要挟"问题。基于以上分析，本章提出以下假说：

H2：养殖特征对农户水产生态养殖技术采纳行为响应有影响，其中，养殖规模、养殖收入占家庭总收入的比重、产业组织参与情况有正向影响，养殖年限对农户水产生态养殖技术采纳行为响应影响不确定。

农户的生产除受农户本身的资源限制（劳动力和资本）外，还受社会经济环境和政府政策干预（陈和午，2004）。环境资源的公共物品属性和水产养殖污染及其控制的显著外部性特征，使得政府成为控制养殖污染最基本也是最重要的主体之一。农户采纳水产生态养殖技术具有正外部性，面临着较大的成本投入，政府补贴可以降低农户的投入成本，实现污染控制的成本共担，在一定程度上扩大了农户的利益空间，有利于形成较为稳定的收益预期，降低农户环境生态投资风险；参与培训通过学习效应和外溢效应影响农户采纳生态农业技术的行为决策（崔民等，2021）。培训有利于增强农户水产生态养殖技术认知的深度和广度，提高农户的技术应用能力，进而提高采纳概率。促进养殖户无害化处置污染物，监管与处罚型政策是最为直接的政策（吴林海等，2017）。在政府环境规制政策的影响下，将水产养殖废水直接排入环境可能会受到一定的处罚，政府环境规制政策的供给对农户水产养殖污染物处置行为具有一定的约束力。较完备的农业农村基础设施是农户增强自然风险抗御能力所必需的物质技术基础（阮文彪，2019）。在农村基础设施方面，环境保护宣传栏等能影响农户的生态观念，增加农户生态保护意识，垃圾集中焚烧站、病死水产品回收点或焚烧点等设施，能够降低养殖污染程度和养殖疫病风险，从而影响农户采纳水产生态养殖技术的概率。基于以上分析，本章提出以下假说：

H3：政府补贴、培训服务、规制政策供给、公共设施供给等政策因素对农户水产生态养殖技术采纳行为响应均有正向影响。

新古典经济学认为，农户作为理性经济人，以追求经济效应最大化为目标，技术能带来超额经济回报是其采纳的主要动因（Griliches Z et al.，1957）。当农户采纳水产生态养殖技术的预期净收益大于传统养殖技术时，农户采纳新技术的概率就越高。已有研究表明，信贷约束限制了农户的投资水平，是影响技术采纳的关键因素（Binswanger H P et al.，1983），信贷能力越强的农户，受流动性约束越小，采纳水产生态养殖技术的资金供给越有保障。区域经济发展水平对农户水产生态养殖技术采纳行为的影响主要源于劳动力稀缺，即从事农业生产和从事非农产业的收入比较差异。农户实施水产生态养殖与外出务工或从事其他农业生产及经营之间在劳动力投入上存在替代关系，区域经济发展水平较好且交通便利的地区，非农就业机会越多，劳动力向非农产业转移的机会越多，可能导致农户在水产生态养殖技术采纳上投工不足。此外，近期家庭在子女教育、医疗健康、建购房等方面的重大开支与农户水产生态养殖技术采纳投入存在互竞关系，也是影响其采纳行为的重要因素。基于以上分析，本章提出以下假说：

H4：经济因素对农户水产生态养殖技术采纳行为响应有影响，其中，水产生态养殖技术采纳收益预期、信贷能力有正向影响，近期家庭重大开支、区域经济发展水平有负向影响。

认知心理学强调心理感知等因素对人类行为选择偏好的影响。人们的行为选择在很大程度上取决于其对所处环境的感知和描述（Herbert A et al.，2009）。认知是激发行为的基础，影响人的行为动机偏好，认知的提升往往导致合理的期望行为。农户对资源环境价值、水产养殖环境影响以及水产生态养殖技术的认知程度越深，感知水产养殖污染可控程度越高，则采纳水产生态养殖技术的概率越高。基于以上分析，本章提出以下假说：

H5：资源环境价值认知、水产养殖环境影响认知、水产生态养殖技术认知、水产养殖污染可控程度认知等因素对农户水产生态养殖技术采纳行为响应均有正向影响。

6.3　变量与模型

6.3.1　变量

（1）因变量

2020 年，农业农村部发布《生态健康养殖模式推广行动方案》，在全国开展水产生态健康养殖技术模式示范。该行动方案列举了当前实践中普遍采用的水产生态养殖技术模式。依据该行动方案，本研究中因变量"农户水产生态养殖技术采纳行为响应"即为农户在水产养殖中采纳池塘工程化循环水养殖技术模式、工厂化循环水养殖技术模式、稻渔综合种养技术模式、大水面生态增养殖技术模式、鱼菜共生生态种养技术模式等行为。

1 087 个样本农户中，有 357 个农户选择水产生态养殖技术模式，占样本容量的 32.84%。这一比例略低于杨兴杰（2020）、田卓亚（2021）的调研结论。可能的原因是，本研究中水产生态养殖技术的认定参照农业农村部发布的《生态健康养殖模式推广行动方案》中列举的技术模式，界定较为严格，后者均以稻虾共养技术为研究对象，这一技术在淡水养殖中采纳较普遍。此外，调研区域的选择也存在差异，本研究所在调研区域以海水养殖为主，后者以淡水养殖为主，两种养殖类型的生态养殖技术原理及适应性存在一定差异，这也导致了农户在水产生态养殖技术模式选择上的差异。在各种生态养殖技术中，稻渔综合种养技术模式采纳率最高为 20.75%，鱼菜共生生态种养技术模式、池塘工程化循环水养殖技术模式、大水面生态增养殖技术模式、集装箱式循环水养殖技术模式、工厂化循环水养殖技术模式采纳率分别为 5.86%、2.09%、1.91%、1.42%、0.81%。传统的粗放式流水养殖依然占较大比重。

（2）自变量

为验证前述假设，本章共选取 5 类 20 个变量（表 6-1），以此构建农户水产生态养殖技术采纳影响因素模型。

表 6-1　变量及描述性统计分析

变　　量	变量界定	均值	标准差
因变量			
农户水产生态养殖技术采纳行为响应	未采纳＝0，采纳＝1	0.33	0.542
自变量			
户主因素			
文化水平	小学及以下＝1，初中＝2，高中或中专＝3，大专＝4，大专以上＝5	2.55	0.817
非农就业经历	无＝0，是＝1	0.68	0.479
政治身份	普通农户＝0，村干部或党员＝1	0.18	0.399
风险倾向	风险厌恶＝0，风险中性＝1，风险偏好＝2	1.26	0.854
养殖因素			
养殖规模	散养＝0，小规模＝1，中规模＝2，大规模＝3①	0.77	0.897
养殖年限	实际养殖年限	10.82	7.126
养殖收入占家庭总收入比重	10% 以 下 ＝ 0，10%～30% ＝ 1，30%～50%＝2，50%～80%＝3，80%以上＝4	1.87	0.947
产业组织参与情况	无＝0，有＝1	0.29	0.443
政策因素			
政府补贴	无＝0，有＝1	0.07	0.331

---

① 借鉴胡浩（2009）研究文献，依据海南省《水产养殖规模化认定标准》、广西壮族自治区《关于进一步加强和规范全区规模水产养殖场绿色发展监督管理工作的通知》等文件精神，结合调研情况，分别按海水养殖（海水池塘养殖、工厂化养殖、深水网箱养殖、普通网箱养殖、吊养及滩涂底播养殖、围栏养殖）、淡水养殖（池塘及山塘养殖、工厂化养殖、普通网箱养殖、吊养）的面积划分养殖规模。

（续）

变　　量	变量界定	均值	标准差
培训服务	没有＝0，偶尔有＝1，经常＝2	1.04	0.703
规制政策供给	无＝0，有＝1	0.11	0.423
公共设施供给	无＝0，有部分＝1，一般＝2，较完善＝3，很完善＝4	1.76	0.878
经济因素			
信贷能力	很难获得＝1，不容易获得＝2，一般＝3，容易获得＝4	2.14	0.908
技术采纳预期收益	亏本＝0，基本收回成本＝1，有一定收益＝2	1.05	0.696
近几年家庭重大开支	有＝0，无＝1	0.52	0.501
区域经济发展水平	较差＝0，一般＝1，较好＝2	1.01	0.505
认知因素			
水产养殖环境影响认知	无影响＝1，较轻＝2，一般＝3，较重＝4，严重＝5	2.99	0.945
资源环境价值认知	非常小＝1，比较小＝2，有一点＝3，比较大＝4，非常大＝5	3.56	0.998
水产生态养殖技术模式认知	不知道＝1，知道1种＝2，知道2～3种＝3，知道4种以上＝4	2.78	0.861
水产养殖污染可控程度认知	无法控制＝1，只能部分控制＝2，完全可控＝3	2.01	0.534

6.3.2　模型构建

（1）Logistic 模型

由于农户水产生态养殖技术采纳行为响应只有两种情况：响应与未响应。因此，本章采用二元 Logistic 模型，分析农户水产生态养殖技术采纳行为响应的影响因素。模型的函数形式为：

$$P_i = F(y=1 \mid \chi_\kappa) = \frac{\exp^{(\alpha + \beta_1 \chi_1 + \beta_2 \chi_2 + \cdots + \beta_\kappa \chi_\kappa)}}{1 + \exp^{(\alpha + \beta_1 \chi_1 + \beta_2 \chi_2 + \cdots + \beta_\kappa \chi_\kappa)}}$$

式中，y 表示农户水产生态养殖技术采纳行为响应，$y=1$ 表示农户采纳了水产生态养殖技术，反之则 $y=0$。P_i 表示农户 i 采纳水产生态养殖技术的概率，α 表示常数项，χ_κ 表示第 κ 个影响农户水产生态养殖技术采纳行为响应的自变量，κ 为自变量的个数，β_κ 是自变量 χ_κ 的回归系数。$P_i/(1-P_i)$ 为农户采纳与否概率的事件发生比，对其取自然对数后得到 Logistic 回归模型的线性表达式为：

$$\ln\left(\frac{P_i}{1-P_i}\right)=\alpha+\beta_1\chi_1+\beta_2\chi_2+\cdots+\beta_\kappa\chi_\kappa$$

（2）解释结构模型（ISM 模型）

农户水产生态养殖技术采纳行为的产生受到具有不同层次结构的复杂系统共同影响。ISM 模型借助计算机系统，利用人们的实践经验和知识，将系统中各要素间复杂的关系分解成清晰的多级递阶的结构形式，以揭示复杂社会经济系统中各因素间的层次结构关系。ISM 模型分析过程如下：

①设定关键问题及选择影响系统的因素。对拟分析的复杂问题，用 S_0 表示决策者的意愿或行为，$S_i(i=1,2,3,\cdots,n)$ 表示选取的影响因素，S_0 与 S_1、S_2、$\cdots$、S_n 各因素间的邻接矩阵 A 的元素 a_{ij} 定义为：S_i 与 S_j 有影响，$a_{ij}=1$；S_i 与 S_j 无影响，$a_{ij}=0$。

②利用已知的邻接矩阵 A，运用布尔代数法则，求出可达矩阵 M，其公式如下：

$$M=(A+I)^{1+n}=(A+I)^n\neq(A+I)^{n-1}\neq(A+I)^{n-2}\cdots\neq(A+I)$$

式中，I 为单位矩阵。

③根据布尔运算法则，对可达矩阵进行级间划分，以此构建解释结构模型。具体地，通过下式求解最高层次因素：

$$L_1=\{S_i\mid R_{(S_i)}\bigcap Q_{(S_i)}=R_{(S_i)}\}$$

式中，L_1 表示最高层次的影响因素集合，$Q(S_i)$ 表示可达矩阵中可以到达因素 S_i 的全部因素的集合；$R(S_i)$ 表示可达矩阵中从 S_i 出发可以到达的全部因素的集合。将 L_1 中包含的要素所对应的行与列剔除后，按照相同法则，即可确定下一层次因素集合 L_2 所包含的因素，以此类推，得到所有因素的层次结构。

6.4 实证检验与结果分析

6.4.1 Logistic 回归分析过程及结果

根据研究假设，利用 SPSS 22.0 软件，运用 Wald 向后逐步法估计农户水产生态养殖技术采纳行为响应影响因素的 Logistic 模型。在该逐步回归模型中，首先考虑全部解释变量对因变量的影响情况，得到模型Ⅰ，然后逐步剔除与因变量相关性较小的解释变量，经历 8 次回归分析后得到模型Ⅱ。Hosmer & Lemeshow 拟合优度得到检验 p 值为 0.692，模型拟合较好。最终统计结果见表 6-2。

（1）农户个体特征变量的影响

在农户个体因素中，文化水平、非农就业经历、政治身份均与农户水产生态养殖技术采纳行为响应有正向影响，与预期方向一致。其中，文化水平没有达到显著性水平，与众多学者的研究结论有差异。这可能与样本农户受教育水平普遍偏低有关。统计分析结果显示，样本农户文化程度以初中为主，整体文化水平较低，在知识层面上没有较大差异。政治身份对水产生态养殖技术采纳行为响应的影响不显著，这与 Knight（2008）的研究结论有差异，可能的原因是样本农户绝大部分为普通农户，差异不明显，导致其对因变量影响不显著。非农就业经历变量估计系数通过 10% 水平显著性检验，标准回归系数为 0.324，这表明，农户从事非农工作的实践能提高其水产生态养殖技术采纳行为响应概率。农户是否采纳水产生态养殖技术与其风险倾向有一定的关系，为此在问卷中设置了测量农户风险倾向的替代问题。从计量结果来看，农户的风险倾向与其水产生态养殖技术采纳行为响应呈正相关关系且通过了 5% 水平显著性检验，这和李博伟（2017）等的研究结论一致，即农户对风险越厌恶，越不采纳水产生态养殖技术，风险偏好型农户采纳水产生态养殖技术的可能性更大。

（2）养殖特征变量的影响

养殖规模、养殖收入占家庭总收入的比重、产业组织参与情况对农户水产生态养殖技术采纳行为响应有正向影响，与预期相符。养殖规模、养殖收入占家庭总收入的比重显著影响农户水产生态养殖技术采纳行为响应，这也验证了陈雪婷（2020）等学者的研究结论。养殖水面越大，养殖规模经济效益越高，感知到政府部门的环境规制压力越强，越倾向于采纳水产生态养殖技术。养殖收入占家庭总收入的比重越高，专业化程度越高，家庭对水产养殖依赖度越高，为减少风险，农户采纳水产生态养殖技术的概率也更高。产业组织参与情况没有对农户技术采纳行为产生显著促进作用，该结论与李博伟（2017）的研究结论一致，可能的原因是在水产养殖产业领域，合作社等产业组织形式松散，组织制度缺乏，运行效率偏低。调研资料显示，调研区域合作社挂牌但不运行的现象普遍存在，没有发挥应有的"集聚效应"。养殖年限与农户水产生态养殖技术采纳行为响应呈负相关关系且影响显著，可能的原因是受传统养殖观念的影响，对养殖废水直排环境的环境影响认知和生态养殖技术认知欠深入。

（3）政策变量的影响

政府补贴变量与规制政策供给变量对农户水产生态养殖技术采纳行为响应有正向影响，与预期相符，且影响显著，这与杨兴杰（2021）、Bahinipati（2019）的研究结论相类似。政府补贴作为一种经济激励型环境政策工具，使农户水产生态养殖技术采纳投入获得一定补偿，实现了政府与农户在水产生态养殖上的成本共担。环境规制政策属于命令强制型政策工具，严明了农户对水产养殖废弃物应保持的态度、采取的行为以及违反规定污染环境应负何种法律责任，强化了农户主动选择对水产生态养殖技术采纳的影响效用，对农户具有较强的约束力。培训服务变量对农户水产生态养殖技术采纳行为响应有负向影响，与预期不符。这可能与现阶段政府主导的培训内容有关。调研资料显示，样本农户接受的培训服务多为疫病防治与诊断方面，与水产生态养殖相关的技术推广服务相对较少。公共设施供给变量对农户水产生态养殖技术采纳行为响应有负向影响，与前文理论分析不一致。可能的原因是，目前农村公共基础设施以生活性基础设施为主，如卫生、垃圾及生活污水处理等公共设施，主要为农村居民生活提供服务，与水产养殖产业关联较弱，影响较小。

（4）经济变量的影响

信贷能力变量对农户水产生态养殖技术采纳行为响应有负向影响，与预期不符，与毛慧等（2018）的研究结论有差异，原因可能是，与其他产业相比，水产养殖的自然属性和疫病风险导致其比较收益偏低，水产生态养殖相关技术设施的投入具有较高的资产专用性，采纳水产生态养殖技术需要承担更大的风险或收益损失，因此，信贷能力强的农户可能将借贷资金流向其他产业领域。近几年家庭主要支出变量对农户水产生态养殖技术采纳行为响应有负向影响，与预期相符，表明农户在子女教育等方面的投资与其采纳水产生态养殖技术的投入在资金分配上是互竞的。水产生态养殖技术采纳收益预期变量对农户水产生态养殖技术采纳行为响应有正向影响且影响显著，这与前文的理论分析相符，也与众多研究结论一致。农户作为理性的生产者，是否获得收益以及获得收益的多少是影响其采纳水产生态养殖技术的关键因素。区域经济发展水平变量对农户水产生态养殖技术采纳行为响应有负向影响，在模型Ⅱ中通过了10%水平显著性检验，与理论分析一致，随着市场发育逐渐完善，非农就业机会增多，工资性收入快速增长，农户对采纳水产生态养殖技术投入回报预期少，且投资收益要经过长期才能见效，农户作为有限理性人，一般不会以未来不确定的收益来换取眼前的现实利益。

（5）认知变量的影响

水产养殖环境影响认知、资源环境价值认知、水产生态养殖技术模式认知、水产养殖污染可控程度认知变量均对农户水产生态养殖技术采纳行为响应有正向影响，与预期相符，且影响显著。这与刘可（2020）、陈雪婷（2020）等研究结论一致。农户对环境污染的认知、对水产生态养殖技术模式的了解程度以及对其污染可控性的倾向一定程度上决定了农户对水产生态养殖技术的采纳态度，进而对其采纳行为产生影响。

表6-2　农户水产生态养殖技术采纳行为响应影响因素估计结果

自变量	模型Ⅰ			模型Ⅱ		
	B	Wals	Sig.	B	Wals	Sig.
文化水平	0.162	1.734	0.188			
政治身份	0.078	0.117	0.734			
非农就业经历	0.324***	2.678	0.100	0.385***	3.779	0.052
风险倾向	0.292**	5.232	0.021	0.325**	6.197	0.013

（续）

自变量	模型 I			模型 II		
	B	Wals	Sig.	B	Wals	Sig.
养殖年限	−0.044*	7.937	0.005	−0.049*	10.756	0.001
养殖规模	0.929*	61.781	0.000	0.991*	75.951	0.000
养殖收入占家庭总收入比重	0.518*	18.858	0.000	0.518*	19.725	0.000
产业组织参与情况	0.171	0.557	0.458			
政府补贴	1.512*	14.727	0.000	1.576*	16.346	0.000
培训服务	−0.017	0.010	0.923			
规制政策供给	0.510**	4.058	0.047	0.497**	3.937	0.047
公共设施供给	−0.051	0.057	0.809			
信贷能力	−0.044	0.164	0.689			
近几年家庭主要支出	−0.219	1.356	0.234			
技术采纳收益预期	0.479*	11.641	0.001	0.488*	11.820	0.001
区域经济发展水平	−0.283	0.561	0.455	−0.315***	2.711	0.100
水产养殖环境影响认知	0.274*	8.657	0.003	0.299*	10.634	0.001
水产生态养殖技术模式认知	0.319*	6.989	0.008	0.316*	7.275	0.007
资源环境价值认知	0.215***	3.771	0.053	0.232**	4.439	0.035
水产养殖污染可控程度认知	0.451**	5.456	0.020	0.432**	5.185	0.023
常量	−7.389	69.771	0.000	−7.086	80.274	0.000

注：*、**、***分别表示系数值在 1%、5%、10%水平上显著。

6.4.2 ISM 分析过程及结果

基于 Logistic 模型分析结果，用 S_0 表示农户水产生态养殖技术采纳行为响应，S_1、S_2、…、S_{13} 依次表示户主非农就业经历、风险倾向、养殖年限、养殖规模、养殖收入占家庭总收入比重、政府补贴、规制政策供给、技术采纳收益预期、区域经济发展水平、水产养殖环境影响认知、资源环境价值认知、水产生态养殖技术模式认知、水产养殖污染可控程度认知等 13 个显著影响因素，以此探究农户水产生态养殖技术采纳行为影响因素的作用机理。

通过分析讨论和咨询有关专家、学者，显著影响农户水产生态养殖技术采纳行为响应各因素间的逻辑关系如图 6-1 所示。图 6-1 中，"D"表示列因素对行因素有直接影响，"V"表示行因素对列因素有直接影响，两者没有影响赋值为"0"。

D	D	D	D	D	D	D	D	D	D	D	D	D	S_0水产生态养殖技术采纳行为响应
V	V	V	V	0	V	0	0	0	0	0	V		S_1非农就业经历
0	0	0	0	0	V	V	V	0	0	0			S_2风险倾向
V	V	V	V	0	0	0	0	0	0				S_3养殖年限
0	0	0	0	V	V	V	V						S_4养殖规模
0	0	0	0	V	V	V							S_5养殖收入占家庭总收入比重
V	V	V	V	0	0								S_6政府补贴
V	V	V	V	0									S_7规制政策供给
0	0	0	0										S_8技术采纳收益预期
0	0	0											S_9区域经济发展水平
0	0	0											S_{10}水产养殖环境影响认知
0	0												S_{11}资源环境价值认知
0													S_{12}水产生态养殖技术模式认知
													S_{13}水产养殖污染可控程度认知

图 6-1 影响因素间的逻辑关系

依据前文分析思路，建立反映影响农户水产生态养殖技术采纳行为响应 13 个因素相互关系的邻接矩阵 A，利用布尔运算法则构建可达矩阵 M 并进行级间划分（图 6-2），运用有向边依据可达矩阵 M 所反映的层次关系将各影响因素连接，即得图 6-3 所示的农户水产生态养殖技术采纳行为响应影响因素的层次结构与关联关系。

图 6-3 中，农户水产生态养殖技术采纳行为响应的 13 个影响因素既独立发挥作用，又相互关联，共同作用于农户水产生态养殖技术采纳行为响应。

表层直接因素包括农户认知情况 4 个变量和技术采纳预期收益、区域经济发展水平两个经济变量，它们是影响农户水产生态养殖技术采纳行为响应的表层关键因素。根据计划行为理论，农户认知程度越高，采纳水产生态养殖技术的可能性越大。同时，由于农户是有限理性人，根据效用最大化安排投资，水产生态养殖技术采纳是否获利或获利多少以及与工资性收入的比较

$$A=\begin{array}{l}S_0\\S_1\\S_2\\S_3\\S_4\\S_5\\S_6\\S_7\\S_8\\S_9\\S_{10}\\S_{11}\\S_{12}\\S_{13}\end{array}\begin{pmatrix}1&0&0&0&0&0&0&0&0&0&0&0&0&0\\1&1&0&0&0&0&0&0&1&0&1&1&1&1\\1&0&1&0&0&0&1&1&1&0&0&0&0&0\\1&0&0&1&0&0&0&0&1&0&1&1&1&1\\1&0&0&0&1&1&1&1&1&1&0&0&0&0\\1&0&0&0&0&1&1&1&1&1&0&0&0&0\\1&0&0&0&0&0&1&0&0&1&1&1&1&1\\1&0&0&0&0&0&0&1&0&0&1&1&1&1\\1&0&0&0&0&0&0&0&1&0&0&0&0&0\\1&0&0&0&0&0&0&0&0&1&0&0&0&0\\1&0&0&0&0&0&0&0&0&0&1&0&0&0\\1&0&0&0&0&0&0&0&0&0&0&1&0&0\\1&0&0&0&0&0&0&0&0&0&0&0&1&0\\1&0&0&0&0&0&0&0&0&0&0&0&0&1\end{pmatrix}$$

$$M=\begin{array}{l}S_0\\S_8\\S_9\\S_{10}\\S_{11}\\S_{12}\\S_{13}\\S_1\\S_3\\S_6\\S_7\\S_2\\S_5\\S_4\end{array}\begin{pmatrix}1&0&0&0&0&0&0&0&0&0&0&0&0&0\\1&1&0&0&0&0&0&0&0&0&0&0&0&0\\1&0&1&0&0&0&0&0&0&0&0&0&0&0\\1&0&0&1&0&0&0&0&0&0&0&0&0&0\\1&0&0&0&1&0&0&0&0&0&0&0&0&0\\1&0&0&0&0&1&0&0&0&0&0&0&0&0\\1&0&0&0&0&0&1&0&0&0&0&0&0&0\\1&1&0&1&1&1&1&1&0&0&0&0&0&0\\1&1&0&1&1&1&1&0&1&0&0&0&0&0\\1&0&0&1&1&1&1&0&0&1&0&0&0&0\\1&0&0&1&1&1&1&0&0&0&1&0&0&0\\1&1&1&1&1&1&1&0&0&1&1&1&0&0\\1&1&1&1&1&1&1&0&0&1&1&0&1&0\\1&1&1&1&1&1&1&0&0&1&1&0&1&1\end{pmatrix}$$

图 6-2　邻接矩阵和可达矩阵

即为农户采纳水产生态养殖技术执行时的因素考量。

中间层因素包括非农就业经历、养殖年限、养殖收入占家庭总收入比重、政府补贴、规制政策供给、风险倾向 6 个因素，这是影响农户水产生态养殖技术采纳行为响应的间接因素。农户水产生态养殖技术采纳行为不仅受其社会阅历、养殖经验、养殖专业化程度的影响，同时也是在各种制度约束或激励下做出的选择，并受到机会主义倾向的影响。以上因素自身通过影响表层关键因素，从而间接作用于农户水产生态养殖技术采纳行为响应。

养殖规模是影响农户水产生态养殖技术采纳行为响应的深层因素。养殖规模越大，在实现水产生态养殖规模效益的同时，养殖废弃物集中大量排放

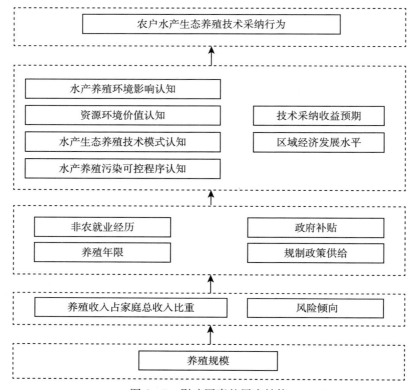

图6-3 影响因素的层次结构

的环境影响与社会成本也较高，进行生态养殖的边际收益也更高，因而也越倾向于采纳水产生态养殖技术。

6.5 本章小结

基于农户行为理论与行为经济学理论，本章以环南海地区1 087个水产养殖农户调查数据为基础，运用 Logistic-ISM 模型检验了农户个体特征、养殖特征、政策因素、经济因素、认知因素对农户水产生态养殖技术采纳行为响应的影响，并对各显著影响因素间的层次结构进行了解析。分析结果表明：

显著影响农户水产生态养殖技术采纳行为响应的因素有非农就业经历、风险倾向、养殖年限、养殖规模、养殖收入占家庭总收入比重、政府补贴、规制政策供给、技术采纳预期收益、区域经济发展水平、水产养殖环境影响认知、资源环境价值认知、水产养殖污染可控程度认知、水产生态养殖技术模式认知。

在以上影响因素中，养殖规模是深层根源因素；非农就业经历、养殖年限、养殖收入占家庭总收入比重、政府补贴、规制政策供给、风险倾向 6 个因素是中间间接因素；水产养殖污染程度认知、资源环境价值认知、水产养殖污染可控程度认知、水产生态养殖技术模式认知、技术采纳预期收益、区域经济发展水平 6 个因素是表层直接因素。

第 7 章　农户水产生态养殖技术采纳意愿与行为的一致性及其差异

当农户表达了水产生态养殖技术采纳意愿后，经过一段较长时间（1～2年）之后，其意愿是否转化为了现实行为？这一过程受到哪些关键因素的影响？采纳意愿与采纳行为影响因素的差异性体现在哪里？各影响因素的贡献率如何？在对农户水产生态养殖技术采纳意愿、采纳行为及其影响因素进行研究的基础上，本章利用两阶段调查数据，拟从农户个体特征、家庭资源禀赋、养殖特征、政策和认知等方面，运用二元 Logistic 模型识别影响农户水产生态养殖技术采纳意愿与现实行为一致性的显著因素，运用增强回归树模型量化各影响因素对农户自述偏好、现实选择的相对重要性及其边际效应，以期为更准确地用意愿预测行为以及提升农户水产生态养殖技术采纳程度提供理论依据和实证参考。

7.1　问题的提出

农业绿色发展是全面实施乡村振兴战略和推动生态文明建设的重要内容。当下，为破解日益严峻的农业资源约束难题、满足消费者对优质农产品的需求偏好、保障国家粮食安全，转变农业发展方式、促进生态生产已成为各界共识。受国家与市场的双重驱动，我国已成为世界上最大的水产养殖国，养殖水产品总产量从 1978 年的 233 万吨增至 2020 年的 5 224.2 万吨，占全国水产品总产量的 79.77%。水产养殖在增加农民收入、繁荣农村经济、保证粮食安全等方面发挥着重要作用，但养殖过程中产生的大量污水未经妥善处理随意排放造成我国农业生态环境面临严峻挑战，也给食品安全、居民健康带来了严重威胁。摒弃水产养殖产业粗放发展方式、加快渔业绿色发展、推进渔业供给侧结构性改革已成为我国水产养殖产业发展亟待解决的重要问题。

近年来，农业技术农户采纳行为已成为农业经济领域微观研究的热点问题。传统观点认为，意愿对行为有直接决定作用，意愿的提升必然带来合理的期望行为（Ajzen I，1988；Ajzen I，1991），意愿与行为之间有显著的正向关系（宾幕容等，2017；黄炎忠等，2019）。随着研究的深入，学者们发现，在诸多产业领域，农户对生态农业技术表达了较高的采纳意愿，但采纳行为普遍较低（余威震，2017；畅倩，2021；石志恒，2022）。这种现象成为现阶段困扰农村农业生态发展的关键所在（王舒娟，2014）。要提高反映个体自述偏好数据的可利用性，研究其与反映个体现实选择的数据之间的一致性和可比性是有价值的（韩青，2011）。在水产养殖产业领域，农户水产生态养殖技术采纳意愿与采纳行为如何？只有当农户水产生态养殖技术采纳意愿与行为一致时，意愿才能成为行为的有效预测指标，现有文献对此尚未提及。当农户表达了采纳水产生态养殖技术意愿后，经过一段时间（1～2年）之后，其意愿是否转化为了现实行为？这一过程受到哪些关键因素的影响？采纳意愿与采纳行为影响因素的差异性体现在哪里？各影响因素的贡献率及其边际效应如何？本章试图对以上问题进行解答。

7.2　文献回顾与理论分析

7.2.1　文献回顾

在农村农业生态农业（技术）领域，农户采纳意愿与采纳行为的研究一直是微观领域的热点问题。现有研究中，基于研究视角、关注技术领域以及所处时代发展环境差异，众多学者从农户微观层面探究农业生产方式的生态转型升级。与其他产业领域相同，农户生态生产行为或生态农业技术采纳意愿与采纳行为的相关关系，引起了学者们的广泛关注，研究对象主要涉及农户生态生产（石志恒等，2021；畅倩等，2021，龚继红等，2019；郭清卉等，2021；罗岚等，2020；李福夺等，2021）、绿色农业技术采纳（石志恒等，2022；黄炎忠等，2019；付新红等，2010）以及农业环境保护（李昊等，2018；王舒娟等，2014；张童朝等，2019；赵俊伟等，2019）等领域。由于依据的理论基础、研究对象、研究方法的不同，研究结果存在差异，研究结论主要包括以下两方面：①农户采纳意愿与采纳行为具有一致性。如傅新红等（2010）研究发现，愿意购买生物农药的农户中有 98.77％的农户有过实际购买行为，农户生物农药的购买意愿和购买行为具有一致性。②农户采纳意愿与采纳行为相悖离。研究发现，我国农户对生态农业行为（技术）保持较高的采纳意愿，但其采纳行为普遍偏低，农户生态农业行为（技术）采纳意愿向采纳行为转化存在障碍（李昊，2018；畅倩，2021），悖离现象普遍。影响农户生态生产或生态农业技术采纳意愿与行为悖离的因素主要涉及宏观政策层面和农户微观层面。在宏观层面，社会规范（郭清卉，2021；石志恒，2021）、社会风气（罗岚，2020）、技术环境（黄炎忠，2019）、政府补贴（黄炎忠，2019）、环境监管（石志恒，2022）、政策宣传（黄炎忠，2019）、外部压力（张童朝，2019）、粪污处理相关培训（赵俊伟，2019）、农产品价值认可度（黄炎忠，2019）等是影响农户意愿与行为悖离的主要因素。微观层面的影响因素主要考虑农户的个体特征、资源禀赋的异质性（石志恒，2021）等，农户的个体特征主要包括年龄（余威震，2017）、性别（傅新红，2010；余威震，2017）、文化程度（傅新红，2010；罗岚，2020）、健康状况（李富夺，2021；郭清卉，2021）、是否兼业经营（李富夺，2021）、是否为村干部（李富夺，2021）等，资源禀赋的异质性主要涉及农业劳动力数量（黄炎忠，2019）、种植规模（余威震，2017；罗岚，2020）、是否加入合作社（龚继红，2019）等。

此外，随着研究的深入，认知与心理变量逐步纳入进来。在心理变量中，农户的行为态度（龚继红，2019；畅倩，2021）、主观规范（龚继红，2019；畅倩，2021）、感知行为控制（郭清卉，2021）、社会责任感（郭清卉，2021）、从众心理（余威震，2017）等是导致意愿与行为悖离的重要因素。在认知变量中，农业环境污染认知（郭清卉，2021）、生态环境保护意识（罗岚，2020）、农业生产资源浪费感知（罗岚，2020）、收益预期（石志恒，2022）、农户对生态环境政策与绿色生产重要性的认知（余威震，2017）、对技术易用与价值感知（石志恒，2022）及其公平性感知（李昊，2018）等亦是影响意愿与行为悖离的关键因素。值得注意的是，大多数研究认为，无论农户采纳意愿与采纳行为的相关性如何，影响意愿选择和现实选择的因素存在差异。

纵观现有研究文献，作为生态农业研究体系的重要组成部分，农户生态农业技术采纳研究仍存不足，具体表现在：①在研究内容上，现有对农户技术采纳意愿、采纳行为的相关研究，大多集中在两者的影响因素或相关关系上，如两者的一致性或悖离，鲜有学者将两者的相关关系及其差异纳入同一研究框架，且缺少多个影响因素贡献率之间的定量化计算与比较；②在微观数据选择上，已有研究中，通常采用调查潜在个体采纳意愿的方式来预测未来的实际选择，或通过询问个体主观"采纳意愿"继而观察其客观"采纳行为"的静态数据展开实证分析。实际上，个体在假设情境下的采纳意愿与他们在真实的市场环境下的选择存在着很大差异（Loomis，J.，1993）；③现有研究实证方法相对比较单一，缺乏不同方法下的对比，研究结果存在差异，研究结论信服力有待提升；④在研究对象上，相对于其他农业产业领域及生态农业技术，利用微观调研数据实证探究水产生态养殖技术农户采纳这一特定领域的针对性、系统性研究稀少。基于此，本章以水产生态养殖技术农户采纳为研究对象，基于环南海地区两阶段调查数据，运用二元 Logistic 模型识别影响农户水产生态养殖技术采纳意愿与采纳行为一致性的显著因素，进而运用增强回归树模型量化各影响因素对农户采纳意愿、采纳行为两者的相对重要性及其边际效应，试图解释采纳意愿与采纳行为不一致的原因，以期为更准确地用采纳意愿预测现实选择以及提升农户水产生态养殖技术采纳程度提供理论依据和实证参考。

7.2.2　理论分析

农户是农村最基本和最重要的经济成分，是农业生产的生产者和决策者，其行为直接左右农业生产的变动（张林秀，1996）。理论上，无论是经典经济学中个体追求效用最大化的假设，抑或信息不完全下个体对帕累托次优的选择，都意味着农户在寻求效用的帕累托改进（李昊，2018）。在这一过程中，农户的决策受到农户资金、劳动力和技术等资源的限制，是农户目标、农户能力与外部因素的函数（陈和午，2004；张林秀等，1996）。具体来看，农户的决策与其追求的目标相关，基于自身资源禀赋、市场交易能力的不同，并考虑外部社会规范、经济环境等，在综合权衡之后做出决策（Signh et al.，1986；成卫民，2007）。即农户生产行为的选择受到农户收入、生产效益、生态理性以及社会规范的共同约束，直接影响了生态可持续发展目标的实现。农户作为水产生态养殖技术采纳的行动主体，其决策是在各种制度的约束或激励下做出的选择，不仅包括个体和养殖因素、经济因素，还包括政策安排等社会因素。

研究表明，农户生态农业技术采纳行为与其个体特征密切相关，这些个体特征主要包括受教育程度、政治身份、外出务工经历等。教育具有外溢作用，能够促进技术环境的改善（Lucas R，1988），且私人回报率会随着受教育程度的提高而逐步提升（Psacharopoulos G et al.，2004）。农户文化水平越高，对水产生态养殖技术采纳所带来的生态效益和经济效益认知越深，采纳意愿向采纳行为转化的可能性越大；研究发现，农户政治身份对绿色农业生产技术具有较强的引领效应（薛彩霞，2022）。通常，党员和村干部拥有比普通农户更广泛的人际关系和信息渠道，对国家生态农业发展政策更了解，水产生态养殖技术采纳意愿与采纳行为一致性的概率也更高；外出务工等非农就业经历有助于农户拓展自身信息渠道（张蕾等，2009），带来间接行为能力的提升，使其拥有比纯务农农户更广泛的关系网络，对水产养殖环境影响认知更深。

农业技术采纳行为是对关键经济变量变动的一种内生反应（速水佑次郎，2010）。农业生产最基本的投入要素是耕地、淡水等资源（于法稳，2022），水产养殖必然受到养殖面积这一物质资源变化的影响。养殖规模从生态养殖"规模效益"与环境破坏"规模效应"两方面影响农户采纳意愿与采纳行为的一致性。养殖水面越大，生态养殖规模效益越大，越有动力采纳生态养殖技术模式，养殖废水随意排放使自身遭受疫病的风险增大，废水集中排放对环境破坏形成"规模效应"，受政府与乡邻关注的程度更高，为了减少损失、规避处罚和改善邻里关系，农户水产生态养殖技术采纳意愿向采纳行为转化的概率更高；非农收入对农户生态农业技术采纳存在抑制效应（速水佑次郎，2000）。养殖收入占家庭总收入的比重越高，家庭收入对水产养殖依赖性更强，养殖专业化程度越高，为减少风险，农户采纳水产生态养殖技术的概率也更高；产业经济组织能够通过共同销售、分享信息等手段降低单个农户面临的生产风险和销售风险（Wang et al.，2011）。水产养殖所具有的产业特征，使得生态养殖技术设施的投入具有较高的资产专用性，农户对交易对象的依赖性也相对较强，参加合作社或养殖协会，可以稳定交易对象，降低风险，减少"要挟"问题。

农户的生产除受农户本身的资源限制（劳动力和资本）外，还受社会经济环境和政府政策干预（张林秀，1996）。资源环境具有公共物品属性，水产养殖污染具有负的外部性，增加了社会成本。政府补贴稀薄了农户采纳水产生态养殖技术导致的投入成本的增加，实现污染控制的成本共担，在一定程度上扩大了农户的利益空间，有利于形成较为稳定的收益预期，对农户采纳意愿与采纳行为一致性具有促进作用；参与培训通过学习效应和外溢效应影响农户采纳生态农业技术的行为决策（崔民，2021）；技术培训有利于增强农户对水产生态养殖技术认知的深度和广度，提高农户的技术应用能力，进而提高采纳意愿与采纳行为一致性的概率；促进养殖户无害化处置污染物，监管与处罚型政策是最为直接的政策（吴林海等，2017）。政府的环境管制或行为规制对农户水产养殖污染的负外部性具有一定的遏止作用。

农户是典型的理性经济人，技术的不经济因素会阻碍技术扩散进程（石志恒，2022）。从经济理性角度来看，农户水产生态养殖技术采纳意愿与采纳行为出现悖离是当期经济利益与长期生态利益之间矛盾的微观体现。经济收益预期较高的农户，采纳行为的驱动力越强，技术采纳意愿与采纳行为一致性越高。已有研究表明，信贷约束限制了农户的投资水平，是影响技术采纳的关键因素（Binswanger et al.，1983），信贷能力越强的农户，受流动性的约束越小，技术采纳意愿与采纳行为一致性的资金供给越有保障；家庭在医疗健康、子女教育、建购房等方面的重大开支与农户水产生态养殖技术采纳投入存在互竞关系，可能导致农户在水产生态养殖技术采纳上投资不足，也是影响农户采纳意愿与采纳行为一致性的重要因素。

认知是行为的基础，涉及个体如何主动创造自己的行动，直接影响行为主体的行为意愿和决策（Notani A S，1998）。认知的提升往往导致合理的期望行为，认知的不同可能会导致技术选择偏向的异质性（余威震，2017）。农户对资源环境价值、水产养殖环境影响程度以及水产生态养殖技术的认知程度越深，感知水产养殖污染可控程度越高，其水产生态养殖技术采纳意愿与采纳行为一致性的概率越高。

7.3 数据、指标说明与模型构建

7.3.1 数据来源

数据主要通过对环南海地区进行抽样调查来获得。通过选取环南海地区不同地域不同养殖类型的水产养殖农户进行随机抽样调查获取数据，并对个别农户进行深度访谈以弥补信息的遗漏。

为了达成研究目标，本研究的抽样调查分两阶段进行。第一次调查时间为 2020 年 9—12 月份，调查内容主要是农户个体特征、养殖特征、认知特征和不同地区农户对水产生态养殖技术采纳的现状与偏好。由于农户面临的养殖环境在短期内发生变化的可能性较小，生态技术采纳也需要长期才能看出采纳效果，故第二次抽样调查在 2022 年 6—10 月进行。第二次调查的样本与第一次调查的样本基本相同，重点考察在第一次调查时没有采纳水产生态养殖技术但表达了采纳意愿的农户。

第一次调查共发放问卷 1 200 份，剔除信息不完整和信息明显错误的问卷后，共获得有效问卷 1 087 份，其中已经采纳水产生态养殖技术的农户为 357 个，未采纳但表达了意愿的农户为 558 个，占无采纳行为总量的 76.44%，172 个农户不愿意采纳水产生态养殖技术。第二次调查重点为第一次调查中未采纳但表达了采纳意愿的 558 个水产养殖农户，调查方式主要为现场访谈或电话访谈。调查结果显示，未采纳但表达了采纳意愿的 558 个水产养殖农户中，已采纳水产生态养殖技术的农户为 208 个，占比 37.28%，无采纳行为的为 350 个，占采纳意愿总体的 62.72%。以上结果表明，当前农户水产生态养殖技术采纳的采纳意愿与采纳行为一致性比例较低，超六成农户采纳意愿与采纳行为存在悖离。

7.3.2 变量说明与描述

（1）因变量

2020 年，农业农村部发布《生态健康养殖模式推广行动方案》，在全国开展水产生态健康养殖技术模式示范。该行动方案列举了当前实践中普遍采用的水产生态养殖技术模式。依据该行动方案，本研究中的水产生态养殖技术即为方案列举的池塘工程化循环水养殖技术模式、稻渔综合种养技术模式等；本研究中因变量"农户水产生态养殖技术采纳意愿与采纳行为一致性"即为农户采纳上述生态养殖技术意愿与行为的一致性。

（2）自变量

依据前文分析，本章引入了 5 类影响农户水产生态养殖技术采纳意愿与采纳行为一致性的自变量，具体变量界定及描述性统计分析见表 7 - 1。

表 7 - 1　变量及描述性统计分析

变量	变量界定	均值	标准差
因变量			
农户水产生态养殖技术采纳意愿与采纳行为一致性（Y）	不一致＝0，一致＝1	0.37	0.484
自变量			
个体因素			
受教育程度（χ_1）	小学及以下＝1，初中＝2，高中或中专＝3，大专＝4，大专以上＝5	2.58	0.783
政治身份（χ_2）	普通农户＝0，党员或村干部＝1	0.22	0.416
外出务工经历（χ_3）	无＝0，有＝1	0.67	0.487
经济因素			
技术采纳预期收益（χ_4）	亏本较多＝1，有一定程度亏本＝2，基本收回成本＝3，有一定收益＝4，收益较好＝5	2.30	0.849
融资能力（χ_5）	很难获得＝1，不容易获得＝2，一般＝3，容易获得＝4	2.77	0.862
近期家庭重大支出（χ_6）	无＝0，有＝1	0.52	0.500
养殖特征			
养殖规模（χ_7）	散养＝1，小规模＝2，中规模＝3，大规模＝4*	1.84	1.040
养殖收入占家庭总收入的比重（χ_8）	10% 以下＝1，10%～50%＝2，50%～80%＝3，80%以上＝4	1.78	0.911
产业组织参与情况（χ_9）	无＝0，有＝1	0.21	0.410

（续）

变量	变量界定	均值	标准差
认知因素			
资源环境价值认知（χ_{10}）	完全不了解＝1，不了解＝2，一般了解＝3，比较了解＝4，非常了解＝5	3.34	0.913
水产生态养殖技术认知（χ_{11}）	完全不了解＝1，了解1种＝2，了解2～3种＝3，了解4种及以上＝4	2.65	0.745
水产养殖环境影响认知（χ_{12}）	完全不了解＝1，不了解＝2，一般了解＝3，比较了解＝4，非常了解＝5	3.14	0.876
制度因素			
政府补贴（χ_{13}）	无＝0，有＝1	0.14	0.343
技术培训（χ_{14}）	无＝0，有＝1	0.40	0.491
环境规制（χ_{15}）	无＝0，有＝1	0.05	0.222

注：＊借鉴胡浩（2009）研究文献，依据海南省《水产养殖规模化认定标准》、广西壮族自治区《关于进一步加强和规范全区规模水产养殖场绿色发展监督管理工作的通知》等文件精神，结合调研情况，分别按海水养殖、淡水养殖的面积划分养殖规模。

7.3.3　模型构建

（1）二元 Logistic 模型

本章运用二元 Logistic 模型识别影响农户水产生态养殖技术采纳意愿与采纳行为一致性的显著因素。被解释变量农户水产生态养殖技术采纳意愿与采纳行为是否一致虽受复杂因素的影响，但最终结果只有"不一致"和"一致"两种情况，为二元选择变量。二元 Logistic 回归分析通常用来估计分类因变量和一系列连续自变量或分类自变量之间的非线性关系，在实证研究中广泛使用。因此，本章采用二元 Logistic 模型进行估计，模型的函数形式为：

$$P_i = F(y=1 \mid \chi_\kappa) = \frac{\exp^{(a+\beta_1\chi_1+\beta_2\chi_2+\cdots+\beta_\kappa\chi_\kappa)}}{1+\exp^{(a+\beta_1\chi_1+\beta_2\chi_2+\cdots+\beta_\kappa\chi_\kappa)}}$$

式中，y 表示农户水产生态养殖技术采纳意愿与采纳行为一致性，$y=1$ 表示农户采纳意愿与采纳行为一致，$y=0$ 表示农户采纳意愿与采纳行为不一致，P_i 表示农户 i 采纳意愿与采纳行为一致性的概率，α 表示常数项，χ_κ 表示第 κ 个影响农户水产生态养殖技术采纳意愿与采纳行为一致性的自变量，κ 为自变量的个数，β_κ 是自变量 χ_κ 的回归系数。农户水产生态养殖技术采纳意愿与采纳行为一致的概率与不一致的概率的比值 $P_i/(1-P_i)$ 为事件发生比，对其取自然对数，得到 Logistic 回归模型的线性表达式为：

$$\ln\left(\frac{P_i}{1-P_i}\right)=\alpha+\beta_1\chi_1+\beta_2\chi_2+\cdots+\beta_\kappa\chi_\kappa$$

（2）增强回归树模型

本章运用增强回归树模型（Boosted Regression Trees，BRT）量化各影响因素对农户采纳意愿、采纳行为的相对重要性及其边际效应。BRT 模型是基于分类回归树算法的一种自学习方法。该模型通过回归树拟合一组单模型，并使用增强算法组合回归树的输出以计算总体预测值，其核心是每一棵树是从之前所有树的残差中学习的，利用残差梯度来优化回归树的集成过程。该方法是两大算法的组合：回归树算法和 Boosting 算法，前者通过递归将数据集切分成许多组易建模的数据，再利用线性回归方法建模；后者基于训练数据生成的多个简单模型，通过构造一个预测函数系列，以一定的方式将其组合成一个预测函数，用以提高弱分类算法的准确度。BRT 结合以上两大算法的优点，不需要考虑自变量之间的交互作用，可量化各自变量对因变量的影响程度（相对重要性）以及与目标变量之间的非线性关系（局部依赖图），能够很好地提高模型的稳定性和精度。

BRT 模型通过多次迭代随机从训练样本中抽取一定比例（一般≥50%）的样本用于建模，分析自变量对因变量的影响程度，剩余数据对拟合结果进行交叉检验，最后对生成的全部分类回归树取均值并输出。依据其运算规律，基本模型为：

$$F_m(X^j)\Leftarrow F_{m-1}(X^j)+f_m(X^j)$$

式中，F_m 是最终模型，X^j 为变量。

7.4　农户水产生态养殖技术采纳意愿与采纳行为一致性分析

在农户个体特征因素中，从农户受教育程度状况来看，受教育程度在大专及以上的农户，水产生态养殖技术采纳意愿与采纳行为一致的样本比例均值为 61.74%，远高于其他受教育程度农户的比例；从农户的政治身份来看，党员或村干部农户水产生态养殖技术采纳意愿与采纳行为一致的样本所占比例高于不是党员或村干部农户样本的比例近 2 倍；外出务工经历与农户政治身份的情况接近（表 7-2）。

表 7-2　农户水产生态养殖技术采纳意愿与采纳行为一致性个体特征描述结果

变量	特征	有采纳意愿的样本		采纳意愿与采纳行为不一致的样本		采纳意愿与采纳行为一致的样本	
		人数	比例（%）	人数	比例（%）	人数	比例（%）
受教育程度	小学及以下	23	4.12	14	60.87	9	39.13
	初中	258	46.24	185	71.71	73	28.29
	高中或中专	215	38.53	130	60.47	85	39.53
	大专	53	9.50	17	32.08	36	67.92
	大专以上	9	1.61	4	44.44	5	55.56
政治身份	普通农户	434	77.78	297	68.43	137	31.57
	党员或村干部	124	22.22	53	42.74	71	57.26
外出务工经历	无	189	33.87	143	75.66	46	24.34
	有	369	66.13	207	56.10	162	43.90
样本量		558		350		208	

在养殖特征中，从养殖规模来看，中规模、大规模养殖农户样本水产生态养殖技术采纳意愿与采纳行为一致的农户比例均非常高，分别达到了 77.31% 和 89.58%，而散养农户水产生态养殖技术采纳意愿与采纳行为一致的农户比例仅为 11.44%；从养殖收入占家庭总收入比重情况来看，养殖收入占比在 50%~80%、80% 以上的样本农户中，水产生态养殖技术采纳意愿与采纳行为一致的农户比例分别达到了 76.71% 和 78.38%，而养殖收入占家庭总收入比例在 10% 以下的农户，其水产生态养殖技术采纳意愿与采纳行为一致的农户比例最低，为 12.68%；从农户参与产业化组织的情况来看，参与了产业化组织的农户水产生态养殖技术采纳意愿与采纳行为一致的样本比例是没有参与产业化组织的近 3 倍（表 7-3）。

表 7 - 3　农户水产生态养殖技术采纳意愿与采纳

行为一致性养殖特征描述结果

变量	特征	有采纳意愿的样本		采纳意愿与采纳行为不一致的样本		采纳意愿与采纳行为一致的样本	
		人数	比例（%）	人数	比例（%）	人数	比例（%）
养殖规模	散养	306	54.84	271	88.56	35	11.44
	小规模	85	15.23	47	55.29	38	44.71
	中规模	119	21.33	27	22.69	92	77.31
	大规模	48	8.60	5	10.42	43	89.58
养殖收入占家庭总收入的比重	10%以下	268	48.03	234	87.31	34	12.68
	10%~50%	180	32.26	91	50.56	89	49.44
	50%~80%	73	13.08	17	23.29	56	76.71
	80%以上	37	6.63	8	21.62	29	78.38
产业组织参与情况	无	439	78.67	322	73.35	117	26.65
	有	119	21.33	28	23.53	91	76.47
样本量		558		350		208	

在经济因素中，对于技术采纳预期收益，持"基本收回成本"、"有一定收益"、"有较好收益"观点的样本农户水产生态养殖技术采纳意愿与采纳行为一致的比例均较高，分别达到 58.33%、48.89%、57.14%，显著高于持"亏本较多"、"有一定程度亏损"观点的养殖农户；从近期家庭重大支出来看，在医疗健康、子女教育、建购房等方面存在重大开支的农户，其水产生态养殖技术采纳意愿与采纳行为一致的比例为 46.23%，远高于没有重大支出的样本农户比重。这与前文的预期不符，有待进一步考究。融资能力对农户水产生态养殖技术采纳意愿与采纳行为一致的影响起伏比较大，呈"两头大中间小"趋势，持"容易获得"观点的农户水产生态养殖技术采纳意愿与采纳行为一致性最高为 65.19%（表 7 - 4）。

在认知因素中，从农户对资源环境价值认知情况来看，"非常了解"的农户水产生态养殖技术采纳意愿与采纳行为一致的样本比例最高为41.86%，是"完全不了解"的样本农户比例的 4 倍多；从农户对水产生态养殖技术认知情况来看，"了解 4 种及以上"的农户水产生态养殖技术采纳意愿与采纳行为一致的样本比例为 62.16%，远高于其他农户；对于水产养殖环境影响认知，"比较了解"、"非常了解"的样本农户占比为 55.73%、89.74%。从以上数据可知，农户的认知水平越高，其水产生态养殖技术采纳意愿与采纳行为一致性越高（表 7-5）。

表 7-4　农户水产生态养殖技术采纳意愿与采纳行为
一致性经济特征描述结果

变量	特征	有采纳意愿的样本		采纳意愿与采纳行为不一致的样本		采纳意愿与采纳行为一致的样本	
		人数	比例（%）	人数	比例（%）	人数	比例（%）
近期家庭重大支出	无	266	47.67	193	72.56	73	27.44
	有	292	52.33	157	53.76	135	46.23
技术采纳预期收益	亏本较多	76	13.62	60	78.95	16	21.05
	有一定程度亏损	298	53.41	209	70.13	89	29.87
	基本收回成本	132	23.66	55	41.67	77	58.33
	有一定收益	45	8.06	23	51.11	22	48.89
	有较好收益	7	1.25	3	42.86	4	57.14
融资能力	很难获得	23	4.12	11	47.83	12	52.17
	不容易获得	215	38.54	155	72.09	60	27.91
	一般	185	33.15	137	74.05	48	25.95
	容易获得	135	24.19	47	34.81	88	65.19
样本量		558		350		208	

表 7-5　农户水产生态养殖技术采纳意愿与采纳行为一致性认知特征描述结果

变量	特征	有采纳意愿的样本		采纳意愿与采纳行为不一致的样本		采纳意愿与采纳行为一致的样本	
		人数	比例（%）	人数	比例（%）	人数	比例（%）
资源环境价值认知	完全不了解	30	5.38	27	90.00	3	10.00
	不了解	36	6.45	21	58.33	15	41.67
	一般了解	247	44.27	149	60.32	98	39.68
	比较了解	202	36.20	128	63.37	74	36.63
	非常了解	43	7.70	25	58.14	18	41.86
水产生态养殖技术认知	完全不了解	54	9.68	32	59.26	22	40.74
	了解 1 种	124	22.22	78	62.90	46	37.10
	了解 2~3 种	343	61.47	226	65.89	117	34.11
	了解 4 种及以上	37	6.63	14	37.84	23	62.16

（续）

变量	特征	有采纳意愿的样本		采纳意愿与采纳行为不一致的样本		采纳意愿与采纳行为一致的样本	
		人数	比例（%）	人数	比例（%）	人数	比例（%）
水产养殖环境影响认知	完全不了解	10	1.79	2	20.00	8	80.00
	不了解	111	19.89	81	72.97	30	27.03
	一般了解	267	47.85	205	76.78	62	23.22
	比较了解	131	23.48	58	44.27	73	55.73
	非常了解	39	6.99	4	10.26	35	89.74
样本量		558		350		208	

在政策因素中，从政府补贴情况来看，接受过政府补贴的农户，水产生态养殖技术采纳意愿与采纳行为一致的比例为 88.16%，远高于没有接受过的比例。农户参与技术培训与否与其水产生态养殖技术采纳意愿与采纳行为一致的比例基本持平；环境规制与政府补贴的样本结构基本接近（表 7-6）。

表 7-6　农户水产生态养殖技术采纳意愿与采纳行为一致性政策特征描述结果

变量	特征	有采纳意愿的样本		采纳意愿与采纳行为不一致的样本		采纳意愿与采纳行为一致的样本	
		人数	比例（%）	人数	比例（%）	人数	比例（%）
政府补贴	无	482	86.38	341	70.75	141	29.25
	有	76	13.62	9	11.84	67	88.16
技术培训	无	335	60.04	248	70.86	87	41.83
	有	223	39.96	102	29.14	121	58.17
环境规制	无	529	94.80	346	65.41	183	34.59
	有	29	5.20	4	13.79	25	86.21
样本量		558		350		208	

7.5　实证分析

7.5.1　Logistic 回归分析

本章利用 SPSS 25.0 软件，运用 Wald 向后逐步法估计农户水产生态养殖技术采纳意愿与采纳行为一致性影响因素的 Logistic 模型。在该逐步回归模型中，首先考虑全部解释变量对因变量的影响情况，得到模型 I，然后逐步剔除与因变量相关性较小的解释变量，经历 6 次回归分析后得到模型 II。Hosmer & Lemeshow 拟合优度得到检验 ρ 值为 0.639，模型拟合较好。模型估计结果如表 7-7 所示。

表 7-7　Logistic 模型回归结果

自变量	模型 I			模型 II		
	B	Wals	Sig.	B	Wals	Sig.
受教育程度	0.170	0.983	0.321			
政治身份	0.763**	6.485	0.011	0.868*	9.053	0.003
外出务农经历	0.424	2.191	0.139			
养殖规模	0.817*	16.817	0.000	1.134*	62.373	0.000
养殖收入占家庭总收入比重	0.533*	10.236	0.001	0.527*	10.732	0.001
产业组织参与情况	0.419	1.606	0.205			
融资能力	0.143	0.841	0.359			
近几年家庭主要支出	0.410	2.375	0.123			
技术采纳预期收益	0.461*	9.065	0.003	0.414*	8.139	0.004
政府补贴	0.757	2.311	0.128			
技术培训	0.207	0.427	0.513			
环境规制	0.795**	3.857	0.050	1.375**	4.470	0.035
资源环境价值认知	0.083	0.301	0.583			
水产生态养殖技术认知	0.436*	6.745	0.009	0.461*	8.112	0.004
水产养殖环境影响认知	0.444*	9.429	0.002	0.446*	10.187	0.001
常量	−9.088	61.257	0.000	−8.417	85.342	0.000

注：*、** 分别表示系数值在 1%、5% 水平上显著。

模型 I 和模型 II 的分析结果接近，本章以模型 I 展开分析。计量结果显示，农户水产生态养殖技术采纳意愿与采纳行为一致性主要受以下因素影响：

（1）政治身份

从模型的估计结果来看，是否为党员和村干部通过了 5% 的统计水平显著性检验，且系数为正，表明担任村干部和为党员的农户，其水产生态养殖技术采纳意愿与采纳行为一致性的概率更大。主要原因在于，在乡村振兴国家战略背景下，农户的政治身份带来的身份感、责任感和使命感，促使其更加积极主动响应国家号召，起到先锋模范带头作用。这一结论的政策启示是，在生态农业技术推广过程中，可以政治身份的行为规范为导向，并辅之以技术培训和技术指导以确保党员、村干部采纳生态技术达到预期效果，通过传、帮、带等方式发挥党员、村干部的引领作用和示范效应。

（2）养殖规模与养殖收入占家庭总收入的比重

从模型估计的结果可知，养殖规模与养殖收入占家庭总收入的比重通过了 1% 的统计水平显著性检验且系数为正，表明养殖规模越大，养殖收入占家庭总收入的比重越高，农户水产生态养殖技术采纳意愿与采纳行为一致性的概率越高。主要原因在于，养殖规模越大，养殖收入占比越高，越能够享受到水产生态养殖技术采纳带来的经济效益和生态效益，其水产生态养殖技术采纳意愿与采纳行为一致性的可能性就越大。这一结论的政策启示是，政府在实施水产生态养殖相关政策措施的同时，可结合当地生态情况，适度提高水产规模养殖水平，进而引导农户生态养殖技术采纳意愿向行为的转化。

（3）技术采纳预期收益

从模型估计的结果可知，技术采纳预期收益通过了 1% 的统计水平显著性检验且系数为正，表明技术采纳预期收益越高，农户水产生态养殖技术采纳意愿与采纳行为一致性的概率越高。可能的原因是，技术采纳预期收益会促使农户采纳水产生态养殖技术，改善养殖环境，提高水产品品质。这一结论的政策启示是，政府应完善生态农产品优质优价，以确保其采纳行为达到预期收益效果，诱导农户采纳意愿向采纳行为的转化。

（4）水产生态养殖技术认知和水产养殖环境影响认知

从模型估计的结果来看，水产生态养殖技术认知和水产养殖环境影响认知均通过了 1% 的统计水平显著性检验且系数为正，表明农户认知程度越高，其水产生态养殖技术采纳意愿与采纳行为一致性的概率越高。主要原因在于，农户对水产养殖对环境影响认知越深，对水产生态养殖技术的功能和价值越了解，就越能认识到采纳生态养殖技术的重要性，就越倾向于采用生态养殖技术，从而农户水产生态养殖技术采纳意愿与采纳行为一致性的可能性越大。这一结论的政策启示是，政府可通过政策支持和科学引导，使养殖农户树立科学养殖、生态养殖的观念，并不断提升其对生态环境的认知水平。

（5）环境规制

该变量通过了5%的统计水平显著性检验，表明政府的环境规制政策供给对农户水产生态养殖技术采纳意愿与采纳行为一致性具有促进作用。环境规制政策属于命令强制型政策工具，在政府环境规制政策的影响下，将水产养殖废水直接排入环境可能会受到一定的处罚，对水产养殖农户具有较强的约束力。这一结论的政策启示是，政府可在明确界定规模化水产养殖类型的基础上，完善法律责任体系，细化综合防治相关规范，实施水产养殖全过程防治。

7.5.2　增强回归树模型分析

调用 Elith 等编写的 gbm BRT R 程序包及由此扩展的空间尺度上 BRT 分析软件程序进行增强回归树分析，设置模型参数抽样率为 0.5，学习率为 0.005，决策树复杂性为 3，进行交叉验证，最终 BRT 模型经过 1 860 次迭代运算达到最优，模型性能结果为 0.416，平均总偏差 0.825，平均残差 0.257，增强回归树模型各影响因素的相对重要性及其与采纳意愿、采纳行为之间的非线性关系如图 7-1、图 7-2、图 7-3 所示。

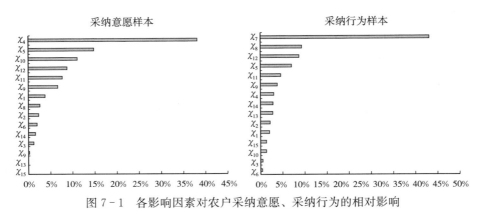

图 7-1　各影响因素对农户采纳意愿、采纳行为的相对影响

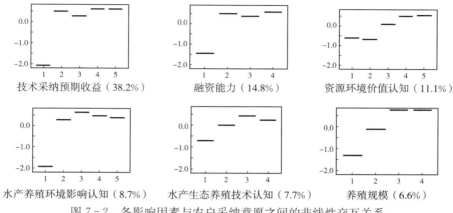

图 7-2　各影响因素与农户采纳意愿之间的非线性交互关系

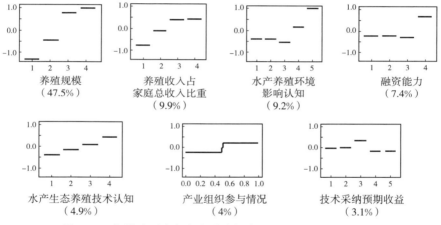

图 7-3　各影响因素与农户采纳行为之间的非线性交互关系

（1）相对重要性分析

由 BRT 模型得到各影响因素的相对影响，即各影响因素的贡献率（图 7-1）。分析结果显示，农户水产生态养殖技术采纳意愿影响最重要的因素是技术采纳预期收益，贡献率为 38.2%，其次依次为融资能力、资源环境价值认知、水产养殖环境影响认知、水产生态养殖技术认知、养殖规模，其相对影响贡献率分别为 14.8%、11.1%、8.7%、7.7%、6.6%，以上重要因素对采纳意愿的影响累计达到 87.1%。其中，经济因素累计贡献率为 53%，认知因素累计贡献率为 27.5%。这表明，我国水产养殖农户一定程度上具有"生态经济人"属性，既有关注农业生产效益的经济理性，又有重视生态价值的生态理性。这与姚柳杨（2016）、张朝辉（2019）的研究结论一致。经济理性是农户水产生态养殖技术采纳的本能逻辑，农户心理决策受技术预期收益最大化目标的影响强烈；生态理性逻辑在一定程度上诱发农户技术采纳意愿，农户在资源环境价值认知、水产养殖环境影响认知、水产生态养殖技术认知等方面给农户带来的潜在效益是农户心理意愿表达的动力，效益越明显，意愿表达概率就越高。根据成长动机理论，生态理性建立需要一定的经济基础（Defrancesco E et al.，2008）。因此，较高的技术采纳预期收益和较强的融资水平，能显著提高农户的采纳意愿。

农户水产生态养殖技术采纳行为的最大贡献因素为养殖规模，贡献率为47.5%，其次依次为养殖收入占家庭总收入比重、水产养殖环境影响认知、融资能力、水产生态养殖技术认知、产业组织参与情况以及技术采纳预期收益，其相对影响贡献率分别为9.9%、9.2%、7.4%、4.9%、4%、3.1%，以上因素对农户采纳行为的影响累计达到86%，涉及养殖特征、认知因素、经济因素三个维度，以上维度累计贡献率分别为61.4%、14.1%、10.5%。这表明，农户的采纳行为受到农户资金、生产效益、生态理性的共同约束，也印证了我国现阶段有关发展农业适度规模经营、提高标准化专业化程度的政策将同时有利于农村生态环境的改善。养殖规模、养殖收入占家庭总收入的比重、产业组织参与情况一定程度上反映了养殖的专业化程度，专业化程度越高，生态养殖"规模效益"越明显，传统养殖的环境破坏"规模效应"越突出，产业组织的"集聚效应"越容易显现，农户的采纳意愿向采纳行为转化的概率越高。经济收益与环境收益预期均对行为选择产生了显著影响。受制于资源禀赋的约束，农户生产要素分配效率低的情况比较少见，生态技术要素若能保证更多的经济收益，农户将会毫不犹豫地将其投入农业生产中。根据马斯洛需求层次理论，随着农村快速发展和社会福利水平的提升，农户会关心更高层次的环境问题，良好的生态环境逐步成为农户利益诉求的重要内容，环境收益预期也成为农户行为选择的重要影响因素。此外，农户控制养殖污染需要一定的投入，资金问题一直是制约我国养殖污染防治的瓶颈，这与很多农业产业领域的情况一致。

（2）非线性交互关系分析

各影响因素与农户水产生态养殖技术采纳意愿、采纳行为之间的关系呈非线性。图 7-2、图 7-3 为累计贡献率大于 85% 的影响因素局部依赖图，表示随着影响因素取值的变动，其对农户采纳意愿、采纳行为影响力的变化。边际效应值大于 0 表示存在正相关关系，小于 0 为负相关关系，等于 0 表示不存在相关关系。

从影响因素与农户水产生态养殖技术采纳意愿之间的非线性关系来看（图 7-2），经济因素是决定农户采纳意愿的主导因素，技术采纳预期收益、融资能力变量对农户水产生态养殖技术采纳意愿的影响力趋势基本相同，当变量取值为 1 时，影响力为负，当变量取值大于 1 时，影响力为正。水产生态养殖技术采纳需要一定的成本投入，表明当农户对采纳技术所带来的收益预期低和融资困难时，对采纳意愿产生负向影响；当对技术采纳收益预期和信贷水平越高时，对采纳意愿的影响发生剧烈突变为正，且正向影响的程度强烈。认知因素也是影响农户采纳意愿的关键因素，当资源环境价值认知因素取值大于 2、水产养殖环境影响认知和水产生态养殖技术认知因素取值大于 1 时，边际效应值大于 0，以上三个因素与农户采纳意愿之间为正相关关系。经济因素、认知因素与农户水产生态养殖技术采纳意愿之间的非线性关系表明，我国农户在农业经营行为决策中，既存在经济理性，也存在生态理性。此外，养殖规模对农户采纳意愿影响较为显著，当变量取值为 1 时，边际效应值远小于 0，当变量取值大于 1 时，影响力为正，这与前文分析也是契合的。

在农户水产生态养殖技术采纳行为方面，累计贡献率大于 85% 的影响因素涉及养殖特征、经济特征、认知特征共 7 个因素，这些因素的局部依赖如图 7-3 所示。养殖因素是决定农户采纳行为的主导因素。养殖规模与养殖收入占家庭总收入比重的影响力变化趋势比较接近，其特征是：散养和小规模农户或养殖收入占家庭总收入比重在 50% 以下时对农户采纳行为产生消极影响；当养殖规模上升到中等规模及以上或养殖收入占比达到 50% 以上时，与农户采纳行为形成稳定的正向相关关系。认知因素是影响农户采纳行为的第二大特征因素。水产养殖环境影响认知影响力变化特征是：当农户对水产养殖环境影响"比较了解"时，对采纳行为产生正向影响，当农户对水产养殖环境影响"非常了解"时，对采纳行为的正向影响程度强烈。水产生态养殖技术认知随着取值的增加，影响程度逐渐稳定增强，从负相关到正相关且稳步提升相关强度。经济因素是影响农户采纳行为的重要特征因素。融资能力影响力变化趋势与农户采纳意愿不同，只有变量取值为"容易获得"时，其与农户采纳行为才呈现正相关关系。与其他农业产业领域一样，融资难也是困扰水产养殖农户现实决策的重要影响因素。技术采纳预期收益因素相对重要性为3.1%，该变量的边际效应值处在0上下两边，与农户采纳行为存在微弱的正负相关关系。

7.5.3 进一步考量

通过多个影响因素贡献率之间的定量化计算与比较，农户采纳意愿与采纳行为的显著影响因素及相对重要性存在较大差异（表7-8）。在5类影响因素中，影响农户采纳意愿的因素主要集中为经济因素，累计贡献率为53%。养殖特征因素对农户采纳行为的累计贡献率为61.4%，也体现了养殖特征变量的重要性。这在一定程度上解释了采纳意愿与采纳行为的不一致。理性小农学派认为，作为理性经济人，农户在竞争市场机制中的决策行为完全是有理性的，在改造传统农业的过程中，农户如果预期技术要素投入能保证更多的收益，趋利的农户就会去追求更大利润（高静，2020）。因此，农户对水产生态养殖技术的经济价值和生态价值的评价是其采纳意愿产生的基础，其采纳的动机源于对利润的追逐，受预期收益最大化目标的约束。养殖规模及其专业化程度对生态养殖技术推广的显著影响已经得到了学术界的广泛认可。调研中，部分农户反馈，"生态水产品跟原来的价格差不多"。这表明，目前生态水产品市场价值认可度低，没有实现优质优价，与"预期利润最大化"目标发生冲突，一定程度上抑制了农户采纳意愿向采纳行为的转化。

基于二元Logistic模型的一致性分析和增强回归树模型的采纳行为，均表达了农户水产生态养殖技术采纳的行为响应，重要影响因素均为养殖规模、养殖收入占家庭总收入的比重和认知因素。由于分类回归树算法与计量经济模型的实现算法与数学原理存在较大差异，部分影响因素（如政治身份、环境规制）的贡献度存在较大偏差。

此外，政府补贴与技术培训变量在农户采纳意愿、采纳行为及其一致性中，均未通过显著性检验，与预期不符，也与现有大多数研究结论不一致。对于技术培训变量，可能与现阶段政府主导的培训内容有关。调研发现，样本农户接受的培训服务多为水产疫病防治与诊断，与水产生态养殖相关的技术推广服务相对较少；对于政府补贴，大多数被访农户表示，只有极少数规模养殖户才能获得，数额也不多，这也与样本农户大多为散养农户有关。

表 7-8　二元 Logistic 模型和增强回归树模型的影响因素排序

重要影响因素	变量类型	二元 Logistic 模型	增强回归树模型	
		一致性	采纳意愿	采纳行为
养殖规模	养殖特征	1	6	1
养殖收入占家庭总收入比重	养殖特征	2	—	2
技术采纳预期收益	经济特征	—	1	7
融资能力	经济特征	4	2	4
资源环境价值认知	认知特征		3	
水产养殖环境影响认知	认知特征	3	4	3
水产生态养殖技术认知	认知特征	5	5	5
政治身份	个体特征	6	—	
环境规制	政策特征	7	—	
产业组织参与情况	养殖特征	—	—	6

7.6　本章小结

本章基于环南海地区的两阶段调查数据，运用二元 Logistic 模型识别影响农户水产生态养殖技术采纳意愿与采纳行为一致性的显著因素，运用增强回归树模型量化各影响因素对农户采纳意愿、采纳行为的相对重要性及其边际效应。研究发现：①总体上，农户水产生态养殖技术采纳意愿较高，但采纳意愿与采纳行为一致性程度较低，表明较高的采纳意愿并不必然导致采纳行为的发生，农业生态生产的呼声较高但实际行动仍不足；②影响采纳意愿与采纳行为一致性的显著因素为养殖规模、养殖收入占家庭总收入比重、技术采纳预期收益、水产生态养殖技术认知、水产养殖环境影响认知、政治身份、环境规制；③影响农户水产生态养殖技术采纳意愿的重要因素依次为技术采纳预期收益、融资能力、资源环境价值认知、水产养殖环境影响认知、水产生态养殖技术认知、养殖规模，其相对影响贡献率分别为 38.2％、14.8％、11.1％、8.7％、7.7％、6.6％；④农户水产生态养殖技术采纳行为的重要影响因素依次为养殖规模、养殖收入占家庭总收入比重、水产养殖环境影响认知、融资能力、水产生态养殖技术认知、产业组织参与情况以及技术采纳预期收益，其相对影响贡献率分别为 47.5％、9.9％、9.2％、7.4％、4.9％、4％、3.1％。农户采纳意愿与采纳行为的显著影响因素及相对重要性存在较大差异，这在一定程度上解释了两者的不一致。

本章研究结论的政策启示是：①政府在生态农业技术推广应用中，应重视经济因素对农户采纳意愿、采纳行为及其一致性的重要影响。首先，应完善生态农产品市场运行机制，特别是价格机制，实现生态农产品优质优价，诱导农户采纳意愿向采纳行为的转化；其次，以政治身份的行为规范为导向，推动党员、村干部率先采纳生态养殖技术，并辅之以技术培训和技术指导以确保其采纳行为达到预期收益效果，以发挥党员、村干部对生态养殖技术的示范效应、引领效应；最后，进一步完善农村金融供给机制，以贴息、放宽放贷条件、降低贷款利息率等方式打破农户技术采纳资金瓶颈。②政府可通过教育、创建、培训、示范、宣传等多途径、多渠道优先向认知水平较高的农户宣传、推广生态养殖技术，不断提升该部分农户生态理性认知水平，促进其生态养殖技术采纳意愿向采纳行为的转化。③综合考虑区域经济发展水平、资源与环境承载力等因素，加快推进水产生态规模养殖，逐步提高规模化、专业化生态养殖比重。

第 8 章 农户水产生态养殖技术
采纳的行为绩效

在对农户水产生态养殖技术采纳意愿、采纳行为及其影响因素进行研究的基础上，本章借鉴生态经济学和组织行为学相关理论，基于农户满意度视角，运用结构方程模型（SEM），从农户根据自身主观感受来评价水产生态养殖技术采纳所带来的经济绩效、技术绩效、社会绩效和生态绩效的满意程度来探究生态农业技术采纳绩效的作用机制，以期为政府深入、持续推广生态农业技术提供科学参考。

8.1 问题的提出

农业技术是农业经济增长源泉的关键生产要素（Schultz，T W，1964）。现行生态农业技术主要包括减量化技术、再利用技术、资源化技术以及系统化技术，其采用有利于提高农业效益、增加农民收入、实现农业可持续发展。农户作为农业生产中最基本的决策主体，是生态农业技术的需求者和采用者，生态农业技术的推广、应用须以农户的广泛采纳为基础。但一项涉及农户福利的生态农业技术，只有获得农户的认可，技术采纳的满意度高，其绩效水平才是高的（罗文斌，2013；王良健，2010），农户才有可能持续的采纳，即农户满意度直接关系到生态农业技术的采纳效果以及生态农业发展成效。因此，基于农户满意度的视角，探索农户生态农业技术采纳绩效对提升农户生态农业技术采纳行为与促进生态农业发展具有重要意义。

现有文献资料中，对生态农业技术的研究主要集中在以下三方面：①生态农业技术体系构建。如高旺盛等基于循环经济理念，构建了包括"减量化"技术、"再利用"关键技术、"再循环"关键技术和"控制化"关键技术的循环农业技术体系（高旺盛，2007）。邓旭霞等基于生态循环农业发展的"3R"原则，结合湖南省实际情况，构建了涉及经济、技术和社会等 3 个方面的生态农业技术水平评价指标体系（邓旭霞，2014）。②生态农业技术作用机理研究。众多学者就作物秸秆还田对改善土壤肥力的作用机理进行了论证。③生态农业技术采纳及影响因素研究。农户采纳生态农业技术受到众多因素的共同影响，这些影响因素主要包括农户特征、资源特征、技术因素、制度环境因素等方面（黄武，2009；唐博文，2010；李后建，2012）。良好的行为结果会增强技术需求的强度，使采纳行为持续、有效发生。但生态农业技术采纳绩效如何？目前鲜有文献涉及。

基于以上现实与学术背景，本章借鉴生态经济学和组织行为学相关理论，基于农户满意度视角，运用结构方程模型（SEM），探究农户水产生态养殖技术采纳绩效的作用机制，以期为政府深入、持续推广水产生态养殖技术提供科学参考。

8.2 理论基础与研究假设

绩效（Performance）一词最早来源于人力资源管理，随着新公共管理理论的兴起，逐步扩展到公共管理部门、公共服务和社会经济管理等方面。经济合作与发展组织（OECD）将绩效界定为实施一项活动的有效性，包括从事该项活动的效率、经济性、效力以及主体的遵从度与公众满意程度等内容（Jack Diamond，1994）。

基于农户满意度的生态农业技术采纳绩效研究，源于顾客满意度理论（Customer Satisfaction Index，简称 CSI）。在早期，CSI 被广泛运用于消费者对服务或商品的评价领域以及公共产品供给绩效评价研究中。随着应用的逐步深入，CSI 被引入到农村公共产品研究领域，用来研究我国农村公共产品、农村公共服务绩效问题。农户是农村公共产品或公共服务的特定消费群体，在该领域，顾客满意度又被称为农户满意度。

基于此，本研究中，农户满意度即为农户水产生态养殖技术采纳之前的预期值与采纳后的感知质量之间的差距，是农户根据自身主观感受来评价水产生态养殖技术采纳所带来的经济绩效（Economic Performance，ENP）、技术绩效（Technical Performance，TP）、社会绩效（Social Performance，SP）和生态绩效（Ecological Performance，ELP）的满意程度。当农户采纳水产生态养殖技术的感知质量与预期一致时，农户满意度就会较高，反之，满意度就低。

（1）农户水产生态养殖技术采纳带来的经济绩效（ENP），即为农户采纳水产生态养殖技术所投入的资金、劳动等与其获得收益之间的比较。经济绩效越高，技术采纳的农户满意度越高，持续采纳的意愿越强。这一变量主要测量投入和产出比率、成本降低、技术采纳政策补贴等绩效满意度。舒尔茨认为，作为"理性的小农"，当他在面临几个可供选择的方案时，会选择能够给他或他的家庭带来效用最大化的方案（Schultz T W，1975）。基于此，提出假设 1：

H1：水产生态养殖技术采纳的经济绩效对农户满意度有显著正向影响。

（2）农户水产生态养殖技术采纳带来的社会绩效（SP），即为农户采纳水产生态养殖技术过程中进行社会学习和积累社会资本等获得的效益。这一变量主要测量农户参与度和社会网络影响力等绩效满意程度。技术专家或指导员通过提供相关技术信息和指导，影响农户的积极性，从而提高了农户的认同感和参与感，增加了农户整体参与度；农户通过与领导干部、技术人员和技术示范户等群体的沟通与互动，扩大了其人际关系，提升了其农村社会关系网络的影响力。基于此，提出假设 2：

H2：水产生态养殖技术采纳的社会绩效对农户满意度有显著正向影响。

（3）农户水产生态养殖技术采纳带来的生态绩效（ELP），即为农户采纳水产生态养殖技术所能感知到生态环境的改善。这一变量主要测量土壤肥力改善、水污染排放减少、环境绿化与空气质量改善和农产品的品质提升等绩效满意程度。基于此，提出假设 3：

H3：水产生态养殖技术采纳的生态绩效对农户满意度有显著正向影响。

（4）技术本身的易用性和有用性直接影响农户接受技术的速度和效果（赵绪福，1996）。生态农业技术采纳的技术绩效变量主要测量农户对技术的有用性和易用性感知度等绩效满意程度。此外，研究表明农户受教育水平与技术采纳意愿存在正向相关关系（Ervin C A. et al.，1982），如果农户受教育水平程度不同，那么其对经济、社会、生态和技术绩效的感知度会不相同，进而影响农户满意程度。基于此，提出假设：

H4：水产生态养殖技术采纳的技术绩效对农户满意度有显著正向影响。

H5：农户受教育水平对农户满意度有显著的调节作用。

8.3 研究设计

8.3.1 问卷设计

本部分调研问卷包括三方面内容：第一部分为农户基本信息，包含农户个体特征信息和水产生态养殖信息两个模块，该部分采用单选或多选的判断选择形式。第二部分为农户水产生态养殖技术采纳现状。第三部分为农户水产生态养殖技术采纳满意度情况，包含农户满意度（FS）、经济绩效（ENP）、技术绩效（TP）、社会绩效（SP）和生态绩效（ELP）五个模块。以上两部分所有的测量题项均采用李克特五点量表，赋值 1 为"非常不满意"，赋值 2 为"不满意"，赋值 3 为"一般"，赋值 4 为"满意"，赋值 5 为"非常满意"。相关变量的描述性统计信息如表 8-1 所示。

表 8-1 变量的描述性统计信息

变量	编码	测量变量	均值	标准差
经济绩效（ENP）	ENP_1	技术采纳可以获得一定的收入回报	3.92	6.35
	ENP_2	技术采纳的成本低、资金投入少、整体效率高	3.81	0.711
	ENP_3	技术采纳降低了养殖生产成本	3.88	0.587
	ENP_4	技术采纳可以获得政策补贴	4.12	0.591
社会绩效（SP）	SP_1	技术采纳实现了与技术人员的沟通与互动	3.91	0.811
	SP_2	技术采纳增加了农户被关注重视程度	4.14	0.632
	SP_3	技术采纳改善了与政府工作人员的关系	4.09	0.647
	SP_4	技术采纳扩大了农户的人际关系网络	4.08	0.571
生态绩效（ELP）	ELP_1	技术采纳改善了水资源污染程度	4.16	0.491
	ELP_2	技术采纳促进了养殖污水排放问题的解决	4.17	0.584
	ELP_3	技术采纳提高了环境绿化和空气质量	4.20	0.556
	ELP_4	技术采纳改善了水产品的品质	4.15	0.469

（续）

变量	编码	测量变量	均值	标准差
	TP_1	通过简单培训学习，农户容易掌握技术	3.99	0.686
	TP_2	通过技术操作讲解，农户容易掌握技术	3.97	0.710
技术绩效（TP）	TP_3	技术采纳积累了农户畜禽养殖相关的知识和经验	3.98	0.711
	TP_4	技术采纳提高了农户解决畜禽养殖问题的能力	4.09	0.703
	TP_5	技术采纳节约了农户的时间和精力	3.79	0.819
	FS_1	技术采纳实现了我的预期收益	4.11	0.575
	FS_2	技术采纳增加了我的价值感和成就感	4.11	0.628
农户满意度（FS）	FS_3	技术采纳改善了我的生活环境	4.15	0.593
	FS_4	我愿意向身边的农户推荐该技术	3.99	0.627

8.3.2　数据来源与样本描述

第一次调查共发放问卷 1 200 份，剔除信息不完整和信息明显错误的问卷后，共获得有效问卷 1 087 份，其中已经采纳水产生态养殖技术的农户为 357 个，未采纳但表达了意愿的农户为 558 个，占无采纳行为总量的 76.44%，172 个农户不愿意采纳水产生态养殖技术。第二次调查重点为第一次调查中未采纳但表达了采纳意愿的 558 个水产养殖农户，调查方式主要为现场访谈或电话访谈。调查结果显示，未采纳但表达了采纳意愿的 558 个水产养殖农户中，已采纳水产生态养殖技术的农户为 208 个。因此，本章以 565 位已采纳水产生态养殖技术的农户为样本对其采纳绩效展开探讨。有效样本信息如表 8-2 所示。

表 8-2　有效样本信息

类别	变量	频数	比例	类别	变量	频数	比例
性别	男	418	73.94%	是否有非农就业经历	否	131	23.12%
	女	147	26.06%		是	434	76.88%
年龄（岁）	≤30	113	20.00%	水产养殖收入占家庭年收入比重	≤10%	90	15.99%
	31～45	308	54.44%		10%～50%	244	43.24%
	46～60	131	23.12%		50%～80%	175	30.89%
	≥61	13	2.44%		≥80%	56	9.88%

（续）

类别	变量	频数	比例	类别	变量	频数	比例
文化程度	小学及以下	34	6.03%	从事水产养殖的劳动力人数	0～1	158	27.96%
	初中	278	49.16%		2～3	347	61.42%
	高中及中专	208	36.88%		4～5	51	9.03%
	大专及以上	45	7.93%		≥6	9	1.59%

8.4 数据分析和研究结果

8.4.1 量表的信度和效度检验

本研究采用内部一致性信度系数 Cronbach's Alpha 值验证量表的信度，SPSS 25.0 输出结果表明（表 8 - 3），各因子的 Cronbach's Alpha 值在 0.769～0.865，符合大于 0.7 的参考值要求（Hair J F et al.，1998），表明各个因子之间具有较好的内部一致性。本章进一步采用探索式因子分析（EFA）通过 KMO 检验和 Bartlett 的球形检验探讨量表的结构效度。KMO 检验结果中经济绩效为 0.771，社会绩效为 0.789，生态绩效为 0.712，技术绩效为 0.865，农户满意度为 0.756，各变量的值均大于 0.6，且 Bartlett 的球形检验结果均为 $P=0.000<0.01$，按照正交最大方差法进行因子旋转后因子载荷值均大于 0.6 的参考值（Fornall. et al.，1981），表明量表中所有变量的信度和效度指数都达到较好的水平。

表 8 - 3　信度和效度检验

因子	题目	因子载荷	Cronbach's Alpha	KMO 值	Bartlett 的球形检验
经济绩效（ENP）	ENP_1	0.784			
	ENP_2	0.841	0.778	0.771	487.529（$P=0.000$）
	ENP_3	0.782			
	ENP_4	0.669			
社会绩效（SP）	SP_1	0.861			
	SP_2	0.788	0.799	0.789	575.036（$P=0.000$）
	SP_3	0.815			
	SP_4	0.697			

（续）

因子	题目	因子载荷	Cronbach's Alpha	KMO 值	Bartlett 的球形检验
生态绩效（ELP）	ELP_1	0.625	0.769	0.712	524.239（$P=0.000$）
	ELP_2	0.844			
	ELP_3	0.879			
	ELP_4	0.680			
技术绩效（TP）	TP_1	0.734	0.865	0.865	1 039.121（$P=0.000$）
	TP_2	0.839			
	TP_3	0.831			
	TP_4	0.812			
	TP_5	0.827			
农户满意度（FS）	FS_1	0.790	0.815	0.756	640.823（$P=0.000$）
	FS_2	0.820			
	FS_3	0.748			
	FS_4	0.849			

8.4.2 SEM 回归分析与假设检验

结构方程模型回归分析无法对研究假设模型的整体因果关系进行分析，为了更精确地分析和验证研究假说，本章将潜变量路径系数分析分为两个检验：利用有效样本数据拟合结构方程模型验证假说和利用多群组因果关系分析验证调节变量农户受教育水平对结构方程模型的调节作用。

结构方程模型适配性检验通过绝对拟合指数（χ^2/df、RMR、$RMSEA$、GFI、$AGFI$）、相对拟合指数（NFI、TLI、CFI、IFI）、简约拟合指数（$PNFI$、$PCFI$、$PGFI$）等指标来分析评价模型的拟合优度，适配标准值参照吴明隆的研究（吴明隆，2011）。输出结果显示（表 8-4），拟合优度指标的检验结果均在可以接受的范围内，结构方程模型能够很好地拟合数据，模型中的路径系数均已标准化。

（1）水产生态养殖技术采纳的经济绩效对农户满意度有显著的正向影响，假设 1 通过验证。政府为农户提供技术服务以及补贴，能够帮助农户降低技术采纳的成本与风险，增加农户收入，提高农户技术采纳的积极性，进而增加农户技术采纳的满意程度。

（2）水产生态养殖技术采纳的社会绩效对农户满意度有显著正向影响，

假设 2 通过验证，但相对其他变量的影响程度不大。在技术采纳过程中，具有一定技术、技能资质的农户较容易掌握水产生态养殖技术，使得其成为技术示范户的概率更高，在农村社会群体中的影响力逐渐增大，主观上使农户对技术采纳有成就感。因此，在一定影响范围上，技术采纳的社会绩效对农户满意度有显著正向影响。

表 8-4　结构方程模型路径系数与假说验证

因子间关系	路径系数	检验结果	因子间关系	路径系数	检验结果
$FS<\!\!-ENP$	0.345***	成立	$ELP_2<\!\!-ELP$	0.747***	成立
$FS<\!\!-SP$	0.231***	成立	$ELP_3<\!\!-ELP$	0.830***	成立
$FS<\!\!-ELP$	0.501***	成立	$ELP_4<\!\!-ELP$	0.612***	成立
$FS<\!\!-TP$	0.376**	成立	$TP_1<\!\!-TP$	0.685***	成立
$ENP_1<\!\!-ENP$	0.701***	成立	$TP_2<\!\!-TP$	0.820***	成立
$ENP_2<\!\!-ENP$	0.711***	成立	$TP_3<\!\!-TP$	0.818***	成立
$ENP_3<\!\!-ENP$	0.709***	成立	$TP_4<\!\!-TP$	0.741***	成立
$ENP_4<\!\!-ENP$	0.634***	成立	$TP_5<\!\!-TP$	0.721***	成立
$SP_1<\!\!-SP$	0.668***	成立	$FS_1<\!\!-FS$	0.743***	成立
$SP_2<\!\!-SP$	0.745***	成立	$FS_2<\!\!-FS$	0.730***	成立
$SP_3<\!\!-SP$	0.811***	成立	$FS_3<\!\!-FS$	0.665***	成立
$SP_4<\!\!-SP$	0.640***	成立	$FS_4<\!\!-FS$	0.767***	成立
$ELP_1<\!\!-ELP$	0.524**	成立			
拟合指数	估计值	检验结果	拟合指数	估计值	检验结果
χ^2/df	2.645<3.00	理想	TLI	0.914>0.90	理想
RMR	0.018<0.05	理想	CFI	0.921>0.90	理想
$RMSEA$	0.061<0.08	理想	IFI	0.926>0.90	理想
GFI	0.912>0.90	理想	$PNFI$	0.758>0.50	理想
$AGFI$	0.894≈0.90	可以接受	$PCFI$	0.792>0.50	理想
NFI	0.911>0.90	理想	$PGFI$	0.712>0.50	理想

注：**、***分别表示5%、1%的显著性水平。

（3）水产生态养殖技术采纳的生态绩效对农户满意度有显著正向影响，假设 3 通过验证。农村经济取得了快速发展，以牺牲环境为代价的农业生产方式已严重阻碍农村经济可持续发展，水产生态养殖技术能够较明显地促进当前的环境污染问题的妥善解决，使得农业生产环境更加生态化、绿色化和无害化。因此，从长期上看，技术采纳的生态绩效对农户满意度有显著正向影响。

（4）水产生态养殖技术采纳的技术绩效对农户满意度有显著正向影响，

假设 4 通过验证。可能的原因是，由于农户自身学习能力的局限性，对新技术的接受速度会比较慢，如果一项新技术通过比较简单的方式展示给农户，农户就能相对"简单"地掌握该技术，农户技术采纳的可能性就会增加，一定程度上提高农户技术采纳满意度。

（5）在涉及调节效应的实证研究中，通过多群组分析法，将整体样本按照农户受教育水平分为两个子群组（以高中学历为界，高中以下为农户受教育水平较低组，高中及以上为农户受教育水平较高组，提出原假设为：高群组与低群组的斜率相等），将两个子群组的路径系数采用结构方程模型进行回归路径分析，以此对比验证农户受教育水平的调节效应。

估计结果显示（表 8-5），模型整体拟合优度较好，能够较好地拟合数据。在 Amos 21.0 输出报表的对比模型表 $P = 0.924$（sig. $= 0.000$）远大于 0.1，拒绝原假设，表明高群组和低群组的斜率不相等，即农户受教育水平对模型具有显著的调节作用，假设 5 通过验证。此外，路径系数表明，受教育水平的高低对农户满意度的影响程度不同，农户受教育水平越高，水产生态养殖技术采纳绩效对农户满意度的促进作用就越明显。

表 8-5　农户受教育水平高低群组的路径系数估计结果

调节模型路径	高群组路径系数	低群组路径系数	P 值
$FS <\!\!-\!ENP$	0.519***	0.430***	
$FS <\!\!-\!SP$	0.640***	0.511***	0.924（sig. $= 0.000$）
$FS <\!\!-\!ELP$	0.519***	0.451***	
$FS <\!\!-\!TP$	0.671***	0.509***	
拟合指数			
χ^2/df	1.878	1.869	
RMR	0.031	0.030	
$RMSEA$	0.460	0.440	
$AGFI$	0.945	0.929	
CFI	0.915	0.918	

注：*** 表示 1%的显著性水平。

8.5　本章小结

本章基于环南海地区的实地调研数据，运用结构方程模型，从农户满意度视角探究了水产生态养殖技术采纳绩效的作用机制。研究结果显示：第一，在农村经济取得快速发展，农民环保意识增强的环境下，水产生态养殖技术采纳的经济绩效和生态绩效对农户满意度有显著正向影响。第二，水产生态养殖技术采纳的社会绩效对农户满意度有显著的正向影响，但其影响程度相对其他因素较小。第三，在农户技术采纳过程中，农户受教育水平的高低会显著影响农户满意度。

基于上述结论，本章提出如下政策启示：第一，技术采纳的政策补贴会极大地调动农户技术采纳的积极性，增强农户满意度。因此，建立长期稳定的补贴机制，将水产生态养殖技术内化为农户生产力，是提升农户水产生态养殖技术采纳水平的有效保障。第二，确立技术示范户制度，发挥非正式组织的作用。在农村关系网络中，技术示范户在本地关系网络的非正式组织中的影响力较强，有利于带动组织关系网络中的其他农户更快更好地掌握新技术，从而实现农业技术的深入推广。第三，加大人力资本投入，培养现代化新型农户。农户的技能和知识水平与其农业生产率之间存在着密切的正相关关系，政府提供农业技术服务的同时，组织农户集中培训学习，可以更加高效地提高农户的知识和经验，对农业生产率的提高有显著的影响；在培训和学习过程中，农户受到的关注越多，受教育水平越高，农户满意度也越高，从而对水产生态养殖技术持续采纳意愿会越强。

第9章 农户水产生态养殖技术采纳的政策激励

政府代表着社会公共权力，是公共利益的代言人和促进者。为了促进水产生态养殖技术扩散，政府运用激励手段促进农户积极采纳。为此，在回顾我国水产养殖激励政策历史变迁的基础上，本章从教育、补贴和法律法规方面梳理了政府激励农户采纳水产生态养殖技术的主要政策工具，探讨其不足之处，并就日本水产生态养殖激励政策展开分析，以期为政府有效推广水产生态养殖技术奠定基础。

9.1 我国水产养殖激励政策的历史变迁

回顾新中国成立以来相关政策文件发现，我国日益重视水产养殖产业的发展，对水产养殖基础设施建设与农户养殖设备购置等的财政支持力度也在逐年加码。按照历史研究法的分析逻辑，通过对不同时期水产养殖经济政策的细致梳理，新中国成立以来我国水产养殖经济政策变化及其基本特征可以概括为三方面：①发展重心从以海洋捕捞为主、水产养殖为辅，逐步转移到以水产养殖为主、海洋捕捞为辅；②水产养殖产业管理目标从片面地以物为重，逐步转向以养殖农户的权益为重；③水产养殖经济效益目标从单纯、盲目地追求增长，转向谋求可持续、生态发展。以上经济政策大致经历了从无到有、从模糊到具体的发展过程，具体可划分为以下三个不同阶段：探索起步阶段（1949—1978 年）、改革调整阶段（1979—2012 年）、优化创新阶段（2013 年至今）。

9.1.1 探索起步阶段（1949—1978 年）

新中国成立初期，我国水产业经过社会主义改造建立起了国家所有制，同时也恢复了水产业生产者的个体所有制。受制于当时的生产力水平，海洋捕捞产业因其见效快、收益高的特点，成为当时水产业经济发展的主要动力，也是当时我国水产业发展的重心。在当时的生产力水平低下和渔业资源丰富的背景下，这样的政策安排给予了渔民有效的激励，使得劳动力投入、资本投入及当时的技术水平紧密结合，水产捕捞取得了良好的经济效益。1959 年，我国水产部门召开水产工作会议，提出了"以养为主，积极发展捕捞"的方针政策，表明国家对淡水及海水养殖的发展开始逐渐重视，发展重心从以海洋捕捞为主、水产养殖为辅，逐步转移到以水产养殖为主、海洋捕捞为辅的阶段。1961 年，我国水产业管理方针进行了调整，推行"三级所有，队为基础"的方针。但这一时期我国水产养殖产业经济发展缺乏有效的激励机制，发展缓慢。

9.1.2 改革调整阶段（1979—2012 年）

自 1978 年党的十一届三中全会以后，党中央进行拨乱反正，国家出台了一系列法律法规和指导性文件，以加快渔业产业化进程，调整渔业结构。尤其是家庭联产承包责任制的出台与实施，作为农村经济体制改革的重点，起到了有效激励渔民的作用。伴随着渔业劳动力及资本的不断投入，渔业产值递增率和总要素生产率都有迅速的增长，中国水产业发展迅速。

在这一阶段的初始阶段，国家渔业经济政策主线是放松政府对渔业经济的管制，调动生产者的生产积极性。1979 年，水产总局发布了"关于渔业许可证的若干问题"的暂行规定，1981 年，国务院同意国家水产总局《关于当前水产工作若干问题的请示报告》，明确了"调动国家、集体、个人几方面的积极性，尽快把可以养殖的水面、滩涂利用起来"的政策。通过生产责任制、改革"大锅饭"分配制度、放活水产品价格等，将生产决策权、水面和渔船等要素分包给渔民，打破平均主义和确定"以养为主、养捕加结合"的方针，水产品真实价值在市场上得以反映，通过市场的作用，中国水产业劳动力、水面、渔船等生产要素投入大幅增加、养殖技术快速改进。

1986 年制定并颁布了中国渔业基本法《中华人民共和国渔业法》，这是我国渔业政策的一大变更，它从法律意义上明确了"国家对渔业生产实行以养殖为主，养殖、捕捞、加工并举，因地制宜，各有侧重的方针"，从战略高度对渔业发展进行了新的定位。1993 年国家提出进一步完善、规范渔业股份合作制，更进一步明确产权界定，明晰生产责任，极大地提高了渔民的生产积极性。2000 年修改后的新《中华人民共和国渔业法》进一步规范了水产养殖业健康发展制度，明确指出国家在财政、信贷和税收等方面采取措施，鼓励、扶持水产养殖业的发展，为水产养殖业可持续发展奠定了法律基础。2002 年农业部下发了《农业部关于印发完善水域滩涂养殖证制度试行方案的通知》，明确将水域滩涂养殖证制度分为养殖水域滩涂规划和水域滩涂养殖登记发证两项内容，要求在全国范围内逐步建立起以水域滩涂养殖证制度为基础的水产养殖业管理制度，较为有效地促进了水域滩涂养殖证制度建设。2004 年《中华人民共和国渔业法》再次修订，国家鼓励个人、集体所有制单位和全民所有制单位积极充分利用适合养殖的水域、滩涂，发展水产养殖业。特别是 2006 年渔业补贴制度的出台，政府逐渐加大了渔业资金投入。2010 年，为了保障养殖生产者的合法权益，规范水域、滩涂养殖发证登记工作，根据《中华人民共和国物权法》、《中华人民共和国渔业法》、《中华人民共和国农村土地承包法》等法律法规，制定了《水域滩涂养殖发证登记办法》，明确水域滩涂养殖权人可以凭水产养殖证书享受国家水产养殖扶持政策。

以上渔业经济政策极大地刺激了我国渔业产业的发展，在降低渔业成本、减轻渔民负担、增加渔民收入等方面取得了良好成效，也带来了一定的外部性问题，资源环境刚性约束日益趋紧的现状引起了政府以及社会各界的广泛关注。随后的渔业经济政策强调加强政府在解决外部性问题方面的优势，规范和促进渔业从数量型向质量型转变。针对前期市场主导政策带来的渔业资源破坏和环境污染问题，开始实施和加强渔业资源养护，包括海洋伏季休渔、长江春季禁渔、渔船"双控"（控制渔船数量、主机功率）、水生生物行动纲要、水产种质资源保护区等，明确发挥政府财税作用，引导产业由"分散、个体规模扩张"转向"相对集中、规模化、产业化开发"。与短缺阶段刺激要素投入不同，政府通过财政资金实施减船转产政策，加强水域滩涂的审批制度，增加渔港、码头、渔船检验检疫、良种场等基础设施投入，取消渔业税负、实施燃油补贴等，以规范水产养殖产业的发展。

9.1.3 优化创新阶段（2013 年至今）

经过 60 多年的发展，特别是 2006 年实施渔业补贴制度以来，我国水产业经济发展环境有了较大改变，优质水产品供给短缺、总量供给过剩、资源环境约束和水产品质量安全等多个问题叠加并存。2013 年 3 月，国务院印发了《关于促进海洋渔业持续健康发展的若干意见》，提出了"坚持生态优先、养捕结合、以养为主"的方针，指导水产业发展。要求以建设现代渔业强国为目标，将保障水产品安全有效供给和渔民持续较快增收的任务放在首位，提高资源利用率、劳动生产利用率从而形成人与自然、人与人和谐相处发展的现代渔业新格局。2016 年，中国水产业首次提出了"减量"和"生态优先、绿色发展"，凸显了渔业的生态功能。党的十九大进一步明晰了水产业发展阶段：水产业主要矛盾已经转变为人民对优质安全水产品、优美水域生态环境的要求，与水产品供给结构突出、渔业资源环境过度利用之间的矛盾。2019 年，农业农村部、生态环境部、自然资源部等十部委联合发布《关于加快推进水产养殖业绿色发展的若干意见》，将水产生态养殖模式纳入绿色产业指导目录，开展水产健康养殖示范创建，发展生态健康养殖模式；倡导多渠道加大资金投入，建立政府引导、生产主体自筹、社会资金参与的多元化投入机制；探索金融服务养殖业绿色发展的有效方式，创新绿色生态金融产品；鼓励各类保险机构开展水产养殖保险，有条件的地方将水产养殖保险纳入政策性保险范围；支持符合条件的水产养殖装备纳入农机购置补贴范围。以上发展政策一定程度上优化了我国水产业的生态转型环境。

9.2 农户水产生态养殖技术采纳主要激励政策工具

Rothschild（1999）提出，教育（education）、市场（market）和法律（law）是可以用来影响他人行为的有效管理策略。在农户水产生态养殖技术采纳过程中，政府也可以通过教育、市场和法律影响农户的采纳行为，这也是当前我国农户水产生态养殖技术采纳的主要激励政策工具。

9.2.1　法律法规

水产养殖的健康发展与生态转型引起了政府及各界的广泛关注。环境资源具有公共物品特征，政府代表着社会公共权力，环境管理和促进产业健康发展是政府的基本职能。各级政府作为地区生态环境和资源保护的总负责人，拥有对辖区内经济活动主体的征税权、禁止权、处罚权等，以此来防治环境污染，实施环境保护，促进产业发展。目前，我国水产养殖的法律法规包括养殖农户必须遵守的环境法律、法规和环境标准以及对环境法律、法规和环境标准、养殖标准的强制执行。

为了加强渔业资源的保护、增殖、开发和合理利用，发展人工养殖，保障渔业生产者的合法权益，促进渔业生产的发展，适应社会主义建设和人民生活的需要，我国早在1986年就颁布了《中华人民共和国渔业法》，鼓励全民所有制单位、集体所有制单位和个人充分利用适于养殖的水面、滩涂，发展养殖业。该法分别于2000年、2004年、2009年、2013年进行修订，是水产养殖产业发展的指导性法律。同时，《中华人民共和国水污染防治法》、《中华人民共和国土地管理法》、《中华人民共和国海洋环境保护法》、《中华人民共和国农产品质量安全法》等法律均涉及对水产养殖相关活动的规范指导。

此外，国务院及各相关职能部门制定了一系列有关水产养殖健康发展及其污染防治的法律、法规和环境标准（表9-1）。各地方政府根据本辖区的环境污染实际与产业发展现状，也陆续制定了诸多地方性环境保护法规、方案等。这些法律法规及环境标准的颁布与实施，对我国水产养殖健康发展及其污染防治工作起到了重要作用。

表9-1　我国水产养殖产业的主要立法与相关标准

立法及相关标准名称	颁发部门	颁发时间	涉及水产养殖的具体内容
《中华人民共和国渔业法》	第十二届全国人民代表大会常务委员会	2013（最新修订版）	为了加强渔业资源的保护、增殖、开发和合理利用，发展人工养殖，保障渔业生产者的合法权益，促进渔业生产的发展，适应社会主义建设和人民生活的需要，特制定法律，是水产养殖产业发展的指导性法律

（续）

立法及相关标准名称	颁发部门	颁发时间	涉及水产养殖的具体内容
《中华人民共和国水污染防治法》	第十二届全国人民代表大会常务委员会	2017（最新修订版）	从事水产养殖应当保护水域生态环境，科学确定养殖密度，合理投饵和使用药物，防止污染水环境；造成渔业污染事故或者渔业船舶造成水污染事故的，应当向事故发生地的渔业主管部门报告，接受调查处理
《中华人民共和国海洋环境保护法》	第十二届全国人民代表大会常务委员会	2017（最新修订版）	国家鼓励发展生态渔业建设，推广多种生态渔业生产方式，改善海洋生态状况。新建、改建、扩建海水养殖场，应当进行环境影响评价。海水养殖应当科学确定养殖密度，并应当合理投饵、施肥，正确使用药物，防止造成海洋环境的污染
《中华人民共和国土地管理法》	第十三届全国人民代表大会常务委员会	2019（最新修订版）	农民集体所有和国家所有依法由农民集体使用的耕地、林地、草地，以及其他依法用于农业的土地，采取农村集体经济组织内部的家庭承包方式承包，不宜采取家庭承包方式的荒山、荒沟、荒丘、荒滩等，可以采取招标、拍卖、公开协商等方式承包，从事种植业、林业、畜牧业、渔业生产
《中华人民共和国农产品质量安全法》	第十三届全国人民代表大会常务委员会	2022（最新修订版）	与农产品质量安全有关的要素有"农业投入品质量要求、使用范围、用法、用量、安全间隔期和休药期规定"等；生产者如实记录"使用农业投入品的名称、来源、用法、用量和使用、停用的日期"
《兽药管理条例》	国务院	2016（最新修订版）	禁止使用假、劣兽药以及国务院兽医行政管理部门规定禁止使用的药品和其他化合物；有休药期规定的兽药用于食用动物时，饲养者应当向购买者或者屠宰者提供准确、真实的用药记录；禁止在饲料和动物饮用水中添加激素类药品和国务院兽医行政管理部门规定的其他禁用药品
《饲料和饲料添加剂管理条例》	国务院	2017（最新修订版）	养殖者应当按照产品使用说明和注意事项使用饲料。在饲料或者动物饮用水中添加饲料添加剂的，应当符合饲料添加剂使用说明和注意事项的要求，遵守国务院农业行政主管部门制定的饲料添加剂安全使用规范。养殖者使用自行配制的饲料的，应当遵守国务院农业行政主管部门制定的自行配制饲料使用规范，并不得对外提供自行配制的饲料

(续)

立法及相关标准名称	颁发部门	颁发时间	涉及水产养殖的具体内容
《渔业水质标准》(GB 11607—89)	国家环境保护局	1989	防止和控制渔业水域水质污染，保证鱼、虾、贝、藻类正常生长、繁殖和水产品的质量；适用于鱼虾类的产卵场、索饵场、越冬场、洄游通道和水产增养殖区等海、淡水的渔业水域
《无公害食品海水养殖用水水质》(NY 5052—2001)	农业部	2001	规定了海水养殖用水水质要求、确定方法、检验规则和结果判定，以确保海水养殖产品安全性为原则，突出了对重金属、农药等为重点的公害物质的控制
《无公害食品淡水养殖用水水质》(NY 5051—2001)	农业部	2001	规定了淡水养殖用水中可引起残留的重金属、农药和有机物指标，是检测、评价养殖水体是否符合无公害水产品养殖环境条件要求的依据
《无公害食品渔用配合饲料安全限量》(NY 5072—2002)	农业部	2002	规定了渔业配合饲料安全限量的要求、试验方法、检验规则，适用于渔业配合饲料的成品
《水产养殖质量安全管理规定》	农业部	2003	禁止将不符合水质标准的水源用于水产养殖；养殖场或池塘的进排水系统应当分开；水产养殖废水排放应当达到国家规定的排放标准；使用水域、滩涂从事水产养殖的单位和个人应当按有关规定申领养殖证，并按核准的区域、规模从事养殖生产；水产养殖生产应当符合国家有关养殖技术规范操作要求
《关于加快推进水产养殖业绿色发展的若干意见》(农渔发〔2019〕号)	农业农村部、生态环境部等十部委	2019	是新中国成立以来第一个经国务院同意、专门针对水产养殖业的指导意见，是当前和今后一个时期指导我国水产养殖业绿色发展的纲领性文件，包括加快落实养殖水域滩涂规划制度、优化养殖生产布局、积极拓展养殖空间、转变养殖方式大力发展生态健康养殖等内容
《关于推进大水面生态渔业发展的指导意见》	农业农村部、生态环境部、国家林草局	2019	以实施乡村振兴战略为引领，以满足人民对优美水域生态环境和优质水产品的需求为目标，有效发挥大水面渔业生态功能，加快体制机制创新，强化科技支撑，促进渔业资源合理利用，推动一二三产业融合发展，走出一条水域生态保护和渔业生产相协调的大水面生态渔业高质量绿色发展道路

注：资料来源于已正式颁发的文件。

9.2.2 农业技术推广服务

公共农业技术推广是支撑现代农业发展的关键力量，也是政府支持农业的重要政策工具。"推广"一词，古已有之，有推衍扩大之意，即扩大应用范围。学界对于农业技术推广的定义尚未达成共识。日本学者认为农业技术推广为"农业改良普及"，认为推广实质上就是普及不断改进技术的过程；美国把农业技术推广称为"农业推广教育或农业开发咨询"，即通过科研人员跟农户的不断交流、沟通，帮助农民认识技术从而采纳技术的过程；荷兰把农业技术推广定义为："以信息为载体，帮助农民分析当前生产现状，提高农民知识水平，促进农民掌握生产技能，使其充分了解技术本身，最终作出正确的决策"。农业技术推广随着技术进步不断扩大影响，对整个农业生产系统的影响不容小觑。1993年，第八届全国人大常委会第2次会议通过《中华人民共和国农业技术推广法》，并于2012年进行了修订。该法所称农业技术为"应用于种植业、林业、畜牧业、渔业的科研成果和实用技术"，农业技术推广是指"通过试验、示范、培训、指导以及咨询服务等，把农业技术普及应用于农业产前、产中、产后全过程的活动"。同时强调农业技术推广实行国家农业技术推广机构与农业科研单位、有关学校、农民专业合作社、涉农企业、群众性科技组织、农业技术人员等相结合的推广体系，国家鼓励和支持供销合作社、其他企业事业单位、社会团体以及社会各界的科技人员，开展农业技术推广服务，并逐步提高对农业技术推广的投入。在我国，农业技术推广其实质是指通过示范新技术，指导培训农户了解新技术，进而把适用于农业生产的技术普及应用于农业生产中的活动。从《中华人民共和国农业技术推广法》来看，农业技术推广服务涉及农业生产者采用技术进行生产的整个过程，主要包括农业技术产品和农业技术服务两方面，其中前者一般是指物化的农业技术，即包含一定生产技术要素的产品，如水产生态养殖技术；后者则是指与物化农业技术相配套的服务以及可以独立产生作用的非物化农业技术。

农业技术推广主要指技术推广机构向农户提供技术产品，传授相关知识，以及提供相应技术指导与服务，是政府对农户进行技术推广的重要途径（乔丹，2018）。有效的公共农业技术推广服务可以促进农户采纳先进农业技术，推动粮食增产、农民增收以及改善农业生产环境（Cunguara，Darn-hofer，2011；华春林等，2013；陈治国等，2015），因此，农业技术推广是农业生产实践中某一特定问题的技术革新和信息传播。公共农业技术推广服务为农业新技术在生产中的有效转化提供了保障，也推动了农业乃至整体经济的发展。大部分国家在其经济发展的早期都非常重视公共农业技术推广，早期的推广活动往往由单一的传授农业技术形式进行。随着农业生产方式不断转变、不断升级，推广活动逐渐向包括培训、发放宣传资料、制作书籍、专家指导等综合推广形式转变。

9.2.2.1　农业技术教育培训

教育培训是指管理者提供信息去说服个体自愿参与，而非直接或间接给予报酬或惩罚。农业技术教育培训是农业技术推广服务最常见的方法和途径（Baidu-Forson，1999），是为农户提供技术指导、普及新技术知识、提升农户对生产效率与要素投入认知的重要方式（林毅夫，1992），也是传递先进农业生产技术和提高农户家庭收入的有效途径（Otsuka K et al.，2017；Nakano Y，et al.，2018）。近几年，中国政府以改善农户人力资本质量为目标开展了大量的农业技术培训项目。2016 年明确要求构建高素质农民教育培训体系，2020 年强调整合农村各类培训资源，加快构建高素质农民培训体系，2021 年再次要求培育高素质农民。教育培训形式多种多样，如专题讲座、实地示范、现场操作等。

从整个农村社会发展历史来看，改革开放初期的农业技术推广培训，多是政府公共基层农技推广机构直接指导农村培训、试验，或不断通过报纸、广播、公告栏、人际间面对面的交往方式将技术信息传递给农户。伴随着农村社会经济发展与信息技术进步，技术推广培训渠道也随之呈现多元化发展趋势。随着新媒体不断发展，电视、电话等开始作为信息传播工具，成为农户获取生产经验的重要渠道。进一步地，数字时代的到来使得数字媒介嵌入人们生产、生活中，开始替代报纸、广播、电视，成为人们生产信息来源的重要工具。

（1）线下农业技术推广培训

线下农业技术推广培训主要是指传统农技推广方式，指政府农业技术推广部门向农户提供农业技术信息、农业技术示范以及提供技术指导培训的过程（乔丹，2018）。以试验示范、农技培训、现场讲座和大众媒体（报刊、广播、电视）宣传等作为农技推广的主要方式（刘岩，2017）。传统线下培训的有效性已经被大量研究证明。农户可以与农技推广员、专家等面对面交流，答疑解惑方便，一定程度上避免了农业生产的盲目性和较好地防止信息内容的多级传播，最小化信息内容在空间距离中的失真（郭霞，2008；殷锐，2018）。

2006 年，农业部在发布的《水产养殖业增长方式转变行动实施方案》（农办渔〔2006〕4 号）中提出要实施渔业科技入户，主要围绕主导品种和主推技术，以广东等 11 个渔业大省为重点，组织广大技术指导员进行现场技术指导，做到技术服务到池、技术成果到户、技术要领到位，实现渔业科技人员与示范户"零距离"接触。重点推广中国对虾、罗非鱼、锦鲤 3 个主导品种和水质调控、无公害养殖 2 项主推技术，要求培育 5 000 个渔业科技示范户，示范户先进实用技术入户率和到位率达到 90％以上，示范户养殖收入比上年提高 10％以上。这是渔业领域的科技入户，是实现线下农业技术推广培训的典型方式。

（2）线上农业技术推广培训

对于线上农业技术推广培训，国内尚未有明确定义。研究普遍认为线上农业技术推广培训是指以互联网平台（如农业推广网站、微信公众号、APP等）为媒介将农业技术、乡村治理等与农业生产、生活相关的文章/视频提供给农民观看或在线解答农民与农业生产相关的疑问等，对农民开展的远距离培养和训练，具体手段有播放培训广播、电视节目，印制培训 DVD、宣传单/手册、发送手机培训短信、传播网络培训视频等（韩军利，2011；陈玲玲，2011；秦路，2014；夏清，2014）。

近年来，互联网技术在农村的快速应用与发展，改变了农村原有社会经济环境，也显著改善了农户互联网和大数据的应用能力，对农户行为决策产生了深刻影响（万宝瑞，2015），农户借助互联网开展网络教育、远程教育等教育活动成为农村居民获得信息与知识的新方式（王金杰，2017）。2021年中央 1 号文件中"推动新一代信息技术与农业生产经营深度融合"的提出和 2020 年以来暴发的新冠疫情，使借助微信公众号、APP 等新媒体的新型农技推广方式越来越成为一种趋势。农户可以便捷地在农业推广网站、微信公众号、APP 中搜索农业技术信息，并据此来解决自己在农业技术方面的困惑和问题（殷锐等，2018）。线上农业技术推广培训突破了农技推广传统模式中农技推广人员数量不足、素质不高的局限，突破时间与空间上的界限，不仅能够满足农户对农技推广服务的"数量"要求，扩展农技推广员的辐射半径，还能满足农户对农技推广服务的"质量"要求，加强了农技推广员与农户的双向互动（顾君，2013；李娟等，2018；姚志敏，2018）。

根据农业技术推广培训服务主体的不同将我国线上农业技术推广培训模式划分为政府主导型模式、科研院校主导型模式和农业企业主导型模式三类。其中，政府主导型模式为现阶段主要模式，是由有关政府部门牵头，通过搭建互联网培训平台，以培养农业生产经营人才、创业创新带头人、农业科技推广服务人才等为目标，以普通农民、新型经营主体、农技推广工作人员、基层政府工作人员为服务对象，以提供开放、专业化网络课程点播的方式，开展包括政策法规、农业经营管理方法、农业生产技术、乡村治理方法等内容的推广培训模式。这种模式由政府资金进行直接支持而具有公益性，能够直接发挥政府职能、落实政府政策，提高政策法规在农民中的普及程度，同时能发挥政府的中介作用，促进技术研发、培训和应用的紧密结合以及企业、科研院校等培训主体之间的合作。

政府主导型线上培训模式根据重点服务范围可分为全国性培训模式和区域性培训模式两类（陈玲玲，2011）。全国性线上培训模式是由国家级政府部门主管，利用互联网平台，通过广播、文章/视频点播、专家讲座等形式，为全国广大农民提供农业技术培训、政策普及以及技术咨询等服务的模式，如农业农村部农民科技教育培训中心和全国农技推广网等。区域性线上培训模式由地方政府部门主管，利用互联网平台为地方农民提供农业实用技术等培训的模式。如浙江省农业广播电视学校主办的移动互联网培训模式，以手机应用软件——"浙农云"为平台，通过上传农业技术视频和文章、开展直播和专家问答的方式对农民进行培训。

9.2.2.2　编写印发病害防治技术材料

组织编写、印发病害防治技术材料，做好宣传工作，是农业技术推广服务的重要工具。如为帮助广大渔户增进安全生产认识，做到正确用药、安全用药，确保安全生产和提高水产品质量，阳江市水产技术推广站组织水产技术人员，结合当地渔业发展形势，编辑整理《渔业绿色养殖病害防治及安全用药技术》手册，从鱼病学、渔业生态学的角度，对鱼病的发生、传播、诊治到预防的相关知识作出通俗易懂的阐述，指导渔户生产；黑龙江省技术监督局制订地方标准《鱼病预防技术规程》，规定池塘养鱼生产过程中，池塘消毒，鱼体、食场、工具消毒，控制病原体传播等预防鱼病发生的关键性技术措施等。

9.2.3 渔业补贴

补贴，原意是指政府或任何公共机构为促进公益，对某些企业、家庭或其他政府部门直接或间接给予的财政捐助以及对价格或收入的支持，是一种政府性措施。广义的"补贴"，既包括政府为改善社会收入分配不均而支出的福利费，也包括政府为缓和市场力量的影响而制定的其他制度或规划。教育需通过个体自身努力才有回报，是一种隐性收益（Rothschild，1999）。与教育不同的是，补贴具有明确的或直接的经济收益回报。补贴是一种政府行为，不仅包括中央和地方政府的补贴行为，还包括政府干预的私人机构的补贴行为；补贴是一种财政行为，即政府公共账户存在开支；补贴必须授予被补贴方某种利益，一般认为这种利益是受补贴方从某项政府补贴计划中取得了某些它在市场中不能取得的价值；补贴应具有专向性，专向性补贴是指政府有选择或有差别地向某些企业提供的补贴。

我国渔业补贴政策是为发展渔业经济、调整渔业结构、增加渔民收入、维护渔业可持续发展服务的，是政府或任何公共机构对渔业生产者和经营者提供的财政支持和对收入或价格的补助，包括提供贷款、赠予、资产注入等方式的直接支持和提供贷款担保的间接支持、应收税费的减免、直接提供货物或服务，或购买货物等。根据财政资金来源，渔业补贴可划分为中央财政补贴、地方财政补贴与中央、地方财政配套补贴。从现行渔业补贴的用途来看，我国渔业补贴主要有以下类别：

（1）渔业购机补贴

2004 年，中华人民共和国第十届全国人民代表大会常务委员会第十次会议通过了《中华人民共和国农业机械化促进法》，明确规定了农机补贴的资金来源和补贴对象，规定"中央财政、省级财政应当分别安排专项资金，对农民和农业生产经营组织购买国家支持推广的先进适用的农业机械给予补贴"。此后，农业部和财政部联合下发《农业机械购置补贴专项资金使用管理办法（试行）》，进一步明确规定农机补贴的对象为"农民个人和直接从事农业生产的农机服务组织"，并且规定补贴之物需是"符合国家农业产业政策、农业可持续发展和环境保护的要求，且经农机鉴定机构检测合格"的农业机械。

自农机补贴政策实施起，渔业机械就被纳入补贴范围之内。目前与水产养殖关系密切的农机共涉及投喂机、水泵、网箱养殖设备和水体净化处理设备等 5 个项目的多个型号。2019 年，农业农村部和财政部预拨下达农机购置补贴款 40 亿元。补贴资金规模扩大的同时，扩大了农机购置补贴种类。其中，增氧机、投饵机和清淤机 3 类水产养殖机械首次纳入补贴目录。

（2）渔船柴油补贴

渔船柴油补贴是在我国海洋捕捞渔业发展进入高油价时代的背景下出台的，是党中央、国务院出台的一项重要的强渔惠渔政策，是国务院对渔业这个具有弱质性的行业给予的专项补贴，参照的标准是农业柴油补贴，补贴对象为依法从事国内海洋捕捞、远洋渔业、内陆捕捞及水产养殖并使用机动渔船的渔民和渔业企业。

补贴资金由农业农村部根据各省市的具体上报情况下拨，再由各省海洋与渔业局具体发放。采用"一折通"的方式，原则上直接发放到渔船的所有者，不得由乡、村集中代领或转付。渔船柴油差价补贴是渔业历史上获得资金规模最大、受益范围最广、对渔民最直接的中央财政补助，是中央"三农"政策在渔业领域的具体体现。2006 年至 2012 年，中央财政共下达渔业柴油补贴资金 728.78 亿元，占全部补贴资金的 81.66%，在几个补贴行业中资金量位居首位。

（3）标准渔港建设补贴

渔港作为渔业最重要的基础设施受到国家的高度重视，已被列为农业农村基础设施建设的重要内容，投入力度不断加大。近年来，申报国家级中心渔港，国家扶持资金一般在 2 500 万元左右；申报一级渔港，国家扶持资金一般在 300 万元左右。

对于标准渔港建设补贴，各省具体补贴标准不同。如福建省印发的《关于进一步加快渔港建设的若干意见》中规定，对于新建渔港项目，省级补助为项目核定总投资的 65％（省级财政补助 55％、省级预算内投资补助10％）；对于提升改造和整治维护渔港项目，省级财政补助为项目核定总投资的 60％；对于省级扶贫开发工作重点县（云霄、诏安、霞浦）加大补助力度，新建渔港项目省级补助为项目核定总投资的 75％（省级财政补助65％、省级预算内投资补助 10％），提升改造和整治维护渔港项目省级财政补助为项目核定总投资的 70％。

（4）渔业互助保险保费补贴

渔业互助保险补贴是一些具有共同要求和面临同样风险的渔业从业者自愿组织起来，以分摊金的方式预交风险损失补偿的一种保险形式。2008 年，农业部启动渔业互助保险中央财政保费补贴试点工作。试点险种确定为渔船全损互助保险和渔民人身平安互助保险，中央财政分别补贴保费的 25％，渔民人身平安互助保险最高补贴保险金额每人 20 万元。渔船全损互助保险试点区域包括辽宁省、山东省、江苏省、福建省、广东省、海南省部分重点渔区。渔民人身平安互助保险试点区域为浙江省岱山县。

渔业互助保险补贴主要在我国沿海地区实行，各地政策具有一定的差异性，赔偿内容主要包括死亡赔偿金、伤残赔偿金、医疗费用和误工费用等。如海南省根据农业农村部渔业保险中央财政保费补贴政策，参保渔船全损保险的渔民可享受 25％的中央财政补贴及 30％的省级财政补贴；福建省在中央财政补贴保费 25％的基础上，省级财政补贴 30％，市、县两级财政合计补贴 10％。渔业保险金额为每人 25 万元，其中每人意外伤害医疗费限额15 000 元，保险费率为 2.2‰。

（5）水产良种补贴

2006 年，农业部发布《水产养殖业增长方式转变行动实施方案》（农办渔〔2006〕4 号），提出要"开展国家级水产原良种场运行机制调研，探讨水产良种补贴方法"。随后，我国水产良种补贴逐步启动，大多数涉及的是经济价值较高的淡水鱼类，可获得补助的鱼苗需满足一定条件，且各地政策不同，补助标准也不一样。一般情况下，池塘养殖罗非鱼每亩补助 120 元；对虾每亩补助 160 元；石斑鱼等海水鱼类每亩补助 200 元；东风螺每平方米补贴 20 元。

（6）渔业贷款贴息

水产养殖业贷款贴息目前只在局部地区自行开展，主要对灾害造成的再生产能力下降、对符合地方发展要求的企业技改、新产品开发、固定资产投资等给予贷款贴息，包括渔业企业技改、新产品开发贷款贴息，养殖业贷款贴息，水产龙头企业贷款贴息等。①财政支农贷款贴息。2006年，海南省海口市出台《海口市本级财政支农贷款贴息资金管理暂行办法》，对区域内从事水产品培育、生产、加工和流通等项目的个人、企业及其他组织提供财政支农贷款贴息资金。养殖面积达10亩以上的水产养殖专业户可获得不超过50万元的财政支农贷款年贴息资金，养殖面积达50亩以上的企业及其他组织可获得的财政支农贷款年贴息资金不超过100万元，贴息期限为1年至3年；②渔业救灾复产贷款贴息。2008年2月，广东省江门市财政安排200万元贷款贴息补助专项资金，按受灾经济损失比例分配给各市、区，各市、区政府按不少于1∶1的比例配套专项资金，支持辖区内因2008年初寒冷天气造成严重损失的水产养殖户（场）救灾复产；2009年7月，福建省清流县向受特大洪灾影响的养鱼户发放贴息贷款。由"清流溪鱼"发展协会担保，依托清流农行"惠农卡"，采取3~4户联贷方式，由县财政支付利息，给予受灾养鱼专业户5万元的3年授信贷款。

此外，为支持引进和推广良种，加强物种资源保护，发展优质、高产、高效渔业，我国在"十一五"期间对用于培育、养殖以及科学研究与实验的进口鱼种（苗）免征进口环节增值税。为降低2008年南方低温雨雪冰冻灾害给水产养殖业造成的重大损失，2008年度增加"其他鱼苗及其卵"免税计划4 000万尾（粒）。

9.3　农户水产生态养殖技术采纳激励政策存在的主要问题

9.3.1　法律法规体系不完善

（1）渔业法规体系不健全，政策设计存在缺陷

就法律层面而言，《中华人民共和国渔业法》是我国发展渔业生产、建立渔业生产秩序的基本法律，其立法目的是为了加强渔业资源的保护、增殖、开发和合理利用，发展人工养殖，保障渔业生产者的合法权益，促进渔

业生产的发展，适应社会主义建设和人民生活的需要。《中华人民共和国渔业法》自1986年颁布生效以来，于2000年、2004年、2013年修订，其中2004年的修订仅改动1条。随着水产养殖生态转型目标的确定及推进，《中华人民共和国渔业法》已经明显滞后于渔业生产实际，特别是在渔业权、入渔权、休渔制度、水域滩涂权益、渔港权属等具体方面与行业发展实际严重脱节，导致经常出现无法可依、有法难依、执法不严等问题。

在政策设计上，很多政策直接套用大农业的通用政策，没有考虑水产养殖在生产方式、生产要求等方面与其他农牧业的产业差异，使政策的效果与政策设计的初衷相去甚远。如政府对农业实施"少取、多予、放活"的政策是符合农业生产实际的，但是，在政策设计上没有区分渔业与渔民、股东渔民与雇工渔民，导致渔业的"少取"、"多予"均只涉及少数人，相关政策不能惠及大多数养殖农户。如根据中央对农户减负的总体要求，渔业也实行对渔民的减负，将部分规费减半收取，取消渔业税等，但真正享受减负的基本为股东渔民，非股东渔民没有享受到实惠。渔用柴油补助政策也存在着同样的问题。诸如此类的政策设计，不仅违背了政策初衷，而且加剧了渔民的两极分化，引发了社会矛盾。

（2）产权制度不完善

产权安排对农户生产投资具有正向影响（Li et al.，1998；姚洋，1998；叶剑平等，2006；黄季焜等，2012）。现阶段，我国水产养殖领域的产权制度不完善，一定程度上阻碍了我国水产养殖产业的发展与生态转型。

以海水养殖为例。当前海水养殖主要以沿海滩涂近海养殖为主，但目前缺乏沿海滩涂规划使用和保护方面的法律法规，只能依据海洋环境和资源保护相关的法律法规以及各地的政策对其进行管理，产权归属不明晰，且沿海滩涂的一部分作为海域管理，另一部分作为土地管理，其中存在交叉区域和空白地带，部分滩涂区域被养殖用海过度开发和占用。此外，《中华人民共和国海域法》中规定，养殖用海使用权最高为15年，但目前多地对养殖用海发证是一年一发，存在养殖到期难以续约等问题，养殖用海权证期限得不到相应的保障，无法形成相对固定的养殖用海区域，湿地、滩涂等适用于养殖的区域与其他用海冲突不断，养殖空间不明晰，给渔民养殖活动的持续进行带来了困扰。

　　水域滩涂同样存在着产权安排的差异。1985 年颁布的《中华人民共和国渔业法》将农村体制改革中出现的确定养殖水面和滩涂的使用权颁发使用证、实行联产承包责任制等创新经验，用法律的形式确立为水域滩涂养殖使用权制度。该法第十一条明确规定，"国家对水域利用进行统一规划，确定可以用于养殖业的水域和滩涂。单位和个人使用国家规划确定用于养殖业的全民所有的水域、滩涂的，使用者应当向县级以上地方人民政府渔业行政主管部门提出申请，由本级人民政府核发水域滩涂养殖证，许可其使用该水域、滩涂从事养殖生产。核发水域滩涂养殖证的具体办法由国务院规定。集体所有的或者全民所有由农业集体经济组织使用的水域、滩涂，可以由个人或者集体承包，从事养殖生产。"但是，由于没有清晰界定水域滩涂养殖证确权的对象——水域滩涂养殖使用权——的性质，存在着渔户对水域滩涂的使用是属于行政管理的范畴还是属于用益物权的范畴的争论，水域滩涂养殖证制度建设进展缓慢。随着《中华人民共和国物权法》的颁布实施，水域滩涂养殖证制度建设取得了很大进展，但与耕地、草原、林地等的承包经营权制度建设相比，水域滩涂养殖证的产权制度还不完善，对渔民权益的保护力度不够。

（3）规划、标准繁杂重叠，部分标准之间存在差异

　　规划繁杂重叠。当前我国涉渔规划较多，规划繁杂重叠。以海水养殖为例，有关海水养殖的涉海规划有海洋主体功能区规划、海岸带区域的土地利用规划、海洋生态红线规划、城市规划、海岸带综合保护与规划、沿海战略规划、滨海开发规划等，种类繁多、衔接不够、执行不严，甚至彼此间相互冲突。养殖用海保有量的设定和"百县示范活动"的开展虽然在一段时间内减缓养殖用海空间的缩小，但并没有从根本上解决繁杂的规划所带来的养殖用海问题。同时，管理上整体论证、简化报批等没有操作细则，相关政策难以落地，养殖用海空间保障不足。

　　部分标准之间存在差异。以淡水养殖废水排放标准为例，目前淡水养殖废水排放依据的标准是《淡水池塘养殖废水排放要求》，该标准规定了淡水池塘养殖水排放的废水排放分级与水域划分、要求、测定方法、结果判定、标准实施与监督，淡水池塘养殖水排放有一级标准和二级标准之分。为防治水污染，保护地表水水质，保障人体健康，维护良好的生态系统，我国制定了《地表水环境质量标准》,该标准适用于中华人民共和国领域内江河、湖泊、运河、渠道、水库等具有使用功能的地表水水域,该标准将水域功能类别分为五类。表9-2显示,两个标准之间存在差异,前者规定的两级标准要求明显低于受纳区地表水环境质量标准水域功能类别的要求。《淡水池塘养殖废水排放要求》规定,在地表水环境质量标准Ⅰ类和Ⅱ类区域内废水排放必须按照一级标准排放,但在《地表水环境质量标准》中,Ⅰ类区域内淡水养殖排放一级标准的各项指标要求明显低于地表水环境质量标准水域功能类别部分项目的要求。两者之间的这种差异导致养殖农户根据废水排放标准合法排放却出现了地表水水质不达标的情况,也为执法工作带来了困惑。

表9-2 《淡水池塘养殖废水排放要求》标准与《地表水环境质量标准》标准之间的差异

单位:毫克/升

	《淡水池塘养殖废水排放要求》标准		《地表水环境质量标准》部分项目标准				
	Ⅰ类	Ⅱ类	Ⅰ类	Ⅱ类	Ⅲ类	Ⅳ类	Ⅴ类
化学需氧量	≤15	≥25	15	15	20	30	40
生化需氧量	≤10	≤15	3	3	4	6	10
锌	≤0.5	≤1.0	0.05	1.0	1.0	1.0	1.0
铜	≤0.1	≤0.2	0.01	1.0	1.0	1.0	1.0
总磷	≤0.5	≤1.0	0.02(湖、库0.01)	0.02(湖、库0.025)	0.1(湖、库0.05)	0.2(湖、库0.1)	0.3(湖、库0.2)
硫化物	≤0.2	≤0.5	0.05	0.1	0.2	0.1	1.0
pH			6.0~9.0				

资料来源:根据《淡水池塘养殖废水排放要求》、《地表水环境质量标准》整理。

(4)渔业保险相关法律法规不健全

《中华人民共和国保险法》第155条规定"国家支持发展为农业生产服务的保险事业,农业保险由法律行政规范另行规定"。但目前我国渔业保险相关法律法规缺失,尚未建立具体的渔业保险法律,以确立渔业互助保险在我国渔业保险中的重要地位、职责义务、运行模式、监管机制等,现有法律规范对渔业保险相关参与主体也未进行明确。渔业保险相关法律法规的缺失一定程度上阻碍了渔业互助保险发展。

9.3.2　农业技术推广服务深度不够

（1）农业技术推广服务供需失衡

农业技术推广服务在我国现阶段，具有准公共产品的属性。一方面，在农业技术推广服务供给上，政府承担着主导和组织作用，是技术推广服务供给主体，其推广经费也主要由政府负担。在具体实施程序上，实行"自上而下"的组织方式，各级农业技术推广服务部门按照各级政府部门下达的技术推广任务开展服务工作，传达政府在农业产业领域的意志，达成政府农业产业发展规划；在推广服务内容上，政府主管部门、农业科研院所及职业院校共同决定了农户"学什么"，较少考虑农户真实的技术服务需求以及技术接受程度，农户只是技术推广服务的被动接受者，无法参与决策的制定，或参与的程度有限。另一方面，从事农业生产的农户及其他从事农业生产的组织是农业技术推广的需求主体。在农业技术推广服务需求上，现行农业技术推广服务体系缺乏必要的反馈机制，农户技术推广服务需求很难向上一级决策层反馈，农户面临"反馈无门"的现实困境（李娜，2009）。现阶段，政府提供农业技术推广服务的主要方式有开展技术培训讲座、印放技术资料、实地培训指导及通过媒介展开相关线上培训等。调查显示，在技术推广服务方式中，农户最喜欢的方式是现场技术指导，占比 75.23%，技术培训讲座、发放技术资料、线上学习的占比分别为 12.33%、8.28% 和 4.16%。以上数据表明，农户对技术推广人员的现场指导具有强烈需求。进一步调查表明，65.13% 的农户未直接接受过现场技术指导，31.58% 的农户接受过 1～2 次指导，接受过 3 次以上指导的农户仅占 3.29%。此外，尽管在技术培训讲座结束后，通常会发放调查问卷，询问农户的技术需求及改进建议，但受推广机制、师资力量、推广经费等多方限制，培训内容并无太大改变，难以满足农户的需求。农业技术推广服务供需失衡的现状一定程度上导致了农业技术推广服务深度不够，政府无法提供精准的农业技术推广服务，农户也无法有效达成自身的服务需求。

（2）培训组织单一，多元化农业技术推广服务体系相对滞后

不同的农业技术推广服务主体因属性不同而显现出不同的经济学特征，

不同的经济特征决定了各个主体不同的行为方式。现阶段,农业技术推广服务是由政府主导的,主要包括作为公共部门的政府机构及其下属的农业技术推广部门、推广人员和为农业生产者提供各项服务的企业、农民专业合作社等新型的农业经营主体、农业科研机构和高等农业院校。现有研究表明,后者的技术推广服务的市场占有份额并不明显。政府主导的"自上而下"的推广模式即为传统的农业技术推广服务模式,主要采用诸如"公共部门(政府)-农技人员-农户"的单一路径单向推广方式将农业技术提供给农户(图9-1)。这种模式在计划经济时期发挥了重要作用,随着市场经济的不断完善,这种推广模式已经无法满足农业生产多样化的需求,存在着适用性不强、忽视农户需求、推广效果不明显等问题。同时,从政府技术推广服务质量来看,普遍存在培训形式单一、内容偏重理论缺乏实践、推广没有针对性和连贯性等问题。随着现代农牧业的生产经营主体越来越多元化,新型养殖大户、农民专业合作社和养殖企业等对养殖环节中的投入品、农机、加工运输、水产品销售以及技术、信息、金融、保险、经纪等专项服务方面的需求不断增长,现有推广体系在职能发挥和功能定位上的局限明显,多元化农业技术推广服务体系相对滞后的现状降低了农业技术推广效率。

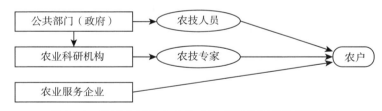

图9-1 政府主导的农业技术推广服务体系推广路径图

(3) 农业技术推广人才建设不足,队伍不稳

由于农业技术推广服务工作待遇低、工作条件差、生活较清贫,过去多年培养起来的农业技术人员有些调离了工作岗位,而高学历的年轻专业技术人员难以补充,致使队伍结构失衡、知识更新缓慢,队伍老化现象十分严重,农业技术推广复合型、技能型人才不足;此外,在乡镇机构改革后,原有的农技站并入农业服务中心,由乡镇政府统一管理,行政管理权下放到乡镇,工作由乡镇统一安排,但业务工作由县级农牧行政部门进行指导,且多站一起办公,形成了多头指挥、多头管理的局面。农业技术推广服务人员经

常被抽调搞各种"中心工作",工作随意调整性大,加之农业技术推广服务
经费的落实不到位等问题,致使农业技术推广服务人员对本职业务一定程度
上丧失责任心、进取心,增加了农业技术推广人才队伍的不稳性。

9.3.3 补贴体系不健全,扶持力度偏低

为推动水产产业发展与生态转型,政府出台了一系列补贴政策,收到了
一定成效,但也暴露出一些不足。

(1) 补贴政策受益面不匀

从接受补贴的微观主体来看,补贴受益群体存在差异。调查中发现,实
际从事水产养殖活动的有股东渔民、雇工渔民等,其中雇工渔民约占渔民总
数的 $60\%\sim70\%$ 。按照政策规定,有些补贴是直接补发给股东渔民的,广
大雇工渔民很难享受到优惠政策,这显然有悖于国家制定渔业补贴的初衷。
以渔船柴油差价补贴为例,渔船柴油补贴对象是从事海洋捕捞及水产养殖并
使用机动渔船的渔民,目前部分地区渔船柴油补贴仅直接补发给船东,没有
惠及雇工渔民。渔船报废补助政策也存在类似问题,对渔船报废拆解所得的
补贴基本上也是股东渔民得益,雇工渔民并未获得相应补偿,由此引致了一
些负面效应,背离了政府补贴政策的初衷。

从农户水产生态养殖技术采纳的过程来看,补贴政策对农户持续采纳的
激励效果不佳。水产生态养殖技术采用具有较强的正经济外部性,产生的社
会生态效益远远大于养殖农户的经济效益,但技术工程投资较大,单个养殖
农户由于存在规模、投资及经营能力等方面的限制,单纯依靠其自身难以承
担,政府补贴对其采纳水产生态养殖技术给予了一定程度的政策扶持和资金
投入,但政府只是在初期进行投资,对农户技术采用过程中设备的更换和维
护缺乏支持,最终导致了农户只是在当期采用了水产生态养殖技术而不会持
续采用,一定程度上限制了技术的推广与扩散。

从地区间补贴标准来看,各省份之间由于认识、财力、重视程度不同,
补贴的种类及力度存在明显的省际差异,各地的水产生态养殖技术补贴尚未
形成统一的标准。如广东省对休渔期休渔船船员发放一定的生活补助,确保
渔民安心度过休渔期,但是类似的伏季休渔补贴在很多其他地区并未施行。
造成补贴省际差异的主要原因在于农业技术补贴并非普惠性补贴,技术并未

在所有的地方推行，或因地制宜，不同的地区政府主推的技术也不相同，也就难以制定统一标准，而是取决于中央与地方的财力。各省补贴资金来源不一，其具体补贴标准也各异。在实施过程中，由于补贴标准不统一，在一定程度上抵消了补贴的促进作用，挫伤了部分养殖户的生产积极性。

（2）补贴力度偏低

与发达国家相比，从补贴的角度来看，我国对渔业的重视程度都不够，各级政府财政支渔的力度还有待加强。从国家间农业补贴的力度差异来看，我国农业直接补贴只占农业总收入的 3% 左右，而美国的该项比例为 40%，日本的补贴比例更是高达 60%，补贴力度偏低。此外，养殖农户作为理性人，仍然会客观考虑投入和产出。在传统增氧机能够以更低成本满足生产需要的情况下，养殖农户没有动机购买更加昂贵的先进生产设备。调查显示，2013 年海南省养殖户购买增氧机的均价为 1 465 元/台，广东省的均价为 1 423 元/台，很少有养殖户购买价格昂贵的微曝气孔式增氧机，补贴力度偏低无法达到预期水平也是养殖农户农机购买率偏低的主要原因之一。

此外，渔业是一个高投入、高风险的产业，每年因自然灾害和生产安全事故给渔业造成了巨大损失。但渔业互助保险至今仍未被纳入农业保险保费补贴范围。2008 年、2009 年国家连续两年投入 1 000 万元用于渔业互助保险保费补贴试点项目，却并没在全国范围内展开，仅选取了山东、浙江、江苏等 7 个重点渔区为试点地区，且试点险种过于单一，渔船只对渔船全损险给予补贴，忽视了渔民船东呼声很高的渔船综合险补贴，且补贴总额偏低，不足以满足广大渔民、渔船保险需求。雇主责任试点范围也只局限在舟山的岱山县，对于风险大的养殖保险政策补贴目前仍是空白。

（3）补贴效果有待提升

从补贴的实施过程来看，补贴资金从预算开始，其间要经历层层审批，才能真正发放到农民手中，这是一个相对"漫长"的过程。如我国农机补贴发放的总原则是"全价购机、定额补贴、县级结算、直补到卡"，即按照机型确定补贴额度，养殖农户全价购机并提出补贴申请，县级主管部门负责补贴审核、发放和管理，补贴资金再拨付至养殖农户账户。在这个过程中，生产资料如人工、机械、燃油等的价格已经发生了变动，旧有的补贴标准未能根据现实情况及时调整，导致其难以弥补新的作业成本，一定程度上导致补贴效果大打折扣。

政策实施不规范等，引致政策实施隐性成本上升，降低了补贴政策实施效果。以渔业购机补贴为例，自农机补贴政策实施起，渔业机械就被纳入补贴范围之内。目前与水产养殖关系密切的农机共涉及投喂机、增氧机、水泵、网箱养殖设备和水体净化处理设备等 5 个项目的多个型号。渔业购机补贴的政策逻辑是通过给予一定的经济补偿，降低养殖农户购机成本，激励养殖农户使用更多机械，提高水产养殖机械化程度，最终达到提高农业生产率的目的。但是目前我国农机补贴政策的实施过程中存在诸多问题，如农机生产企业不正当竞争、农机补贴政策实施不规范等，政策实施隐性成本上升。这些隐性成本通过价格转移，最终由购机者承担（洪自同，2012）。研究表明：当前政策条件下，领取渔业购机补贴的养殖农户比未领取者的购机成本更高，前者比后者纯技术效率更低；渔业购机补贴未能达到降低养殖农户购机成本和激励养殖农户提高技术水平的目的（陆建珍等，2014）。

9.4　日本水产生态养殖激励政策及启示

日本是渔业生产大国，也是世界上渔业最发达的国家之一。从渔业微观主体来看，大部分为以家族为单位经营的中小型渔户，以捕捞、养殖为主要生产经营方式，这与我国现阶段情况相近。日本政府十分重视渔业产业发展，制订了完善的渔业发展法律法规体系，明确确立了旨在确保渔业健康发展和水产品稳定供给为目标的渔业补贴制度，推行双轨制农技推广体系，以提高国内水产品和食物自给率，促进渔业产业的转型升级。

9.4.1　日本水产生态养殖激励政策

9.4.1.1　完善的渔业法律法规体系

日本渔业有一套健全翔实的法律法规体系，且较多使用法律这种强制作用力，形成了以《渔业法》为基础，《水产基本法》、《渔船法》、《海洋水产资源开发促进法》、《海洋生物资源保存和管理法》等为补充的完善的法律体系。该体系包含着渔业基本管理法、渔业管理组织制度、渔业发展法、渔业资源增值保护法、渔业设施设备法等一系列详细、明确的法规制度，最大程度地对渔业管理和生产进行了规定。主要渔业法律法规如下：

（1）《渔业法》

《渔业法》是日本渔业产业发展的基本法，最初制定于 1901 年，于 1910 年修正后更名为《明治渔业法》。日本现行渔业法制定于 1949 年，至今已修正 22 次，成为较为详尽的一部渔业法律。从内容上看，日本《渔业法》有 10 章 146 条款，对多种法律行为做了较详尽的规定，对日本渔业管理及产业发展起决定性作用。

（2）《水产基本法》

日本是世界上唯一拥有《水产基本法》的国家，该法律于 2001 年制订，历经 20 余年的实施和修正，成为日本比较完善的内阁基本法之一。《水产基本法》是表明水产相关措施的基本理念和策划其实现的基本事项的法律，通过确保水产资源的可持续利用以及包括渔业部门和水产加工、流通在内的水产业的健全发展，以谋求水产品的稳定供给。

（3）《淡水渔业振兴法》

受日本国内淡水渔业产量持续减少、资源管理效果不佳等现实因素的影响，日本政府颁布了《淡水渔业振兴法》，以增加淡水渔业资源、提高水产品流通效率、发展休闲渔业观光业等为目标，旨在振兴淡水渔业。采取的措施手段主要有：开发高效驱除外来鱼种方法；预防传染病并研究快速诊疗方法；加快淡水渔业资源增殖技术研发和成果转化；建造淡水渔业资源苗种生产设施；改善水生动植物产卵场，治理鱼类洄游通道；宣传淡水渔业的意义，增加放流体验活动；号召淡水渔民和居民共同参与保护等。同时，倡导国际共管模式，开启了日本淡水渔业新的发展战略。

（4）渔业保险法律制度

日本渔业保险作为渔业的一种社会互助经济活动，发挥着分散风险的重要作用。日本渔业大部分是以家族为单位经营的中小型渔户，经济基础脆弱，气象以及海上事故的种种不利影响都会使中小型渔业经营者处于极度不稳定的风险状态。日本为了分散渔业巨灾风险，保证中小规模的渔业生产经营，不断建立和完善以对生产成本进行补偿为原则、以保证渔民在突发事件或重大灾难时能够自保，并保证其在不确定的生产作业环境下的生活稳定为目标的渔业保险法律制度。这一渔业保险法律制度体系包括渔船保险制度、渔业共济保险制度、渔协共济保险制度三个主要内容，涉及的相关法律法规有《渔船保险法》、《渔船损害补偿法》、《渔业灾害补偿法》等。完善的渔业保险法律制度在保障渔业发展、促进渔业保险健全等方面起着主导作用。

渔船保险制度。日本渔船保险在渔业保险中占据重要地位，最初是对渔船受到的损失进行保险保障，主要是对渔船损失最基本的赔偿，经过长期的发展和完善，已经形成了一个比较成熟的体系。日本渔船保险实行义务加入制，在同一加入区内，若超过 2/3 的渔民都愿意参加，那么所有的渔船都必须参保，具有一定的强制性。渔船保险的险种有渔船保险、渔船货物运输保险、渔船人身意外伤残保险、渔船船主责任保险等。值得一提的是，日本政府对渔船保险中央会承保的保险项目负有再保险责任。当渔船装载保险、渔东责任保险、普通损害保险等赔付率超过一定比例时，由政府承担该部分损失。

渔业共济保险制度。日本渔业共济制度建立的基础为 1964 年颁布的《渔业灾害补偿法》，其执行组织为全国渔业共济组合联合会，包括村级渔业合作社、县级渔业共济组合、全国渔业共济组合联合会三个层次。建立渔业共济保险制度，其目的是国家通过政策对渔业进行扶持，对渔业者负担互助金的补助，应对异常灾害的保险措施的实施，对都道府开展的普及及推进活动进行指导、监督、资助等，开展的渔业共济保险事业主要包括渔获共济、养殖共济、特定养殖共济以及渔业设施共济四部分，渔业保险组合必须在以上四种渔业共济事业中至少选择一种进行。

渔协共济保险制度。日本渔民根据各自所属行业不同，秉持着自愿入会、无偿服务、自主经营、互助互利原则，组建渔业协同组合、水产加工协同组合等区域性组织，再由全国渔业协同组合联和会、全国信用渔业协同组合联合会、全国水产加工业协同组合联合会等组织共同出资成立全国共济水产业组合联和会。全国共济水产协同组合是渔协共济保险的组织实施主体。

（5）渔业权制度

日本是较早制定渔业权制度的国家，其渔业权制度具有内容详尽、体系完整等特点，在渔业管理体制中发挥着重要作用。从定义上看，依据日本《渔业法》，渔业权是指在公共水面或是与其连成一体的毗连水面独占性地从事渔业的权利，包括定置渔业权、区划渔业权以及共同渔业权；从内容上看，日本渔业权制度对沿海和内海的渔业做出了具体规定，包括渔业权的渔业对象、渔业生产区域、生产期限、渔区计划编制等事项；从实施主体上看，日本各地渔业协同组合拥有渔业权分配权，负责将渔业权分配给专职渔民、观光者等，其中，共同渔业权仅授权给地方渔业合作社，区划渔业权和定置渔业权首先授权给地方渔业合作社，其次是渔民个人或团体，以此管理淡水渔场秩序和保护淡水渔业资源，共同实现资源保护。日本渔业权的划分及其演进见图9-2。日本《渔业法》中渔业权的规定体系见图9-3。

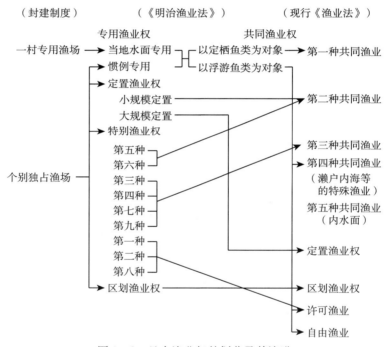

图 9-2　日本渔业权的划分及其演进

资料来源：包特力根白乙．渔业权的确立：日本经验与中国之道［J］．世界农业，2017，464（12）：63-69，141.

9.4.1.2　成熟的渔业补贴制度

日本政府虽未颁布《渔业补贴法》，但借助完备的法律体系，通过相关渔业补贴政策互相配合，贯彻了"建设资源管理型渔业，保护鱼类生物多样性，保证渔业可持续发展"的理念。

从渔业补贴目标来看，明确确立了"确保渔业的健康发展和水产品的稳

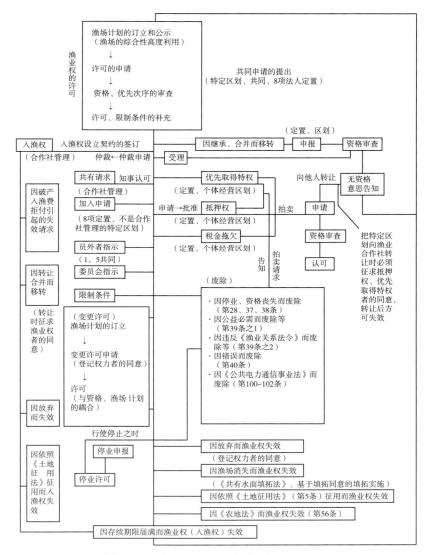

图9-3　日本《渔业法》中渔业权的规定体系

资料来源：包特力根白乙. 渔业权的确立：日本经验与中国之道［J］. 世界农业，2017，464（12）：63-69，141.

定供给"的补贴目标。众多补贴项目均围绕这一目标展开。以渔业柴油补贴为例，渔业柴油补贴资金主要用于导入新型节能机械装置、强化渔业经营体制、促进水产品流通、扩大消费和出口、增加渔民收入等方面，目标是使渔业生产者的燃油费用下降10％，其目的正是促进渔业的可持续发展。

从渔业补贴力度来看，日本政府对渔业产业的补贴是世界上最多的，其政府补助预算几乎达到渔业捕捞部门捕捞收入的14％。如日本政府通过补贴促进完善渔业互保。日本以渔船保险中央会为核心实行渔业互保模式，政府在其中进行直接或间接引导以促进中小型渔船实现稳定经营，在100总吨以下的渔船，所有者义务加入渔船保险时，对渔民最高补贴保费可达30％。

从渔业补贴项目预算看，基础建设、政府一般性服务、渔区补贴占补贴资金总额的比重分别约为70％、27％、3％，其中，渔区补贴主要用于振兴渔村、活化渔村、社会福利转移等方面。

9.4.1.3 双轨制农技推广体系

日本农业推广实行双轨推广制。"双轨"分别为政府和农协。

政府组织。日本政府设立了从中央到地方一套健全的技术普及与推广组织系统。中央一级推广机构是农林水产省，通过在全国设立地方农政局，并在地方农政局设立生产流通部农户普及科，全面负责指导、督查各府、县的农业技术推广及具体实施工作；都、道、府、县一级农业技术推广机构在农林部内设立推广管理科、营农指导科、农政普及科等机构，负责农业推广实施工作。

农协。农协全称为日本农业协同组合，是依据日本政府1947年颁布的《农业协同组合法》建立和逐步发展起来的，是开展农村综合服务工作的民间组织。日本农协的内部机构设置较为规范，其组织系统分为3个层次：农协中央、农协联合会、基层（单位）农协。其中，农协中央是农协的指导机关，设立在都、道、府、县和全国，现有48个；农协联合会一般都、道、府都有设立，以基层单位农协为会员；基层（单位）农协一般指市町村级的农协部，主要由农业生产者个人组成。农协在日本农业推广体系中起着极其重要的作用，对农业科技推广和农村经济的发展具有重要影响，有日本第二大农业推广体系之称。日本《农业改良助长法》明确了农业技术研究推广事业的目的是发展农业生产力和改善农民生活。因此，农协开设的营农指导课将农业技术指导、农业经营指导、农民生活指导、青年农民教育培训、扶助农民组织等纳入进来，涉及的内容非常广泛，包含从育种、农田规划、播种、除草、施肥、田间管理、采摘、流通等全过程的农业生产体系，同时具有集中采购、统一销售、信贷支持、社会服务、权益保障等功能。

充足的经费是维持农业推广体系正常运行的保障。日本《农业改良助长法》明确了农业推广体系正常运行的经费来源，即中央政府实行"交付金"制度，向各都、道、府、县支付协作农业推广事业交付金，地方以一定比例配套（配套比例多为 7∶3 或 6∶4），双方共同出资，维持农业推广体系持续运行。此外，市场还提供与农业推广密切相关的无息贷款，配合农业技术成果的推广和人才培养，如技术引进资金、农民生活改善资金和农业接班人培养资金。

此外，日本农业推广人员均为国家或地方公务员，薪酬分别由国家财政和地方财政直接拨付。人员招聘实行严格的考试录用制度，如基层改良推广中心的改良推广员录用要参加两次考试，即推广员资格考试和公务员录用考试，一旦录用，实行终身制。在工作过程中，日本注重对推广人员的考核，考核方式、方法注重平时、注重积累，月度、年度考核同时进行。以上制度一定程度上保障了农业推广队伍的稳定和推广人员的整体素质。

9.4.2　启示

完善的渔业激励政策有利于渔业产业生态、可持续发展目标的实现。在我国渔业激励政策的改革和完善过程中，基于自身国情与渔业资源禀赋，借鉴日本经验：

（1）完善《中华人民共和国渔业法》，并以此为基础，建立系列包含渔业基本管理法、渔业管理组织制度、渔业发展法、渔业资源增值保护法、渔业保险法、渔业设施设备法等一系列详细、明确的法规制度，最大程度地对渔业管理和生产进行规定，用以实现我国渔业的可持续发展。

（2）渔业补贴作为渔业发展的重要组成部分，明确其服务于渔业可持续发展的基本职能，确定渔业补贴的目的、作用，健全渔业补贴种类，注重渔业补贴的结构优化，加大对教育科研、技术推广和生态环境补贴的投入，使我国渔业产业发展的各个环节都能得到有效规制与支持，并加强渔业补贴法律制度实施的监管，以促进渔业的可持续发展。

（3）稳定的农业技术推广体系是农业社会化服务体系的重要组成部分，也是渔业生态可持续发展目标实现的重要保障。基于中国国情和渔业发展特点，以《中华人民共和国农业法》、《中华人民共和国农业技术推广法》、《国务院关于深化改革加强基层农业技术推广体系建设的意见》等为基础,进一步完善我国农业技术推广体系。培育农民专业合作经济组织,指导农户依托龙头企业、农村信用社、农技部门等实施渔业生产。注重农、科、教有机结合,提高农业科技成果转化率,稳定农业技术推广机构和队伍,加强对农业技术推广人员的职业技能培训,实行上岗证制度和绩效考评制度,不断提高其业务素养和服务水平,以更好地服务于渔业的可持续发展。

9.5 本章小结

回顾新中国成立以来相关政策文件,我国日益重视水产养殖产业发展,对水产养殖基础设施建设与农户养殖设备购置等的财政支持力度也在逐年加码,相关经济政策大致经历了从无到有、从模糊到具体的发展过程,具体可划分为三个不同阶段:探索起步阶段(1949—1978 年)、改革调整阶段(1979—2012 年)、优化创新阶段(2013 年至今)。

环境资源具有公共物品特征,政府代表着社会公共权力,环境管理和促进产业健康发展是政府的基本职能。在农户水产生态养殖技术采纳过程中,政府通过教育、市场和法律影响着农户采纳行为,这也是当前我国农户水产生态养殖技术采纳的主要激励政策工具。农业技术推广服务是支撑现代农业发展的关键力量,也是政府支持农业的重要政策工具。补贴具有明确的或直接的经济收益回报,我国渔业补贴政策是为发展渔业经济、调整渔业结构、增加渔民收入、维护渔业可持续发展服务的。从现行渔业补贴的用途来看,我国渔业补贴主要有渔业购机补贴、渔船柴油补贴、标准渔港建设补贴、渔业互助保险保费补贴、水产良种补贴、渔业贷款贴息以及相关的税费减免政策。就法律法规而言,我国水产养殖的法律法规包括养殖农户必须遵守的环境法律、法规和环境标准以及对环境法律、法规和环境标准、养殖标准的强制执行。

为推动水产产业发展与生态转型,政府出台了一系列激励政策,收到了一定成效,但也暴露出一些不足。在农业技术推广服务方面,主要表现在农业技术推广服务供需失衡、培训组织单一、多元化农业技术推广服务体系相对滞后、农业技术推广人才建设不足以及队伍不稳等;在补贴方面,存在体系不健全，扶持力度偏低的问题；法律法规体系也欠完善，如渔业法规体系不健全、政策设计存在缺陷、产权制度不完善、规划或标准繁杂重叠、部分标准之间存在差异等。

日本是渔业生产大国，也是世界上渔业最发达的国家之一。从渔业微观主体来看，大部分为以家族为单位经营的中小型渔户，以捕捞、养殖为主要生产经营方式，这与我国现阶段情况相近。日本政府十分重视渔业产业，制订了完善的渔业发展法律法规体系，明确确立了旨在确保渔业健康发展和水产品稳定供给为目标的渔业补贴制度，推行双轨制农技推广体系，以提高国内水产品和食物自给率，促进渔业产业的转型升级。

在我国渔业激励政策的改革和完善过程中，基于自身国情与渔业资源禀赋，借鉴日本经验，完善渔业激励政策有利于我国渔业产业健康发展与生态转型。

第 10 章　结论与政策启示

10.1　主要结论

（1）我国水产生态养殖污染现状

受国家与市场力量的双重驱动，我国水产品产量一直保持稳定、缓慢增长的态势，已成为世界上最大的水产养殖国。作为我国"蓝色经济"与农业的重要组成部分，水产养殖活动的效果具有二重性，一方面在增加农民收入、优化农业结构布局、保证粮食安全等方面发挥着重要作用；另一方面，由于养殖农户过度追求产量的提高，忽视对生态环境的保护，我国水产养殖产业发展面临着来自资源、环境、市场、科技、体制等方面的诸多挑战，由此而产生的生态问题也越来越严重，引起了社会各界的广泛关注。

我国各级政府制定了涉及水产养殖的包括环境法律、法规和环境标准在内的相关命令强制型政策工具和财政补贴等经济激励手段对环境污染问题进行直接干预。但从近年来的环境监测数据来看，水产养殖环境污染状况并未得到有效改善，污染控制效果欠佳。摒弃水产养殖产业粗放发展方式、加快渔业生态发展、推进渔业供给侧结构性改革已成为我国水产养殖产业亟待解决的重要问题。我国水产养殖产业在曲折中艰难转型。

（2）农户水产生态养殖技术采纳的行为意愿及其影响因素

技术接受模型（TAM）是解释经济个体在不同环境下技术采纳意愿决定因素的理论模型，其核心要素包括感知有用性和感知易用性两个变量。本研究在 TAM 扩展模型的基础上，引入感知经济性变量，以验证其对农户水产生态养殖技术采纳意愿的影响。

研究结果表明：基于扩展的技术接受模型，从心理机制层面构建结构方程模型来研究农户水产生态养殖技术采纳意愿是合理且适用的。感知有用性、感知易用性、感知经济性与主观规范对农户水产生态养殖技术采纳意愿的影响均通过了正向显著性检验，其标准化路径系数依次为 0.428、0.352、0.542、0.469，表明对农户水产生态养殖技术采纳意愿的直接影响程度从大到小依次为感知经济性＞主观规范＞感知有用性＞感知易用性。感知有用性和感知易用性是影响农户水产生态养殖技术采纳意愿的重要因素；感知经济性是影响农户水产生态养殖技术采纳意愿的关键因素，农户采纳意愿的首要考虑是技术的经济效益；主观规范是影响农户水产生态养殖技术采纳意愿的重要因素，即在农村关系网络中，乡邻、村干部、技术员、示范户等在技术推广过程中的示范作用和带头作用对农户水产生态养殖技术采纳意愿具有重要影响。

（3）农户水产生态养殖技术采纳的行为响应及其影响机理

在有限理性假设前提下，农户的决策是农户目标、禀赋与外部环境的函数（陈和午，2004）。农户作为效用最大化追求者，基于自身资源禀赋条件，并考虑外部社会制度环境，在综合权衡后做出决策。即农户生产行为的选择受到经济、社会及生态理性的共同约束，在一定程度上影响了生态可持续发展目标的实现。农户水产生态养殖技术采纳行为是在各种制度的约束或激励下做出的选择，不仅包括个体和养殖因素、经济因素，还包括政策安排等社会因素。

基于 Logistic 模型分析结果，显著影响农户水产生态养殖技术采纳行为响应的因素有非农就业经历、风险倾向、养殖年限、养殖规模、养殖收入占家庭总收入比重、政府补贴、规制政策供给、技术采纳预期收益、区域经济发展水平、水产养殖环境影响认知、资源环境价值认知、水产养殖污染可控程度认知、水产生态养殖技术模式认知。以上影响因素既独立发挥作用，又相互关联，共同作用于农户水产生态养殖技术采纳行为响应。

ISM 模型分析结果表明，影响农户水产生态养殖技术采纳行为的直接因素包括农户认知情况 4 个变量和技术采纳预期收益、区域经济发展水平两个经济变量，它们是影响农户水产生态养殖技术采纳行为响应的表层关键因素。根据计划行为理论，农户认知程度越高，采纳水产生态养殖技术的可能性越大。同时，由于农户是有限理性人，根据效用最大化安排投资，水产生态养殖技术采纳是否获利或获利多少以及与工资性收入的比较即为农户采纳水产生态养殖技术执行时的因素考量。中间层因素包括非农就业经历、养殖年限、养殖收入占家庭总收入比重、政府补贴、规制政策供给、风险倾向 6 个因素，这是影响农户水产生态养殖技术采纳行为响应的间接因素。农户水产生态养殖技术采纳行为不仅受其社会阅历、养殖经验、养殖专业化程度的影响，同时也是在各种制度约束或激励下做出的选择，并受到机会主义倾向的影响。以上因素自身通过影响表层关键因素，从而间接作用于农户水产生态养殖技术采纳行为响应。养殖规模是影响农户水产生态养殖技术采纳行为响应的深层因素。养殖规模越大，在实现水产生态养殖规模效益的同时，养殖废弃物集中大量排放的环境影响与社会成本也较高，进行生态养殖的边际收益也更高，因而也越倾向于采纳水产生态养殖技术。

（4）农户水产生态养殖技术采纳意愿与行为的一致性及其差异

要提高反映个体自述偏好数据的可利用性，研究其与反映个体现实选择数据之间的一致性和可比性是有价值的。基于环南海地区的两阶段调查数据，运用二元 Logistic 模型识别影响农户水产生态养殖技术采纳意愿与采纳行为一致性的显著因素，运用增强回归树模型量化各影响因素对农户采纳意愿、采纳行为的相对重要性及其边际效应。研究发现：

总体上，农户水产生态养殖技术采纳意愿较高，但采纳意愿与采纳行为一致性程度较低，表明较高的采纳意愿并不必然导致采纳行为的发生，农业生态生产的呼声较高但实际行动仍不足；

影响采纳意愿与采纳行为一致性的显著因素为养殖规模、养殖收入占家庭总收入比重、技术采纳预期收益、水产生态养殖技术认知、水产养殖环境影响认知、政治身份、环境规制；

影响农户水产生态养殖技术采纳意愿的重要因素依次为技术采纳预期收益、融资能力、资源环境价值认知、水产养殖环境影响认知、水产生态养殖技术认知、养殖规模，其相对影响贡献率分别为 38.2%、14.8%、11.1%、8.7%、7.7%、6.6%。农户水产生态养殖技术采纳行为重要影响因素依次为养殖规模、养殖收入占家庭总收入比重、水产养殖环境影响认知、融资能力、水产生态养殖技术认知、产业组织参与情况以及技术采纳预期收益，其相对影响贡献率分别为 47.5%、9.9%、9.2%、7.4%、4.9%、4%、3.1%。农户采纳意愿与采纳行为的显著影响因素及相对重要性存在较大差异,这在一定程度上解释了两者的不一致。

(5) 农户水产生态养殖技术采纳的行为绩效及其作用机制

良好的行为结果会增强技术需求的强度,使采纳行为持续、有效发生。一项涉及农户福利的生态农业技术,只有获得农户的认可,技术采纳的满意度高,其绩效水平才是高的,农户才有可能持续的采纳,即农户满意度直接关系到生态农业技术的采纳效果以及生态农业发展成效。借鉴生态经济学和组织行为学相关理论,基于农户满意度视角,运用结构方程模型(SEM),从农户根据自身主观感受来评价水产生态养殖技术采纳所带来的经济绩效、技术绩效、社会绩效和生态绩效的满意程度来探究生态农业技术采纳绩效的作用机制。研究结果显示:

水产生态养殖技术采纳的经济绩效对农户满意度有显著的正向影响。政府为农户提供技术服务以及补贴,能够帮助农户降低技术采纳的成本与风险,增加农户收入,提高农户技术采纳的积极性,进而增加农户技术采纳的满意程度。

水产生态养殖技术采纳的社会绩效对农户满意度有显著正向影响,但相对其他变量的影响程度不大。在技术采纳过程中,具有一定技术、技能资质的农户较容易掌握水产生态养殖技术,使得其成为技术示范户的概率更高,在农村社会群体中的影响力逐渐增大,主观上使农户对技术采纳有成就感。因此,在一定影响范围上,技术采纳的社会绩效对农户满意度有显著正向影响。

水产生态养殖技术采纳的生态绩效对农户满意度有显著正向影响。农村经济取得了快速发展,以牺牲环境为代价的农业生产方式已严重阻碍农村经济可持续发展,水产生态养殖技术能够较明显地促进当前环境污染问题的妥善解决,使得农业生产环境更加生态化、绿色化和无害化。因此,从长期上看,技术采纳的生态绩效对农户满意度有显著正向影响。

水产生态养殖技术采纳的技术绩效对农户满意度有显著正向影响。可能的原因是,由于农户自身学习能力的局限性,对新技术的接受速度会比较慢,如果一项新技术通过比较简单的方式展示给农户,农户就能相对"简单"地掌握该技术,农户技术采纳的可能性就会增加,一定程度上提高农户技术采纳满意度。

农户受教育水平对模型具有显著的调节作用。此外，路径系数表明，受教育水平的高低对农户满意度的影响程度不同，农户受教育水平越高，水产生态养殖技术采纳绩效对农户满意度的促进作用就越明显。

（6）农户水产生态养殖技术采纳的政策激励

环境资源具有公共物品特征，政府代表着社会公共权力，环境管理和促进产业健康发展是政府的基本职能。在农户水产生态养殖技术采纳过程中，政府通过教育、市场和法律影响着农户采纳行为，这也是当前我国农户水产生态养殖技术采纳的主要激励政策工具。为推动水产产业发展与生态转型，政府出台了一系列激励政策，收到了一定成效，但也暴露出一些不足。日本作为渔业生产大国，政府十分重视渔业产业，制订了完善的渔业发展法律法规体系，明确确立了旨在确保渔业健康发展和水产品稳定供给为目标的渔业补贴制度，推行双轨制农技推广体系，以提高国内水产品和食物自给率，促进渔业产业的转型升级。在我国渔业激励政策的改革和完善过程中，基于自身国情与渔业资源禀赋，借鉴日本经验，完善渔业激励政策有利于我国渔业产业健康发展和生态转型。

10.2 政策启示

10.2.1 优化制度环境，为提升农户水产生态养殖采纳程度提供制度保障

10.2.1.1 制订水产生态养殖发展中长期规划

（1）以中央政府为主，制定全国水产生态养殖的中长期规划

从国家层面，坚持陆海统筹，优化产业布局，建立我国水产生态养殖的中长期规划。践行生态发展理念，深化产业结构调整，以此设定水产生态养殖的中长期目标，并通过规制供给、政策优惠、资金扶持、技术供给、人才支持等相关支撑手段支撑养殖农户（场）特别是大规模养殖场、养殖企业规划项目的实施；建立一套完整的水产生态养殖规划实施评价机制和详细的评价指标，对规划的具体实施进行监督，对规划目标的完成情况进行考核；编制水产生态养殖示范区、示范村、示范社等创建实施方案的编制指南，为地

方水产生态养殖的相关规划及实施方案提供依据。

（2）以地方政府为主，制定本地区水产生态养殖的具体规划

从地方政府层面，以中央政府制定的我国水产生态养殖中长期规划为指导，在充分考虑辖区内经济发展水平、水产养殖发展及污染现状、环境资源情况、生态承载力情况的基础上，因地制宜地编制本地区水产生态养殖的规划报告，创建其总体要求和主要任务、规划目标。具体规划应包括以下内容：水产养殖发展现状及其污染的描述与评价；水产生态养殖发展现状及其效果的描述与评价；做好辖区内各类养殖区、不同养殖方式、不同养殖种类的养殖容量、生态容量的评估工作，以此建立养殖水域的容纳量评估制度；根据国家层面的相关要求，制定本地区水产生态养殖发展的中长期目标和年度目标，提出各年度、各阶段的主要任务、重点支撑项目及具体安排，并提供相关的管理和保障措施；在正确处理自然资源与发展水产养殖关系的基础上，按照"高效、优质、生态、健康、安全"可持续发展目标要求，在明确限养、禁养区的同时，因地制宜制定区域水产生态养殖的规章、管理办法，实施区域养殖布局，明确建设功能和重点，探析水产生态养殖发展现状过程中可能面临的问题和制约因素；制定水产生态养殖规章及管理办法的执行指南，实施规划方案，及时发现水产生态养殖发展中的新问题并编制解决预案，总结水产生态养殖的成功典型及经验做法，进而形成社会各界重视和支持水产生态养殖的整体合力。

（3）鼓励养殖农户（场）制定适合自身发展的水产生态养殖规划

从水产养殖农户（场）层面，积极参与地方水产生态养殖规划，同时根据国家和地方的相关规划，结合自身的资源禀赋、养殖特征，制定适合自身水产生态养殖的相关规划。在水产养殖农户（场）的规划中，主要包括水产养殖污染现状的描述与评价、控制目标设定、进一步控制面临的问题及主要任务等；对水产养殖的投入、产出、效益等各方面进行评价，详细分析现阶段所面临的主要问题；积极制订采纳水产生态养殖方式方案，将规划报备政府部门，若符合扶持政策并对方案进行了实施，积极寻求政府的相关扶持。

10.2.1.2　完善激励政策，提升水产生态养殖政策实施效果

（1）完善法律法规，强化法制保障

全面建成多层次、全方位完善的现代水产养殖法律法规体系。运行良好

的法律体系须与社会发展相适应。首先，细化渔业法条款。渔业法细化是渔业法制走向健全的基础，其内在的协调性、统一性、针对性和可操作性是法律理念的价值取向和趋同。现行渔业法大部分条文都比较粗线条，修正和增补其条款具体内容，使得相关规定更加细线条，以提升其针对性和可操作性。修订时，力求条款内容明确、具体、周密，相互间要协调和配合。其次，我国渔业地域辽阔，人口众多，各地区渔村社会政治、经济、文化、科技等状况存在显著差异。这就要求既要保持渔业法制的稳定性和统一性，又要因地制宜、明确具体做好法律法规的细化工作。有关部门和行业组织应根据产业实际情况，进一步完善和加强水资源与能源使用、生态环境保护、苗种和养殖生产、疫病检疫、饵料和水产品质量安全等水产养殖全产业链相关法律法规、制度办法的制修订、完善工作，细化法条、强调可操作性。最后，随着水产生态转型目标的推进和生态养殖技术的推广，应不断完善渔业法律政策体系，对不适用的条例进行修订，利用政策积极扶持新兴生态养殖模式，合理规划水产养殖产业发展路径，正确引导部署水产养殖生产，在水产养殖管理和生产过程中都做到有法可依。加强对水产养殖执法监管、水域使用、生态红线、养殖资源、产品质量与生产安全等方面的法制保障力度。在执法过程中应坚持依法治渔、严格执法，突出法律的权威性和震慑力。目前，水产养殖污染防治制度多以鼓励性条款为主，对水产养殖污染防治的法律责任部分援引链条处于断裂状态，通过增设法律责任章节，完善法律责任体系，以增强法制保障力度。同时，深入开展普法宣传，增强业内法律意识和守法观念，营造法治环境。

加强标准和技术体系建设。标准的核心功能在于与援引该标准的法律规范、行政规划共同发挥设定目标、考核激励、督政问责的作用。加强标准和技术体系建设，完善种质资源、病害防控、水产品质量安全和营养饵料等水产养殖标准与技术体系的建设工作，是完善激励政策、提升水产生态养殖政策实施效果的重要途径。建立水产养殖良种资源库，开展良种保繁育、苗种检测及信息化溯源等研究工作，制定与之相关的工艺与技术标准，促进良种示范与推广，形成"育、繁、推"一体化的现代水产良种标准技术体系；修订《淡水池塘养殖废水排放要求》，适当严格池塘养殖废水排放标准；开展水产养殖病害防控体系建设，重点建设国家、省级和重要地市级不同层级的

水生动物疫病防控中心，形成覆盖全国主要养殖区域的水生动物疫病防控监
测网络体系；强化水产品质量监督检测机构职能，突出其在生态养殖质量安
全管理工作中的协调和支撑作用；基于生态养殖，布局饵料质量监督检验网
络，形成以国家级检验中心为龙头，省部级中心为主体的水产饵料质量检测
体系；在现有工作的基础上，深入开展国家、行业、地方及企业标准的编制
工作，完成水产养殖病害防治、水产品质量安全和营养饵料等投入品领域系
统性标准体系的建立。

　　进一步推进产权制度建设。完善的产权制度有利于我国水产养殖产业的
生态转型与可持续发展。水产资源管理、经营管理以及从业人员的权益保护
均需要明确的产权制度安排。将"渔业权"明确写入物权法和渔业法中是我
国水产养殖产权制度完善的基础。在物权法和渔业法中明确写入"渔业权"，
并就渔业权的适用范围、申请、许可、不许可情形、优先次序、存续期限、
变更、性质、抵押、出租、转让、限制、废除、失效等进行详细规定，以体
现法上渔业权制度的完整体系，并保障最大化发挥其功能。在具体细节上，
继续修订完善"养殖的权利"，将"养殖的权利"修正为"养殖权"，将"养
殖证"提升到相应的"养殖权"高度，进而确立"渔业权"的法律地位。继
续推进养殖用海权、水域滩涂养殖使用权等制度的完善，加强对渔民权益的
保护。

　　完善信贷保险机制，提高农户投资与抗风险能力。水产生态养殖技术的
实施不仅需要农户承担较高的成本投入，同时也使其面临一定的生产风险。
单个农户由于存在规模、投资及经营能力等方面的限制，在实施生态养殖技
术过程中，单纯依靠其自身难以承受。因此，在实施水产生态养殖技术补贴
政策的基础上，需进一步完善相关的信贷保险机制，注重水产生态养殖补贴
政策与信贷保险机制间的协调与配合，从而提高农户在水产生态养殖技术采
纳方面的投资能力和风险抵抗能力。一方面，要加大对生态养殖设施建设贷
款的税费减免、贴息等优惠政策，提高金融机构为农户提供信贷支持的积极
性，从而为农户技术采纳初期的工程建设投入提供充足的资金保障；另一方
面，完善我国水产养殖互助保险相关各层级法规。在国家层面健全我国水产
养殖互助保险法律体系，通过法规明确水产养殖互助保险组织的相关工作任
务，确保投保人的主体地位。地方水产养殖互助保险应符合本地水产养殖生

产特点，确保法律条款的普适性，其制定、修改和完善需依法开展，充分听取投保会员意见，保障地方法规的科学性和合理性。引入再保险机制，利用政策性商业保险，引导水产养殖商业保险从业公司开展再保险业务，以提升我国水产养殖互保市场活力，为我国水产养殖发展保驾护航。结合水产养殖产业发展现状及目标，适当增加险种，通过积极开发适用于农户水产生态养殖技术采纳的特色农业保险品种，从而降低农户在技术升级过程中面临的生产风险，以满足水产养殖的生产需求。

（2）优化补贴体系，加大扶持力度

完善水产养殖补贴体系。首先，明确水产养殖补贴的方向、原则，充分体现其提高水产养殖技术水平、推动水产生态养殖、促进生态文明建设的导向性。坚持水产养殖补贴与依法生产相结合，在养殖区（村）和广大养殖农户中形成遵纪守法、文明生产的良好氛围；坚持水产养殖补贴与安全生产相结合，督促养殖农户自觉落实水产养殖安全管理制度，促进安全生产；坚持水产养殖补贴与产业政策相结合，对利于生态保护的养殖行为，相应提高补贴标准，促使养殖农户主动调整养殖结构和优化养殖行为，恢复和保护生态资源。其次，制定《农业补贴条例》及相关实施细则，将水产养殖补贴纳入进来，完善水产养殖补贴体系，实现水产养殖补贴政策制度化、法制化，通过法律法规对水产养殖补贴预算予以硬性约束，保证水产养殖补贴政策的稳定性。最后，建立水产养殖补贴核算体系，统一数据统计口径，规范补贴管理，对资金的流转和使用加强监督，提高补贴透明度，抵制资金暗箱操作和权力寻租。

优化补贴结构，扩大补贴范围。优化补贴结构，支持将传统的粗放式水产养殖的相关补贴逐步予以消除，重视生态性补贴的投入和加大对教育科研、技术推广的补贴力度，将更多的补贴资金投入到水产养殖科学研究、基础建设层面、养殖农户保障层面和人才队伍建设层面，以保护生物多样性，促进水产养殖产业可持续发展；优化现有水产养殖补贴体系，寻找补贴之间的内部联系，实现各类补贴之间的优势互补，最大限度地发挥补贴的协同效应，更大程度上惠及养殖农户。扩大补贴政策范围，在原有分项补贴的基础上，不断建立和完善诸如禁养休养生态补偿机制、水产养殖灾害保险制度、农业和农村资源循环利用和生态保护的补贴政策、农村小额贷款财政贴息政策等。在补贴对象上，从股东渔民逐步扩大到全体传统渔民，同时兼顾传统渔民雇工，切实保障渔民权益；扩大渔机补贴范围，重点加强渔船新型节能柴油机、渔业安全新设备、渔船保鲜保活新设备、水产品加工设备等新型渔机的研发、推广和补贴力度，全面提高我国水产养殖机械的研发和制造水平，加快渔机装备的更新升级，提高现代水产养殖发展水平；加快建立有国家财政支持的稳定的水产养殖风险保障机制，将渔业互助保险纳入国家政策性农业保险范围，根据现有补贴标准给予养殖农户参加人身意外伤害、渔船财产和水产养殖互助保险保费补贴支持，逐步建立覆盖水产养殖全产业的风险保障体系，形成国家支持水产养殖产业发展的长效机制。

改进补贴方式，加大补贴力度。改变对单一资金补偿金额提升的依赖，进一步丰富实物补贴的种类、提高实物补贴实用性，将实物补贴作为资金补偿的重要补充，扩展多元化补偿方式。前文实证分析表明，政府为农户提供相关补贴，能够帮助农户降低技术采纳的成本与风险，增加农户收入，提高农户技术采纳的积极性，进而增加农户技术采纳的满意程度。因此，应在财政能力范围之内加大补贴力度，特别是加大对生态养殖的补贴力度，降低渔业贷款门槛、拓展多种融资渠道，鼓励民间组织以及社会其他力量参与进来，为实现我国水产养殖生态转型提供资金支持。

（3）创新多主体协同机制，完善多元化服务体系

明晰技术推广组织功能，构建多元化农技推广体系。农技推广服务主体多元化发展背景下，不同农业技术推广组织的功能和作用领域也各有不同。农业技术推广站具有公共性导向，合作社具有示范性导向，农资经销商具有利润性导向。构建由政府引导，农业企业进行市场化运作，整合科研院校、农业企业和专业合作社等多方资源和优势，创新、完善符合农户需求的多元化农业技术推广服务体系，善用不同组织优势，形成组织合力，实现多元目标的统一，不断推动农户生态养殖行动的开展。首先，明晰技术推广组织功能，充分发挥各组织的优势，实现不同推广组织间的优势互补与效益协同，如推动基层农技站的改革，激励农技推广站的公益服务绩效；提升合作社的示范效应，加强对合作社生态水产品品牌、政策支持的资质管理等；其次，跳出单一组织行动的传统思维，构建专业化农技推广服务体系，不断创新组织形式，实现多元目标的统一。如创建"农技站＋合作社"形式，将公益服务与合作生产结合起来；建立"农资经销商＋合作社"形式，实现合作社对农资的把控与标准化。最后，借助农村社会资源，提升组织技术推广效率。如培育水产生态养殖技术示范户，充分发挥水产生态养殖技术推广过程中农户社会网络的带动作用，提升推广效果等。此外，完善政策配置，加大资金投入，构建线上线下相结合的农业技术推广服务模式，推动互联网技术和线上培训模式的发展。同时，积极引导社会各界力量、不同技术推广组织参与线上培训的开展及模式创新。

建立需求导向与价值评价机制，实现供需有效衔接。首先，建立需求导向与价值评价机制。政府及其农业技术推广供给主体部门，在原有的传统的"自上而下"的农业技术推广服务模式的基础上，加大对现代信息系统与设备建设方面的经费投入，运用现代化的信息系统与设备打通从农户到农技专家的"自下而上"的技术需求通道，以此改变农业技术推广需求与有效供给不足的现状。同时，探索、完善农业技术推广服务价值评价机制，建立如农产品产量的增加、农业生产知识水平的提高、农业技术推广服务满意度的提升等方面的农业技术推广服务评价体系，对实际推广服务效果进行考核。其次，推动技术服务属性与农户资源有效衔接，提升替代技术采纳效果。水产生态养殖技术的应用是水产养殖生态转型目标实现的前提。完善农村金融、劳动力市场的政策支持体系，降低农户水产生态养殖技术的采纳门槛，科学界定水产生态养殖技术属性，实现技术特征与农户资源禀赋特征的有效对接，加强农业技术推广机构与农户的交流沟通，提升技术推广服务人员对农户生产特征与家庭特征的了解程度，推动技术服务属性与农户资源有效衔接，以此提升技术采纳效果。最后，建立以农户为主体的技术传导机制。从技术采纳主体来看，农户是水产生态养殖技术推广服务的直接作用对象，也是技术采用的根本利益相关者，在技术扩散过程中起着关键作用。农技推广作为农户获取技术信息的主要渠道，能够显著缩短农户从认知水产生态养殖技术到采纳过程的持续时间，能协同高效地加速水产生态养殖技术扩散。现阶段我国农业技术推广多由政府主导，容易忽视农户主观需求和行为。因此，在推广过程中应重视利用农户的技术传播能力，将农户对技术的理解、需求以及反馈的意见与推广服务联系起来，改变供需差距，改变农户的被动采用局面，提高农户对技术的认可程度，促进水产生态养殖技术可持续采用。

深化农业技术推广服务深度，提高农业技术推广服务精准度。农户接受农业技术推广服务的程度对推广效果的发挥有着不可忽略的影响。从农业技术推广服务内容来看，通过集中授课培训可以对农户生态养殖行为产生正面作用，而提供实地指导对农户选用生态饵料等投入品、采纳生态养殖技术以及直接降低投入品使用量等均能进一步起到正向激励。一方面，通过现场指导深化推广服务程度，即由专业技术人员面对面对农户进行实操指导，使农户得以对新技术操作的具体过程与注意事项产生更加直观且清晰的认知，提升农户技术采纳易用性感知；另一方面，通过示范养殖方式深化推广服务程度，即在示范养殖区率先使用生态养殖技术，科学合理使用投入品，同时组织农户到现场进行参观学习，使其了解一整个养殖周期内技术采纳的要点，检验示范养殖区的产出结果和经济效益，降低农户对采纳水产生态养殖技术以及降低投入品使用量的风险预期，提升农户技术采纳有用性感知。从农业技术推广服务周期来看，养殖农户的传统养殖习惯是在长期的生产实践中形成，其改变也需在科学引导下通过长期的生产实践进行调整。因此，生态养殖技术的采纳以及投入品使用习惯的改变，是一个长期的过程，需要确定农业技术推广服务的最优周期，开展长期的农业技术推广服务，逐渐改变养殖农户的观念与认知，优化农户投入品使用习惯，稳步推广生态养殖技术，并在养殖实践中对推广效果进行检验，在数年的养殖实践中培育、调整并稳固农户养殖习惯，避免短期运动式推广方式无法对改善农户养殖行为产生长期效果的弊端，以此深化农业技术推广服务深度，促进农户形成生态养殖行为。此外，农户生态养殖行为的培育是一个长期的过程，在技术采纳的不同阶段，在不同养殖区域，技术推广服务对禀赋特征不同的农户的影响路径所发挥的作用不尽相同，实施农业技术推广服务目标的动态调整和差异化的农业技术推广服务内容，有利于实现农业技术推广服务的精准化，最大限度地发挥农业技术推广服务的效果。

开展水产生态养殖技术研究与人才选拔，稳定人才队伍。一方面，紧密结合国家重大需求和国际前沿，集中国内优势力量，加大研究经费投入，对水产生态养殖技术进行重点研究开发，强调多领域、多层次关键技术的集成和相关技术的实用性，并通过系统集成和应用示范，建立工程化和产业化的技术平台，为水产生态养殖提供技术支撑；另一方面，健全人才培养制度，对各级农业技术推广服务专业人员采用公开招考录用的方式，定岗定编，并坚持定期考核考评措施，提高农业技术推广服务业务素质。同时，采用培训、技能竞赛等方式积极推行在岗农业技术推广服务人员继续教育制度，提高农业技术推广服务人员的执业能力和应变能力，为水产生态养殖提供人才支持。

10.2.1.3 健全水产生态养殖反馈机制，构建高效畅通的信息交流渠道

（1）构建以政府为主体的信息交流平台

政府在水产养殖生态转型过程中主要起组织、引导、监管等作用，因而信息反馈平台的设计也要以政府为中心，构建以政府为主体的水产生态养殖信息交流平台，一方面对养殖农户（场）、社会公众、环境非政府组织等反馈的信息进行搜集、整理、分析，并通过相关的决策或形式对信息交流系统进行修正；另一方面政府信息交流平台也要为推动水产生态养殖的各职能部门以及政府与环境非政府组织等第三方之间的信息集成和交互提供网络空间。政府可通过建立相关网站等，即时发布有关水产生态养殖的相关信息，并在网站上设置政府相关职能部门、主要环境非政府组织、提供技术支撑的科研机构等主页的链接，同时提供相关的数据统计和查询功能，以满足信息的多方需求。

（2）构建以水产养殖农户（场）为主体的信息交流平台

水产养殖农户（场）是水产生态养殖的直接实施者，是信息反馈的关键。通过建立网站等反馈媒介，构建水产养殖农户（场）信息交流平台，充分协调水产养殖农户（场）之间、水产养殖农户（场）与政府、水产养殖农户（场）与社会公众之间的信息传递，以满足各个行为主体的信息需求，实现经验交流、资源互补、环境政策的上传下达等。

（3）营造多元互补的信息交流环境，保持信息交流渠道的高效畅通

农户采纳水产生态养殖技术的行为响应及其行为强度嵌入于乡村社会结构中，是在一定情境下的理性选择，受经济学零嵌入和社会学强嵌入双重影响和约束。因此，政府应优化并拓宽农村信息交流渠道，为农户营造多元互补的技术信息环境，保持信息交流渠道的高效畅通。如通过采取"农户＋协会＋基地"的模式，开展定期农户团建实践，组织农户经验交流会，构建村

内交流平台等方式，为农户营造良好的经验交流环境，增进农户之间的互动交流，拓宽和强化农户之间的交流与沟通。同时，重视不同信息渠道的分配效应，加速水产生态养殖技术在不同类型农户中的扩散，有效提升农户技术采纳水平。

10.2.1.4 加强监管力度，强化监管责任

（1）加强多部门协作，健全监管机制

当前，我国对于传统水产养殖污染水体、土壤等的监管主要实行区域监管、地域监管和水系监管等，分别由不同的部门落实，客观上造成决策的分散化和部门间责任的相互推诿，难以达到制定的生态政策规划目标。因此，实现水产养殖生态转型与养殖污染防治需要突破现有行政性分散的管理体制，实行多部门联动的监管体系，成立包括农业、水产、环保、科技、统计监测等多职能部门参与的领导机构，相互间充分协调配合，建立监管网络，将责任划分到具体的监管部门，共同加强对水产养殖全过程的监督管理，提高监管效率，以实现生态转型的产业发展目标，促进水产养殖产业可持续发展。

（2）强化投入品管理，实行水产养殖全流程监管

强化投入品管理，严格落实饵料、兽药生产经营许可制度，加强对养殖用饵料、兽药等投入品制造的严格把关，坚决取缔未经审批的地下饵料加工厂，并对登记在册的厂家进行定期检验；严厉打击制售假劣水产养殖用饵料、兽药的行为，将水环境改良剂等制品依法纳入管理，并对饵料、兽药生产建立产品可追溯制度，强化源头监管。依法建立、健全水产养殖投入品使用记录制度，加强水产养殖用药指导，严格落实兽药安全使用管理规定、兽用处方药管理制度以及饵料使用管理制度，确保养殖过程使用饵料、兽药的安全；加强对水产养殖投入品使用的执法检查，严厉打击违法用药和违法使用其他投入品等行为。

实行水产养殖全流程监管。加强水产养殖全流程监管是确保水产养殖生态转型的有力保障。为了满足生态养殖要求，应科学布局水质监测点，定期对养殖区域水质进行监测，加强对养殖水质检测监管；明晰养殖区域生态环境，重点关注水质和底泥环境，确保养殖水域环境符合养殖要求；对养殖废水实行排放全流程监管，严格排放前先无害化处理以达到排放要求，从源头

上减少污水排放；强化水产品质量安全属地监管职责，加大养殖区水产品质量安全风险监测、评估和监督抽查力度，深入排查风险隐患。加快推动养殖农户（场）建立健全养殖水产品追溯体系，鼓励采用信息化手段采集、留存养殖信息。推进行业诚信体系建设，支持养殖企业和农民专业合作社开展质量安全承诺活动和诚信文化建设，建立诚信档案。建立水产品质量安全信息平台，实施有效监管。加快养殖水产品质量安全标准制修订，推进标准化生产和优质水产品认证，切实加强水产品质量安全监管，以此实行水产养殖全流程监管。

（3）加强执法监管，强化督促指导

建立、健全生态健康养殖相关管理制度和标准，完善行政执法与刑事司法衔接机制，加强水产养殖执法。将水产养殖业生态发展纳入乡村振兴战略、生态文明建设的目标评价内容，对生态发展成效显著的单位和个人，按照有关规定给予表彰，对违法违规或工作落实不到位的，严肃追究相关责任。将资源的利用效率和生态绩效纳入干部考核范围，构建以生态 GDP 为基础的政绩考评体系，督促地方政府促进产业发展的同时，重视生态环境保护，科学地反映产业发展与生态之间的相互作用，实现对地方政府政绩的理性考核。建立起一套针对地方政府的生态环境考核指标体系，健全生态建设和环境保护的责任追究制度，并对未履行环境保护职责、对养殖污染监管不到位的地方政府及主要官员依法追究责任，真正建立地方政府生态建设和环境保护的问责机制，以此强化督促指导。

10.2.2 注重科技创新，为提升农户水产生态养殖采纳程度提供科技支撑

（1）加大投入，创新生态技术的研发与应用

一方面，加大对生态养殖技术的研发投入，创新生态养殖技术模式。现阶段，我国普遍采取投饵式养殖、无饵式水产养殖方式，两种方式对生态环境所带来的危害较大。通过对传统水产养殖技术进行创新，开发新型的生物与植物净化技术，发挥科技对产业发展与生态转型的引领和支撑作用；另一方面，整合资源优势，组建创新联盟，打造水产科技协同创新平台，实现资源共享、协同创新，通过深化"政、产、学、研、企"合作对接，提升水产

养殖产业发展的关键核心技术协同创新能力。充分发挥大专院校、科研部门的技术优势，对水产养殖品种的精深加工及其综合利用等项目采取联合攻关，共同研发，并促进其成果转化，以加快水产养殖产业结构的调整、升级。

（2）强化科技支撑，加快良种培育

强化科技支撑，加强现代水产产业技术体系和国家水产产业科技创新联盟建设，依托国家重点研发计划专项，加快推进实施"种业自主创新重大项目"，扩建一批国家级和省部级良种场及引育种中心、扩繁中心等，构建以水产种质资源保护区为基础、以水产遗传育种中心为支撑、以良种场为主体、以规模化育苗场为补充的相互协同的良种繁育技术体系，围绕主要养殖种类，集成、创新高效安全的杂种优势利用技术，完善群体改良、家系选育等技术，加强优良种苗培育，加快品种更新换代。布局细胞工程育种、转基因育种等新技术，聚合优质、高产、抗逆等性状基因，创造目标性状突出、综合性状优良的育种新材料，培育优质高产新品种及名贵特优新品种。研究苗种签证和检疫等技术，制定新品种繁育与推广的技术规范，培育一批优质高产动植物新品种，为水产养殖业培育并提供优良品种及抗病抗逆品种，稳步提高我国水产养殖的良种覆盖率和遗传改良率。同时，加快遗传育种中心、良种繁育中心等养殖科技平台和养殖产业化示范基地的建设，大力推进"育、繁、推一体化"，加快科技成果的转化和应用，促进水产养殖产业转型升级。

（3）加快技术升级，建立优质饵料工业体系和配套设施体系

使用优质饵料对于提高水产养殖产品的质量、降低成本、减少疾病、防止环境污染、提高经济效益等具有决定性作用。围绕提高质量、降低成本、减少病害、提高饵料效率和降低环境污染等目标，加快饵料技术升级，深入研究稳定性、诱食性、吸收性好的全价配合饵料，推动水产养殖产业健康发展；加大对水产养殖农机、工船等设备、设施的研发投入，提升水产养殖机械化、自动化、信息化技术水平和防灾减灾能力；结合特定区域的社会经济与自然环境，研发适用于生态养殖的养殖装备与设施，提高设施的现代工程装备水平，实现设施、设备的技术升级，从而提升技术采纳效果。

10.2.3 加强宣传引导，为提升农户水产生态养殖采纳程度提供舆论环境

（1）建立宣传机制，形成全社会重视水产生态养殖的整体合力

养殖农户（场）实施水产生态养殖的积极性取决于其对养殖污染、生态保护、实施方式、政策支撑、预期效益的了解情况。通过建立广播电视、报刊书籍、网络、微信公众号等全方位宣传体系，强化养殖农户（场）对水产养殖废弃物对生态环境的认知，示范生态养殖全过程，提升对生态养殖收益的预期，全面提升包括养殖农户（场）在内的社会公众对保护生态环境等环境权益方面的维权意识，大力营造社会公众参与环境监督的氛围，通过微博检举、环保信箱、环保热线等扩展社会公众参与水产养殖污染防治的渠道、方式和范围，并大力宣传水产生态养殖实施过程中好的、典型的做法、经验，形成全社会共同重视水产生态养殖的整体合力。

（2）多渠道推进科普宣教，提升农户生态责任认知

前文实证分析结果表明：水产养殖环境影响认知、资源环境价值认知、水产养殖污染可控程度认知、水产生态养殖技术模式认知显著影响农户水产生态养殖技术采纳行为响应。因此，多渠道推进科普宣教，提高农户生态责任认知，对提升养殖农户（场）水产生态养殖技术采纳程度、促进水产养殖生态转型具有重要意义。

首先，注重科普宣教的导向性，从生态保护的角度逐步转变农户发展观，帮助农户了解人与自然之间的良性循环关系、生态破坏的严重后果以及实施生态养殖方式对生态保护的意义，以农业可持续发展、生态经济效应、生态资源保护诱导养殖农户（场）行为由注重短期的经济增加向注重长期的"经济-生态"多维利益转变，提升农户生态责任认知，激发农户实施生态养殖的内在动机。

其次，通过线上、线下多种形式，定期、定点将生态保护科普宣教活动常态化，与时俱进丰富现有宣教手段，形成政府主导、全社会参与的多样化宣教格局，多渠道推进科普宣教，并倡导养殖农户（场）积极承担生态责任，提高农户生态责任认知。对于采纳意愿强烈或积极践行的养殖农户

（场）予以嘉奖、宣传，增强养殖农户（场）对自身实施生态养殖行为的价值和责任感知，形成社区主动保护生态环境的良好氛围，客观上督促养殖农户（场）积极、持续实施水产生态养殖。

最后，重视非正式制度的影响，充分发挥乡村社会效应。农户采纳水产生态养殖技术的行为响应及其行为强度嵌入于乡村社会结构中，是在一定情境下的理性选择。众多实证分析表明，农户兼具"经济理性"和"社会理性"双重特征，不仅受到正式制度的约束，更受到乡规民约、社会交往等非正式制度的较大影响。因此，在乡村"熟人社会"中，在以个体农户为核心形成的人际关系中，应注重邻里乡亲交流、社会交往等非制度渠道的宣传效应，在加大传播力度的同时，提升传播的社会效应，强化生态保护的正面主观规范，营造、培育全社会共同重视水产生态养殖的舆论氛围。

（3）发挥典型个案的外溢效应

实证分析结果表明，感知有用性和感知易用性是影响农户对水产生态养殖技术采纳意愿的重要因素，感知经济性是影响农户对水产生态养殖技术采纳意愿的关键因素，农户采纳意愿的首要考虑是技术的经济效益；同时，在农村关系网络中，意见领袖为核心的社会影响对农户技术的采纳需求具有不可替代的影响（Merwer V et al.，2009）。生态养殖示范区、生态养殖典型个案为提升农户水产生态养殖技术易用性、有用性感知提供了示范渠道。生态养殖示范区、生态养殖典型个案是专业群体与普通农户异质化沟通的重要渠道。池塘工程化循环水养殖技术、多营养层级综合养殖技术、工厂化循环水养殖技术等水产生态养殖技术模式均需要投入较高的资金成本和学习成本，农户在感知收益的同时，也感知风险。通过设立生态养殖示范区，培育生态养殖典型个案，提高水产生态养殖技术的可试性和可观察性，并对其产出成果、经济效益进行详细描述，以此提升农户对技术的易用性、有用性感知，进而提升农户的技术采纳程度。同时，对生态养殖示范区、生态养殖典型个案中好的、典型的做法、经验进行总结、宣传，并在规模养殖户、养殖小区中进行推广，进一步扩大其辐射带动作用，充分发挥其外溢效应，为提升农户水产生态养殖采纳程度提供示范。

10.2.4 完善社会规范机制，发挥市场作用，为水产养殖生态转型提供合力

（1）完善道德规范为主要内容的社会规范机制

道德和责任在水产养殖污染防治过程中具有重要的作用。政府承担着实现生态资源可持续利用的责任，养殖农户（场）承担着实现自身利益最大化的同时促进养殖业的生态可持续发展和经济社会进步的责任，而社会公众则承担着监督和辅助的责任。因此，要营造利于水产生态养殖的社会氛围，提升各参与主体的责任意识、道德价值取向与参与的自觉性。首先，构筑全民性、全方位的生态理论，建立可持续发展的道德责任教育体系，将生态保护纳入到各层次的教育教学活动中，提升全社会的环保意识；其次，通过培训等手段增强水产养殖农户（场）的自觉性，真正构建以道德规范为主要内容的社会规范机制，以控制养殖污染；最后，在社会监督保障方面，开通水产养殖污染投诉中心、举报热线等社会监督渠道，鼓励社会公众检举各种有违生态保护的养殖主体，同时保护利益相关者与社会公众的知情权与监督权，建立全民监督的水产生态养殖监督网络。

（2）实施水产生态养殖的市场化制度创新

在强化政府依法管理生态环境和促进产业发展、充分发挥政府引导作用的前提下，推动水产养殖污染防治集约化、水产生态养殖专业化和市场化，实现水产生态养殖由政府主导到市场主导的机制转移，对控制水产养殖污染、促进水产养殖生态转型具有重要的现实意义。

实行水产养殖污染防治的集约化。根据区域特点统一部署，按照主体多元、形式多样、竞争充分的原则，大力培育专业服务公司、专业服务队等农业经营性服务组织，从服务主体的组织形式、服务手段、服务范围等方面制定确定承担农业公益性服务的经营性服务组织的资质标准，并对其服务质量进行综合评价，并鼓励养殖农户（场）将水产养殖废弃物委托给具有环境污染治理设施运营资质的单位进行处置；鼓励各地区建立由财政出资的农业担保公司，为经营性服务组织和水产养殖主体提供贷款担保，并制定经营性服务组织税收优惠政策，完善用地、用水、用电等相关政策，优化养殖污染治理的市场化环境等。

以环境产权明晰化为基础，推广排污权交易制度。排污权是指排污单位经核定、允许其排放污染物的种类和数量。进一步推进排污权有偿使用和交易，充分发挥市场在资源配置中的决定性作用，积极探索并建立水产养殖污染成本合理负担机制和污染减排激励约束机制，促进养殖农户（场）树立环境意识，主动减少污染物排放，切实控制养殖污染。一方面，应严格落实污染物总量控制制度，合理核定排污权，实行排污权有偿取得，规范排污权出让方式，加强排污权出让收入管理，以建立排污权有偿使用制度；另一方面，应从规范交易行为、控制交易范围、激活交易市场、加强交易管理等方面加快推进排污权交易。同时，积极推动环境保护税的开征，构建绿色税制体系，充分发挥税收在环境领域的调节作用，促进经济社会的可持续发展。通过不断创新水产生态养殖市场化手段，倒逼水产养殖生态转型。

（3）健全水产养殖社会化服务体系

水产养殖社会化服务体系建设是一个系统工程，涉及财政、金融、科技、信息产业、水产品生产企业、科研院校等方方面面，表现于水产养殖产业化全过程。健全水产养殖社会化服务体系，充分发挥社会化服务优势，实现养殖农户（场）和市场需求之间的有效衔接，为养殖农户（场）提供产前、产中、产后系列市场化服务，满足水产养殖产业化发展多样化需求，从而促进水产养殖产业健康发展。首先，建立和运行包括水产品生产和市场信息的采集、存储、加工、传递的水产养殖信息咨询服务体系，向养殖农户（场）提供信息、技术、市场咨询服务，有效指导养殖农户（场）开展水产养殖活动；其次，根据水产养殖生产面临的难点，引入药企等市场化组织，科技攻关、推广优质高产高效的优良鱼种、开展鱼病防治技术示范等，建立起完善的涵盖第三方的科技推广服务体系；最后，积极培育和发展现代农产品贸易、加工、配送为一体的综合服务企业，拓展水产品流通直销市场，鼓励发展水产品第三方物流企业，鼓励具有一定发展潜力的批发交易市场向专业配送服务市场转型，等等，以此来提高水产品的配送和物流效率。此外，为鼓励农业社会化服务组织更好地服务于水产养殖产业发展，未来补贴改革方向可适当向社会化服务组织倾斜，创新社会化服务"第三方补贴"模式，降低社会化服务成本，让利于水产养殖主体，促进水产养殖产业健康发展。

10.3 研究的不足与进一步展望

研究以环南海地区的水产养殖农户为核心研究对象，对其水产生态养殖技术采纳意愿、采纳现状及问题、行为意愿与行为响应的一致性、行为绩效、激励政策等展开了研究，具有一定的学术和实践意义，但仍有诸多不完善之处。

首先，农户水产生态养殖行为多种多样，体现在农户养殖活动过程中的各个方面，且各自具有不同的特点，本研究未能将其分类识别讨论。未来，应当分别对农户在不同养殖方式下的不同生态养殖行为进行识别和分类，深入挖掘不同行为目标下的行为决策机理。

其次，农户水产生态养殖行为是一个长期的、动态的过程，不仅存在空间上的差异，且从时间维度上也有变化。在不同的历史背景和现实情境下，农户可能表现出不同的行为特点，而研究未能进行长期的动态分析。未来，应当从空间和时间尺度对农户行为的决策差异性进行深入分析。

最后，水产生态养殖技术体系的构建是一个多行为主体的复杂系统，既包括政府、养殖农户和社会公众等内部行为主体，又包括来自外部的关注水产养殖生态破坏、环境污染的非政府组织。本研究只对水产生态养殖技术采纳中的农户行为展开研究，没有对政府以及非政府组织等水产生态养殖中的其他行为主体展开讨论，这有待后期的进一步研究。

参 考 文 献

包特力根白乙. 渔业权的确立：日本经验与中国之道 [J]. 世界农业，2017，464（12）：
　　63 - 69，141.

宾幕容，文孔亮，周发明. 湖区农户畜禽养殖废弃物资源化利用意愿和行为分析 [J].
　　经济地理，2017，37（9）：185 - 191.

畅倩，颜俨，李晓平，等. 为何"说一套做一套"：农户生态生产意愿与行为的悖离研
　　究 [J]. 农业技术经济，2021（4）：85 - 97.

陈东兴，杨超，华雪铭，等. 3 种虾类养殖池塘污染强度及氮、磷营养物质收支研究
　　[J]. 河南农业科学，2013，42（8）：132 - 136.

陈和午. 农户模型的发展与应用：文献综述 [J]. 农业技术经济，2004（3）：2 - 10.

陈欢，周宏，孙顶强. 信息传递对农户施药行为及水稻产量的影响：江西省水稻种植户
　　的实证分析 [J]. 农业技术经济，2017（12）：23 - 31.

陈新建，康晨. 农户粮食规模经营的政策支持：风险分担与资金约束缓解：基于农业保
　　险、金融信贷与政府补贴的交互效应研究 [J]. 江苏农业科学，2018，46（13）：
　　335 - 339.

陈雪婷，黄炜虹，齐振宏，等. 生态种养模式认知、采纳强度与收入效应：以长江中下
　　游地区稻虾共作模式为例 [J]. 中国农村经济，2020（10）：71 - 90.

陈一波. 莱州湾养殖区排水分析及中国海水养殖污染负荷估算 [D]. 大连：大连理工大
　　学，2015.

程琳琳，张俊飚，何可. 网络嵌入与风险感知对农户绿色耕作技术采纳行为的影响分
　　析：基于湖北省 615 个农户的调查数据 [J]. 长江流域资源与环境，2019，28（7）：
　　1736 - 1746.

仇焕广，刘明月. 不同规模视角下产出风险对农户技术采用倾向的影响 [J]. 农业技术
　　经济，2018（11）：120 - 131.

仇焕广，苏柳方，张祎彤，等. 风险偏好、风险感知与农户保护性耕作技术采纳 [J].
　　中国农村经济，2020（7）：59 - 79.

储成兵，李平. 农户病虫害综合防治技术采纳意愿实证分析：以安徽省 402 个农户的调

查数据为例 [J]. 财贸研究，2014（3）：57 - 65.

储成兵. 农户 IPM 技术采用行为及其激励机制研究 [D]. 北京：中国农业大学，2015.

储成兵. 农户病虫害综合防治技术的采纳决策和采纳密度研究：基于 Double-Hurdle 模型的实证分析 [J]. 农业技术经济，2015（9）：117 - 127.

崔民，张济舟，夏显力. 参与培训对农户生态农业技术采纳行为的影响：基于生态认知的中介效应和遮掩效应 [J]. 干旱区资源与环境，2021，35（11）：38 - 46.

戴修赢，蔡春芳，徐升宝，等. 饵料结构对河蟹养殖池塘氮、磷收支和污染强度的影响 [J]. 水生态学杂志，2010，3（3）：52 - 56.

邓旭霞，刘纯阳. 湖南省循环农业技术水平综合评价与分析 [J]. 湖北农业科学，2014，7：1706 - 1711.

邓正华，张俊飚，许志祥，等. 农村生活环境整治中农户认知与行为响应研究：以洞庭湖湿地保护区水稻主产区为例 [J]. 农业技术经济，2013（2）：72 - 79.

董双林，论我国水产养殖业生态集约化发展 [J]. 中国渔业经济，2015，33（5）：4 - 9.

董志勇. 行为经济学原理 [M]. 北京：北京大学出版社，2014：66.

杜三峡，罗小锋，黄炎忠，等. 风险感知、农业社会化服务与稻农生物农药技术采纳行为 [J]. 长江流域资源与环境，2021，30（7）：1768 - 1779.

方建光，李钟杰，蒋增杰，等. 水产生态养殖与新养殖模式发展战略研究 [J]. 中国工程科学，2016，18（3）：022 - 028.

方杰，温忠麟，张敏强，等. 基于结构方程模型的多重中介效应分析 [J]. 心理科学，2014，37（3）：735 - 741.

冯晓龙，霍学喜. 社会网络对农户采用环境友好型技术的激励研究 [J]. 重庆大学学报（社会科学版），2016（3）：72 - 81.

奉梅. 四川省绿色农业发展区域特征及评价 [J]. 中国农业资源与区划，2019，40（1）：42 - 47.

傅新红，宋汶庭. 农户生物农药购买意愿及购买行为的影响因素分析：以四川省为例 [J]. 农业技术经济，2010（6）：120 - 128.

盖豪，颜廷武，何可，等. 社会嵌入视角下农户保护性耕作技术采用行为研究：基于冀、皖、鄂 3 省 668 份农户调查数据 [J]. 长江流域资源与环境，2019，28（9）：2141 - 2153.

高春雨，高懋芳. 旱地测土配方施肥温室气体减排碳交易量核算 [J]. 农业工程学报，2016，32（12）：212 - 219.

高静，王志章，龚燕玲，等. 土地转出何以影响小农户收入：理性解释与千份数据检验

［J］. 中国软科学，2020（4）：70－81.

高岚，徐冬梅. 个体禀赋与认知对农户林地流转行为的影响：基于意愿与行为一致视角分析［J］. 林业科学，2018，54（7）：137－145.

高强，鞠可心. 农地确权提升了农户承包地退出意愿吗：基于3省15县（市、区）935个农户样本的分析［J］. 西北农林科技大学学报（社会科学版），2021，21（4）：123－131.

高旺盛，陈源泉，梁龙. 论发展循环农业的基本原理与技术体系［J］. 农业现代化研究，2007，28（6）：63－68.

葛继红，周曙东，朱红根，等. 农户采用环境友好型技术行为研究：以配方施肥技术为例［J］. 农业技术经济，2010（9）：57－63.

耿宇宁，郑少锋，刘婧. 农户绿色防控技术采纳的经济效应与环境效应评价：基于陕西省猕猴桃主产区的调查［J］. 科技管理研究，2018，38（2）：245－251.

耿宇宁，郑少锋，陆迁. 经济激励、社会网络对农户绿色防控技术采纳行为的影响：来自陕西猕猴桃主产区的证据［J］. 华中农业大学学报（社会科学版），2017（6）：59－69，150.

龚继红，何存毅，曾凡益. 农民绿色生产行为的实现机制：基于农民绿色生产意识与行为差异的视角［J］. 华中农业大学学报（社会科学版），2019，139（1）：68－76，165－166.

巩前文，李学敏. 农业绿色发展指数构建与测度：2005—2018年［J］. 改革，2020（1）：133－145.

郭清卉，李昊，李世平，等. 基于行为与意愿悖离视角的农户亲环境行为研究：以有机肥施用为例［J］. 长江流域资源与环境，2021，30（1）：212－224.

韩立民，李大海. "蓝色粮仓"：国家粮食安全的战略保障［J］. 农业经济问题，2015（1）：24－29，110.

韩青. 消费者对安全认证农产品自述偏好与现实选择的一致性及其影响因素：以生鲜认证猪肉为例［J］. 中国农村观察，2011（4）：4－13.

何可，张俊飚，蒋磊. 生物质资源减碳化利用需求及影响机理实证研究：基于SEM模型分析方法和TAM理论分析框架［J］. 资源科学，2013（8）：1635－1642.

何如海，江激宇，张士云，等. 规模化养殖下的污染清洁处理技术采纳意愿研究：基于安徽省3市奶牛养殖场的调研数据［J］. 南京农业大学学报（社会科学版），2013，13（3）：47：53.

贺娟. 我国农业保险参保现状及应对措施：基于行为经济学视角［J］. 保险研究，2020

（11）：19 - 31.

胡伟艳，李梦燃，张娇娇，等 . 农户农地生态功能供给行为研究：基于拓展的计划行为
理论 [J]. 中国农业资源与区划，2019，40（8）：156 - 163.

胡雪萍，董红涛 . 构建绿色农业投融资机制须破解的难题及路径选择 [J]. 中国人口·
资源与环境，2015，25（6）：152 - 158.

黄程琪 . 新疆农业水资源利用效率及影响因素分析 [D]. 石河子：石河子大学，2019.

黄文钰，许朋柱，范成新 . 网围养殖对骆马湖水体富营养化的影响 [J]. 农村生态环境，
2002，18（1）：22 - 25.

黄武 . 农技推广视角下的农户技术需求透视 [J]. 南京农业大学学报（社会科学版），
2009，9（2）：15 - 20.

黄晓慧，陆迁，王礼力 . 资本禀赋、生态认知与农户水土保持技术采用行为研究：基于
生态补偿政策的调节效应 [J]. 农业技术经济，2020（1）：33 - 44.

黄晓慧，王礼力，陆迁 . 农户水土保持技术采用行为研究：基于黄土高原 1 152 户农户
的调查数据 [J]. 西北农林科技大学学报（社会科学版），2019（2）：133 - 141.

黄晓慧，王礼力，陆迁 . 资本禀赋对农户水土保持技术价值认知的影响：以黄土高原区
为例 [J]. 长江流域资源与环境，2019，28（1）：222 - 230.

黄晓慧 . 资本禀赋、政府支持对农户水土保持技术采用行为的影响研究 [D]. 杨凌：西
北农林科技大学，2019.

黄炎忠，罗小锋，刘迪，等 . 农户有机肥替代化肥技术采纳的影响因素：对高意愿低行
为的现象解释 [J]. 长江流域资源与环境，2019，28（3）：632 - 641.

黄宗智 . 长江三角洲小农家庭与乡村发展 [M]. 北京：中华书局，1992.

黄宗智 . 华北的小农经济与社会变迁 [M]. 北京：中华书局，1986.

霍瑜，张俊飚，陈祺琪，等 . 土地规模与农业技术利用意愿研究：以湖北省两型农业为
例 [J]. 农业技术经济，2016（7）：19 - 28.

霍瑜，张俊飚，陈祺琪，等 . 土地规模与农业技术利用意愿研究：以湖北省两型农业为
例 [J]. 农业技术经济，2016（7）：19 - 28.

霍瑜 . 土地规模经营农户的农业科技需求问题研究 [D]. 武汉：华中农业大学，2018.

计新丽，林燕棠，许忠能，等 . 海水养殖自身污染机制及其对环境的影响 [J]. 海洋环
境科学，2000，19（4）：66 - 71.

姜维军，颜廷武，张俊飚 . 互联网使用能否促进农户主动采纳秸秆还田技术：基于内生
转换 Probit 模型的实证分析 [J]. 农业技术经济，2021（3）：50 - 62.

蒋琳莉，陈楠，熊娜，等 . 制度因素、环境素养对农户绿色生产行为的影响：基于入户

调查的微观证据 [J]. 江苏农业科学, 2021, 49 (22): 12 - 20.

金凤君, 姚作林, 陈卓. 环南海区域发展特征与一体化经济区建设前景 [J]. 地理学报, 2021, 76 (2): 428 - 443.

金辉. 基于 DTPB 的高校教师教育博客知识共享影响机理研究: 来自现实用户和潜在用户的实证调研 [J]. 情报杂志, 2015 (10): 175 - 182.

科林·F. 凯莫勒, 乔治·罗文斯坦, 马修·拉宾. 行为经济学新进展 [M]. 贺京同, 等, 译. 北京: 中国人民大学出版社, 2010: 2.

孔祥智, 方松海, 庞晓鹏, 等. 西部地区农户禀赋对农业技术采纳的影响分析 [J]. 经济研究, 2004 (12): 85 - 95.

李博伟, 徐翔. 农业生产集聚、技术支撑主体嵌入对农户采纳新技术行为的空间影响: 以淡水养殖为例 [J]. 南京农业大学学报 (社会科学版), 2018, 18 (1): 124 - 136, 164.

李纯厚, 黄洪辉, 林钦, 等. 海水对虾池塘养殖污染物环境负荷量的研究 [J]. 农业环境科学学报, 2004, 23 (3): 545 - 550.

李大海, 韩立民. 蓝色增长: 欧盟发展蓝色经济的新蓝图 [J]. 未来与发展, 2013, 7 (236): 33 - 37.

李福夺, 尹昌斌. 农户绿肥种植意愿与行为悖离发生机制研究: 基于湘、赣、桂、皖、豫五省 (区) 854 户农户的调查 [J]. 当代经济管理, 2021, 43 (1): 59 - 67.

李昊, 李世平, 南灵. 农户农业环境保护为何高意愿低行为: 公平性感知视角新解 [J]. 华中农业大学学报 (社会科学版), 2018, 134 (2): 18 - 27, 155.

李后建. 农户对循环农业技术采纳意愿的影响因素实证分析 [J]. 中国农村观察, 2012 (2): 28 - 66.

李金亮, 陈雪芬, 赖秋明, 等. 凡纳滨对虾高位池养殖氮、磷收支研究及养殖效果分析 [J]. 南方水产科学, 2010, 6 (5): 13 - 20.

李静, 谢丽君, 李红. 农民培训工程的政策效果评估: 基于宁夏农户固定观察点数据的实证检验 [J]. 农业技术经济, 2013 (3): 26 - 35.

李卫, 薛彩霞, 姚顺波, 等. 农户保护性耕作技术采用行为及其影响因素: 基于黄土高原 476 户农户的分析 [J]. 中国农村经济, 2017 (1): 44 - 57, 94 - 95.

李想. 多重约束下的农户绿色生产技术采用行为分析 [J]. 统计与决策, 2019 (14): 61 - 64.

李晓静, 陈哲, 刘斐, 等. 参与电商会促进猕猴桃种植户绿色生产技术采纳吗: 基于倾向得分匹配的反事实估计 [J]. 中国农村经济, 2020 (3): 118 - 135.

李秀辰，张国琛，聂丹丹，等．水产养殖固体废弃物减量化与资源化利用［J］．水产科学，2007，26（5）：300－302.

李由甲．我国绿色农业发展的路径选择［J］．农业经济，2017（3）：6－8.

梁流涛，翟彬，樊鹏飞．基于MA框架的农户生产行为环境影响机制研究：以河南省传统农区为例［J］．南京农业大学学报（社会科学版），2016，16（5）：145－158.

梁惜梅，聂湘平，施震．珠江口典型水产养殖区抗生素抗性基因污染的初步研究［J］．环境科学，2013，34（10）：4073－4080.

廖凯．海水鱼类养殖产业集聚与资源环境的互动关系研究［D］．上海：中国海洋大学，2019.

林毅夫．家庭责任制改革和中国杂交水稻的采用［J］．发展经济学杂志，1991，36（7）：353－372.

刘长发，綦志仁，何洁，等．环境友好的水产养殖业：零污水排放循环水产养殖系统［J］．大连水产学院学报，2002，17（3）：220－226.

刘长进，滕玉华，习佳遥．农户对清洁能源政策需求优先序研究：基于江西省调查数据［J］．内蒙古财经大学学报，2017，15（4）：16－20.

刘春济，冯学钢．我国出境游客旅行前的信息搜索行为意向研究：基于TAM、TPB与DTPB模型［J］．旅游科学，2013，27（2）：59－72，94.

刘芬，李献军，王小英，等．陕西省主要农作物测土施肥效益分析［J］．干旱地区农业研究，2016（2）：136－140.

刘佳，易乃康，熊永娇，等．人工湿地构型对水产养殖废水含氮污染物和抗生素去除的影响［J］．环境科学，2016，37（9）：3430－3437.

刘晶晗．中国绿色农业发展问题研究［D］．长春：吉林财经大学，2019.

刘可，齐振宏，杨彩艳，等．邻里效应与农技推广对农户稻虾共养技术采纳的影响分析：互补效应与替代效应［J］．长江流域资源与环境，2020，29（2）：401－411.

刘乐，张娇，张崇尚，等．经营规模的扩大有助于农户采取环境友好型生产行为吗：以秸秆还田为例［J］．农业技术经济，2017（5）：17－26.

刘濛．国外绿色农业发展及对中国的启示［J］．世界农业，2013（1）：95－98，101.

刘谢奇华，余松，刘滨．棉农对棉花板地直播种植技术采纳行为研究：以江西省棉花主产区为例［J］．中国棉花，2021，48（9）：11－16.

刘洋，熊学萍，刘海清，等．农户绿色防控技术采纳意愿及其影响因素研究：基于湖南省长沙市348个农户的调查数据［J］．中国农业大学学报，2015，20（4）：263－271.

卢华，陈仪静，胡浩，等．农业社会化服务能促进农户采用亲环境农业技术吗？［J］．农业技术经济，2021（3）：36-49.

卢华，周应恒．效益预期对农户耕地质量保护行为的影响研究：来自江苏的经验证据［J］．江西财经大学学报，2021，134（2）：80-92.

陆建珍，徐翔．渔业购机补贴政策效果评价：基于广东、海南两省426户淡水养殖户数据的分析［J］．农业经济问题，2014（12）：25-33，110.

吕杰，马新阳，韩晓燕．不同经营规模农户地力提升关键技术行为及影响因素研究：基于辽宁省不同玉米主产区的调查［J］．中国农业资源与区划，2020，41（3）：154-160.

罗必良．推进我国农业绿色转型发展的战略选择［J］．农业经济与管理，2017（6）：8-11.

罗必良．新制度经济学［M］．太原：山西经济出版社，2005.

罗岚，李桦，许贝贝．绿色认知、现实情景与农户生物农药施用行为：对意愿与行为悖离的现象解释［J］．农业现代化研究，2020，41（4）：649-658.

罗文斌，吴次芳，倪尧，等．基于农户满意度的土地整理项目绩效评价及区域差异研究［J］．中国人口•资源与环境，2013，23（8）：68-74.

罗小娟，冯淑怡，石晓平，等．太湖流域农户环境友好型技术采纳行为及其环境和经济效应评价：以测土配方施肥技术为例［J］．自然资源学报，2013（11）：1891-1902.

罗媛月，张会萍，肖人瑞．草原生态补奖实现生态保护与农户增收双赢了吗：来自农牧交错带的证据［J］．农村经济，2020（2）：74-82.

马从丽．水产养殖对渔业水域环境带来的影响与应对策略［J］．科技创新导报，2016（20）：79-80.

马志雄，丁士军．基于农户理论的农户类型划分方法及其应用［J］．中国农村经济，2013，4：28-38.

满明俊，李同昇．农户采用新技术的行为差异、决策依据、获取途径分析：基于陕西、甘肃、宁夏的调查［J］．科技进步与对策，2010，27（15）：58-63.

满明俊，周民良，李同昇．农户采用不同属性技术行为的差异分析：基于陕西、甘肃、宁夏的调查［J］．中国农村经济，2010（2）：68-78.

毛慧，周力，应瑞瑶．风险偏好与农户技术采纳行为分析：基于契约农业视角再考察［J］．中国农村经济，2018（4）：74-89.

米松华，黄祖辉，朱奇彪，等．农户低碳减排技术采纳行为研究［J］．浙江农业学报，

2014，26（3）：797-804.

尼克·威尔金森. 行为经济学 [M]. 贺京同，等，译. 北京：中国人民大学出版社，2012：82.

潘兴蕾，于文明. 环南海地区渔业发展新思路与新模式研究 [J]. 安徽农业科学，2013，41（19）：8312-8313.

裴厦，谢高地，章予舒. 农地流转中的农民意愿和政府角色：以重庆市江北区统筹城乡改革和发展试验区为例 [J]. 中国人口·资源与环境，2011，21（6）：55-60.

彭欣欣，陈美球，王思琪，等. 基于 TAM 的农户环境友好型技术采纳意愿的影响分析：以测土配方施肥技术为例 [J]. 中国农业资源与区划，2021，42（5）：209-218.

恰亚诺夫. 农民经济组织 [M]. 萧正洪，译. 北京：中央编译出版社，1996：60.

钱龙，缪书超，陆华良. 新一轮确权对农户耕地质量保护行为的影响：来自广西的经验证据 [J]. 华中农业大学学报（社会科学版），2020，145（1）：28-37，162-163.

乔丹. 社会网络与推广服务对农户节水灌溉技术采用影响研究 [D]. 杨凌：西北农林科技大学，2018.

秦鹏，徐海俊. 水产养殖污染防治的现实困境与规范进路 [J]. 农村经济，2019（12）：88-95.

秦诗乐，吕新业. 农户绿色防控技术采纳行为及效应评价研究 [J]. 中国农业大学学报（社会科学版），2020，37（4）：50-60.

阮文彪. 小农户和现代农业发展有机衔接：经验证据、突出矛盾与路径选择 [J]. 中国农村观察，2019（1）：15-31.

邵喜武，徐世艳，郭庆海. 政府农技推广机构推广问题研究：以吉林省为例 [J]. 社会科学战线，2013（4）：69-74.

沈璐璐，霍瑜. 兵团职工采纳绿色农业技术行为的实证分析：以病虫害绿色防控技术为例 [J]. 安徽农业科学，2020，48（11）：261-266.

沈鑫琪，乔娟，生猪养殖场户良种技术采纳行为的驱动因素分析：基于北方三省市的调研数据 [J]. 中国农业资源与区划，2019，40（11）：95-102.

石志恒，符越. 技术扩散条件视角下农户绿色生产意愿与行为悖离研究：以无公害农药技术采纳为例 [J]. 农林经济管理学报，2022，21（1）：29-39.

石志恒，张可馨. 农户绿色生产"强意愿弱行为"的再审视：基于资源约束和社会规范视角：以个人规范为中介变量 [J]. 中国农业资源与区划，2022，43（8）：43-54.

速水佑次郎. 农业发展的国际分析 [M]. 北京：中国社会科学出版社，2000.

孙联辉. 中国农业技术推广运行机制研究 [D]. 杨凌：西北农林科技大学，2003.

孙云飞，王芳，刘峰，等．草鱼与鲢、鲤不同混养模式系统的氮磷收支［J］．中国水产科学，2015，22（3）：450－459．

唐博文，罗小锋，秦军．农户采用不同属性技术的影响因素分析：基于 9 省（区）2 110 户农户的调查［J］．中国农村经济，2010（6）：49－57．

唐林，罗小锋，余威震．外出务工经历、制度约束与农户环境治理支付意愿［J］．南京农业大学学报（社会科学版），2021，21（1）：126－137．

田卓亚，齐振宏，杨彩艳，等．脆弱性对农户稻虾共养技术采纳行为的影响：基于风险偏好的中介作用［J］．四川农业大学学报，2021，39（4）：565－570．

田卓亚，齐振宏，杨彩艳，等．政府干预、邻里效应对农户生态种养技术持续采纳意愿的影响：以稻虾共作为例［J］．农业现代化研究，2021，42（6）：1－12．

佟大建，黄武．社会经济地位差异、推广服务获取与农业技术扩散［J］．中国农村经济，2018（11）：128－143．

万宝瑞．我国农村又将面临一次重大变革："互联网＋三农"调研与思考［J］．农业经济问题，2015，36（8）：4－7．

汪凤桂，林建峰．农业龙头企业对水产养殖户质量安全行为的影响［J］．华中农业大学学报（社会科学版），2015（6）：11－18．

汪三贵，刘晓展．信息不完备条件下贫困农民接受新技术行为分析［J］．农业经济问题，1996（12）：31－36．

王德胜．绿色农业的发展现状与未来展望［J］．中国农业资源与区划，2016，37（2）：226－230．

王格玲，陆迁．社会网络影响农户技术采用倒 U 型关系的检验：以甘肃省民勤县节水灌溉技术采用为例［J］．农业技术经济，2015（10）：92－106．

王洪丽，杨印生．农产品质量与小农户生产行为：基于吉林省 293 户水稻种植户的实证分析［J］．社会科学战线，2016，6：64－69．

王金杰，李启航．电子商务环境下的多维教育与农村居民创业选择：基于 CFPS 2014 和 CHIPS 2013 农村居民数据的实证分析［J］．南开经济研究，2017（6）：75－92．

王良健，罗凤．基于农民满意度的我国惠农政策实施绩效评估：以湖南、湖北、江西、四川、河南省为例［J］．农业技术经济，2010（1）：56－63．

王舒娟，王翌秋．秸秆出售行为与意愿选择差异的影响因素研究：基于江苏省 624 户农户的调查数据［J］．农村经济，2014（6）：55－59．

王彦．新疆农业面源污染的经济分析与政策研究［D］．石河子：石河子大学，2018．

魏昊，夏英，李芸．信贷需求抑制视角下农户环境友好型农业技术采纳行为分析［J］．

华中农业大学学报（社会科学版），2020（1）：56-66，164.

温明振．有机农业发展研究［D］．天津：天津大学，2006.

吴丽丽，李谷成．农户劳动节约型技术采纳意愿及影响因素研究［J］．华中农业大学学报（社会科学版），2016（2）：15-22.

吴林海，裴光倩，许国艳，等．病死猪无害化处理政策对生猪养殖户行为的影响效应［J］．中国农村经济，2017（2）：56-69.

吴明隆．结构方程模型——Amos 的操作与应用［M］．重庆：重庆大学出版社，2011.

吴伟，范立民．水产养殖环境的污染及其控制对策［J］．中国农业科技导报，2014，16（2）：26-34.

吴贤荣，李晓玲，左巧丽．社会网络对农户农机节能减排技术采纳意愿的影响：基于价值认知的中介效应［J］．世界农业，2020，499（11）：54-64.

吴雪莲，张俊飚，丰军辉．农户绿色农业技术认知影响因素及其层级结构分解：基于 Probit-ISM 模型［J］．华中农业大学学报（社会科学版），2017（5）：36-45，145.

吴雪莲，张俊飚，何可，等．农户水稻秸秆还田技术采纳意愿及其驱动路径分析［J］．资源科学，2016，38（11）：2117-2126.

吴雪莲．农户绿色农业技术采纳行为及政策激励研究［D］．武汉：华中农业大学，2016.

熊雪，聂凤英，毕洁颖．贫困地区农户培训的收入效应：以云南、贵州和陕西为例的实证研究［J］．农业技术经济，2017（6）：97-107.

熊鹰，何鹏．绿色防控技术采纳行为的影响因素和生产绩效研究：基于四川省水稻种植户调查数据的实证分析［J］．中国生态农业学报，2020，28（1）：136-146.

徐涛，赵敏娟，李二辉，等．技术认知、补贴政策对农户不同节水技术采用阶段的影响分析［J］．资源科学，2018，40（4）：809-817.

徐翔，陶雯，袁新华．农户青虾新品种采纳行为分析：基于江苏省青虾主产区 466 户农户的调查［J］．农业技术经济，2013（5）：86-94.

许经勇．加大政府对农业的财政支持力度［J］．当代经济研究，2001（9）：57-59.

许无惧．农业推广理论研究［M］．北京：农业出版社，1995.

薛彩霞．农户政治身份对绿色农业生产技术的引领效应［J］．西北农林科技大学学报（社会科学版），2022，22（3）：148-160.

薛文，李星光，霍学喜．施肥技术培训能否促进测土配方施肥技术采纳：基于不同土地经营规模视角？［J］．世界农业，2021，512（12）：49-57.

杨继芳，丛锦玲．浅谈南北疆几种保护性耕作技术模式［J］．新疆农机化，2017（5）：

29 - 31.

杨继芳，胡英，丛锦玲．浅谈新疆保护性耕作技术发展现状及对策［J］．农业与技术，
　　2017，37（19）：56 - 58.

杨柳，朱玉春，任洋．社会信任、组织支持对农户参与小农水管护绩效的影响［J］．资
　　源科学，2018，40（6）：1230 - 1245.

杨文杰，巩前文．农村绿色发展中农户认知对行为响应的影响研究［J］．华中农业大学
　　学报（社会科学版），2021，152（2）：40 - 48，176.

杨兴杰，齐振宏，陈雪婷，等．社会资本对农户采纳生态农业技术决策行为的影响：以
　　稻虾共养技术为例［J］．中国农业大学学报，2020，25（6）：183 - 198.

杨兴杰，齐振宏，杨彩艳，等．市场与政府一定能促进农户采纳生态农业技术吗：以农户
　　采纳稻虾共作技术为例［J］．长江流域资源与环境，2021，30（4）：1016 - 1026.

姚柳杨，赵敏娟，徐涛．经济理性还是生态理性、农户耕地保护的行为逻辑研究［J］．
　　南京农业大学学报（社会科学版），2016，16（5）：86 - 95，156.

姚文．家庭资源禀赋、创业能力与环境友好型技术采用意愿：基于家庭农场视角［J］．
　　经济经纬，2016，33（1）：36 - 41.

姚兴安，聂志平．绿色农业补助视角下空巢农户采纳绿色农业技术行为研究［J］．信阳
　　农林学院学报，2017，27（3）：20 - 24.

应瑞瑶，徐斌．农户采纳农业社会化服务的示范效应分析：以病虫害统防统治为例［J］.
　　中国农村经济，2014（8）：30 - 41.

于法稳，郑玉雨，林珊，等．农业绿色发展的资源环境：改善路径及对策：基于
　　3 821个农户认知的视角［J］．经济研究参考，2022，2996（4）：27 - 41.

于法稳．新时代农业绿色发展动因、核心及对策研究［J］．中国农村经济，2018（5）：
　　19 - 34.

于会娟，牛敏，韩立民．我国"蓝色粮仓"建设思路与产业链重构［J］．农业经济问题，
　　2019（11）：72 - 81.

余粮红，高堃，高强．环境规制对海水养殖绿色水平的影响及机制［J］．资源科学，
　　2022，44（1）：1 - 14.

余威震，罗小锋，黄炎忠，等．内在感知、外部环境与农户有机肥替代技术持续使用行
　　为［J］．农业技术经济，2019（5）：66 - 74.

余威震，罗小锋，李容容，等．绿色认知视角下农户绿色技术采纳意愿与行为悖离研究
　　［J］．资源科学，2017，39（8）：1573 - 1583.

余威震，罗小锋，唐林，等．农户绿色生产技术采纳行为决策：政策激励还是价值认

同？[J]. 生态与农村环境学报，2020，36（3）：318-324.

虞祎，张晖，胡浩. 排污补贴视角下的养殖户环保投资影响因素研究：基于沪、苏、浙生猪养殖户的调查分析 [J]. 中国人口·资源与环境，2012，22（2）：159-163.

詹姆斯·C. 斯科特. 农民的道义经济学：东南亚的反叛与生存 [M]. 程立显，等，译. 南京：译林出版社，2001.

张朝辉. 农户退耕参与意愿的生成逻辑：经济理性或生态理性 [J]. 林业经济问题，2019，39（5）：449-456.

张董敏，齐振宏，李欣蕊，等. 农户两型农业认知对行为响应的作用机制：基于 TPB 和多群组 SEM 的实证研究 [J]. 资源科学，2015，37（7）：1482-1490.

张复宏，胡继练. 基于计划行为理论的果农无公害种植行为的作用机理分析：来自山东省 16 个地市（区）苹果种植户的调查 [J]. 农业经济问题，2013（7）：48-55.

张复宏，宋晓丽，霍明. 苹果种植户采纳测土配方施肥技术的经济效果评价：基于 PSM 及成本效率模型的实证分析 [J]. 农业技术经济，2021（4）：59-71.

张红丽，李洁艳，滕慧奇. 小农户认知、外部环境与绿色农业技术采纳行为：以有机肥为例 [J]. 干旱区资源与环境，2020，34（6）：8-13.

张林秀，徐晓明. 农户生产在不同政策环境下行为研究：农户系统模型的应用 [J]. 农业技术经济，1996（4）：27-32.

张林秀. 农户经济学基本理论概述 [J]. 农业技术经济，1996（3）：24-30.

张乃明，张丽，赵宏，等. 农业绿色发展评价指标体系的构建与应用 [J]. 生态经济，2018，34（11）：21-24，46.

张童朝，颜廷武，仇童伟. 年龄对农民跨期绿色农业技术采纳的影响 [J]. 资源科学，2020，42（6）：1123-1134.

张童朝，颜廷武，何可，等. 有意愿无行为：农民秸秆资源化意愿与行为相悖问题探究：基于 MOA 模型的实证 [J]. 干旱区资源与环境，2019，33（9）：30-35.

张小有，王绮雯，万梦书. 生态文明视角信息渠道与规模农户低碳技术应用选择：基于江西的调研数据 [J]. 江苏农业科学，2019，47（6）：315-320.

张亚如. 社会网络对农户绿色农业生产技术采用行为影响研究 [D]. 武汉：华中农业大学，2018.

张燕媛，陈超. 养殖者对生猪保险效果的评价及影响因素分析 [J]. 湖南农业大学学报（社会科学版），2018，19（1）：25-31.

张懿，纪建悦. 中国海水养殖生态经济系统耦合关系及驱动因素分解 [J]. 农业技术经济，2020（4）：94-106.

张玉华. 绿色农业种植技术的概念以及推广策略 [J]. 江西农业，2020（2）：2-3.

张云华，马九杰，孔祥智，等. 农户采用无公害和绿色农药行为的影响因素分析：对山西、陕西和山东 15 县（市）的实证分析 [J]. 中国农村经济，2004（1）：41-49.

张云华，杨晓艳，孔祥智，等. 发展绿色农业技术面临的难题与出路 [J]. 生态经济，2004（S1）：216-218.

赵安芳，刘瑞芳，温琰茂. 不同类型水产养殖对水环境影响的差异及清洁生产探讨 [J]. 环境污染与防治，2003，25（6）：362-364.

赵俊伟，姜昊，陈永福，等. 生猪规模养殖粪污治理行为影响因素分析：基于意愿转化行为视角 [J]. 自然资源学报，2019，34（8）：1708-1719.

赵连阁，蔡书凯. 晚稻种植农户 IPM 技术采纳的农药成本节约和粮食增产效果分析 [J]. 中国农村经济，2013（5）：78-87.

赵绪福. 贫困山区农业技术扩散速度分析 [J]. 农业技术经济，1996，4：41-43.

"中国水产养殖业可持续发展战略研究"课题综合组. 环境友好型水产养殖业发展战略 [J]. 中国工程科学，2016，18（3）：1-7.

钟夏娇. 基于 DTPB 模型的旅游 APP 用户接受行为研究 [D]. 上海：东华大学，2017.

周斌. 寿光市生态农业发展现状及对策研究 [D]. 大连：大连理工大学，2009.

周力，冯建铭，曹光乔，等. 绿色农业技术农户采纳行为研究：以湖南、江西和江苏的农户调查为例 [J]. 农村经济，2020（3）：93-101.

周力，冯建铭，应瑞瑶，等. 农户精准施肥两阶段异质性及采纳行为研究：基于劳动偏向型特征的再考察 [J]. 农业技术经济，2021（8）：81-91.

周利平，邓群钊，翁贞林. 农户参与用水协会自述偏好与现实选择一致性实证研究 [J]. 农业技术经济，2015（1）：93-101.

周小武. 测土配方施肥对佛冈县水稻栽培的影响 [J]. 安徽农业科学，2016（14）：159-161.

朱红根，江慧珍，康兰媛，等. 基于农户受偿意愿的退耕还湿补偿标准实证分析：来自鄱阳湖区 1 009 份调查问卷 [J]. 财贸研究，2015（5）：57-64.

朱红根. 农民工返乡创业自述偏好与现实选择的一致性：基于江西的实证研究 [J]. 经济管理，2012（3）：163-171.

朱萌，沈祥成，齐振宏，等. 新型农业经营主体农业技术采用行为影响因素研究：基于苏南地区种稻大户的调查 [J]. 科技管理研究，2016，36（18）：92-99.

朱希刚，黄季焜. 农业技术进步测定的理论方法 [M]. 北京：中国农业科技出版社，1994：39-47.

朱月季，张颖，胡晨. 作物病害危机下农户新品种采纳行为研究：从个体决策到扩散机制［J］. 农业技术经济，2019（12）：80 - 95.

左喆瑜，付志虎. 绿色农业补贴政策的环境效应和经济效应：基于世行贷款农业面源污染治理项目的断点回归设计［J］. 中国农村经济，2021（2）：106 - 121.

左喆瑜. 水资源约束下农户灌溉技术选择与集体行动：基于华北地下水超采区的农户微观数据［J］. 农村经济，2019（7）：64 - 71.

A. 恰亚诺夫. 农民经济组织［M］. 北京：中央编译出版社，1996.

Adesina Z. Technology characteristics，farmers'perceptions and adoption decisions：A tobit model application in sierra leone［J］. Agricultural Economics，1993（9）：297 - 311.

Ajzen I. From intentions to actions：A theory of planned behavior［M］. Berlin Heidelberg：Springer，1985：11 - 39.

Ajzen I. The theory of planned behavior［J］. Organizational Behavior and Human Decision Processes，1991，50（2）：179 - 211.

Bahinipati C S，Viswanathan P K. Incentivizing resource efficient technologies in India：Evidence from diffusion of microirrigation in the dark zone regions of Gujarat［J］. Land Use Policy，2019（86）：253.

Baron R M，Kenny D A. The moderator-mediator variable distinction in social psychological research：Conceptual，strategic，and statistical considerations［J］. Journal of Personality and Social Psychology，1986，51（6）：1173.

Benjamin E，Blum M，Punt M. The impact of extension and ecosystem services on smallholder's credit constraint［J］. Journal of Developing Areas，2016，50（1）：333 - 350.

Bessant J，öberg C，Trifilova A. Framing problems in radical innovation［J］. Industrial Marketing Management，2014，43（8）：1284 - 1292.

Binswanger H P，Donald A S. Risk aversion and credit constraints in farmers' decision-making：A reinterpretation［J］. Journal of Development Studies，1983（20）：5 - 21.

Bosch D J，Cook Z L，Fuglie K O. Voluntary versus mandatory agricultural policies to protect water quality：Adoption of nitrogen testing in Nebraska［J］. Review of Agricultural Economics，1995（17）：13 - 24.

Brodt S，Klonsky Y K，Tourte L. Farmer goals and management styles：Implications for advancing biologically based agriculture［J］. Agricultural Systems，2006，89（1）：90 - 105.

Bultena G L, Hoiberg E O. Factors affecting farmers' adoption davis F D. perceived usefulness, perceived ease of use, and user acceptance of information technology [J]. Mis Quarterly, 1989, 13 (3): 319 – 340.

Casaló L V. Flavián C, Guinalíu M. Determinants of the intention to participate in firm-hosted online travel communities and effects on consumer behavioral intentions [J]. Tourism Management, 2010, 31 (6): 898 – 911.

Chau, P. Y. K. An empirical investigation on factors affecting the acceptance of CASE by systems [J]. Information & Management, 1996, 30 (6): 269 – 280.

Cullen R, Forbes SL, Grout R. Non-adoption of environmental innovations in wine growing [J]. New Zealand Journal of Crop & Horticultural Science, 2013, 41 (1): 41 – 48.

Daku BLF, Hawkins W, Prugger A F. Channel measurements in mine tunnels [C]. IEEE Vehicular Technology Conference 1 (2002): 380 – 383.

Davis F D, Bagozzi IRP, Warshaw P R. User acceptance of computer technology: A comparison of two theoretical models [J]. Management Science, 1989, 35 (8): 982 – 1003.

Defrancesco E, Gatto P, Runge F, et al. Factors affecting farmers' participation in agri-environmental measures: A Northern Italian perspective [J]. Journal of Agricultural Economics, 2008, 59 (1): 114 – 131.

Degnet Abebaw, Mekbib G Haile. The impact of cooperatives on agricultural technology adoption: Empirical evidence from Ethiopia [J]. Food Policy, 2013, 38 (1): 82 – 91.

Doss CR, Morris M L. How does gender affect the adoption of agricultural innovations? The case of improved maize technology in Ghana [J]. Agricultural Economics, 2001, 25 (1): 27 – 39.

Eric Maskin. Nash equilibrium and welfare optimality [J]. The Review of Economic Studies, 1999, 66 (1): 23 – 28.

Ervin C A. and, Ervin D E. Factors affecting the use of soil conservation practices hypotheses, evidence and policy implication [J]. Land Economics, 1982, 58 (3): 277 – 292.

Feder G, Zilberman D. Adoption of agricultural innovations in developing countries: A survey [J]. Economic Development & Cultural Change, 1985, 33 (2): 255 – 298.

Fornall, Clarcker. Structural equation model with unobservable variables and measurement error: AlgELPra and statistics [J]. Journal of Marketing Research, 1981, 18 (3): 382 - 389.

Fornell, C., & Larcker, D. F. Evaluating structural equation models with unobservables and measurement error [J]. Journal of Marketing Research, 1981, 18 (1): 39 - 50.

Ghadim A K, Pannell D J, Burton M P. Risk, uncertainty, and learning in adoption of a crop innovation [J]. Agricultural Economics, 2015, 33 (1): 1 - 9.

Ghaly A E, Kamal M, Mahmoud N S. Phytoremediation of aquaculture wastewater for water recycling and production of fish feed [J]. Environment International, 2005, 31 (1): 1 - 13.

Ghimire R, Huang W C, Shrestha R B. Factors affecting adoption of improved rice varieties among rural farm households in Central Nepal [J]. Rice Science, 2015, 22 (1): 35 - 43.

Granovetter M. Economic action and social structure: The problem of embeddedness [J]. American Journal of Sociology, 1985, 91 (3): 481 - 510.

Greene CR, Rajotte EG, Norton G W, et al. Revenue and risk analysis of soybean pest management options in Virginia [J]. Journal of Economic Entomology, 1985, 78 (1): 10 - 18.

Griliches Z. Hybrid corn: An exploration in the economics of technological change [J]. Econometrica, 1957, 25 (4): 501 - 522.

Guerin TF. Why sustainable innovations are not always adopted [J]. Resources Conservation & Recycling, 2001, 34 (1): 1 - 18.

Hair J. F., Anderson R. E., Tatham R. L., Black W. C. Multivariate data analysis, 5th ed [M]. Englewood Cliffs: Prentice Hall, 1998.

Hargreaves J A. Nitrogen biogeochemistry of aquaculture ponds [J]. Aquaculture, 1998, 166 (3 - 4): 181 - 212.

Hayami Y., V. Ruttan. Agricultrual development: An international perspective [M]. Baltimore and London: Johns Hopkins University Press, 1985.

He K, Zhang J B, Zeng Y M, et al. Households'willingness to accept compensation for agricultural waste recycling: Taking biogas production from livestock manure waste in Hubei, P. R. China as an example [J]. Journal of Cleaner Production, 2016, 131: 410 - 420.

Hensher D A. Stated preference analysis of travel choices: The state of practice [J].

Transportation, 1994, 21 (2): 107 - 133.

Herbert A. Simon. An empirically-based microeconomics [M]. Cambridge University Press, 2009.

Hesketh N, Brookes P C. Development of an indicator for risk of phosphorus leaching [J]. Journal of Envirmental Quality, 2000, 29 (1): 105 - 110.

Hu, L. , & Bentler, P. M. Cutoff criteria for fit indexes in covariance structure analysis: Conventional criteria versus new alternatives [J]. Structural Equation Modeling, 1999, 6 (1): 1 - 55.

Hunecke C, Engler A, Jara-Rojas R, Poortvliet M. Understanding the role of social capital in adoption decisions: An application to irrigation technology [J]. Agricultural Systems, 2017, 153: 221 - 231.

Igbaria M, Zinatelli N, Cragg P. , Cavaye A. Personal computing acceptance factors in small firm: A structural equation model [J]. MIS Quarterly, 1997, 3: 279 - 302.

Jack Diamond. Performance measurement and evaluation [R]. OECD Working Papers, 1994.

Johanniss on, B and Pasillas, M. The in stitutional embeddedness of local inter-firm networks: A leverage for business creation [J]. Entrepreneurship & Regional Development, 2002, 14 (4): 297 - 315.

Johnson M. Barriers to innovation adoption: A study of e-markets [J]. Industrial Management & Data Systems, 2010 (110): 157 - 174.

Khanna, M. , Sequential adoption of site-specific technologies and its implications for nitrogen productivity: A double selectivity model [J]. American Journal of Agricultural Economics, 2001, 83 (1): 35 - 51.

Klinger D, Naylor R. Searching for solutions in aquaculture: Charting a sustainable course [J]. Annual Review of Environment & Resources, 2012, 37 (1): 247 - 276.

Knight, J. B. , and L. Y. Yueh. The role of social capital in the labour market in China [J]. Economics of Transition, 2008, 16 (3): 389 - 414.

Kurkalova L A, Kling C L, Zhao J H. Green subsidies in agriculture: Estimating the adoption costs of conservation tillage from observed behavior [J]. Canadian Journal of Agricultural Economics, 2006, 54 (2): 247 - 267.

Lambrecht I, Vanlauwe B, Merckx R, et al. Understanding the process of agricultural technology adoption: Mineral fertilizer in Eastern DR Congo [J]. World Development,

2014 (59): 132 - 146.

Lander F, Thgersen J. Understanding of consumer behavior as a prerequisite for environmental protection [J]. Journal of Consumer Policy, 1995, 18 (4): 345 - 385.

Leathers, H. D. , J. C. Quiggin. Interactions between agricultural and resource policy: The importance of attitude toward risk [J]. American Journal of Agricultural Economics, 1991, 73 (3): 757 - 764.

Liverpool-Tasie L S O, Winter-Nelson A. Social learning and farm technology in Ethiopia: Impacts by technology, network type, and poverty status [J]. Journal of Development Studies, 2012, 48 (10): 1505 - 1521.

Loomis, J. T. , Brown, B. and George P. Improving validity experiments of contingent valuation methods: Results of efforts to reduce the disparity of hypothetical and actual willingness to pay [J]. Land Economics, 1996, 72 (4): 324 - 347.

Lu Lu, Tan Hongxin, Luo Guozhi, et al. The effects of bacillus subtilis on nitrogen recycling from aquaculture solid waste using heterotrophic nitrogen assimilation in sequencing batch reactors [J]. Bioresource Technology, 2012, 124 (11): 180 - 185.

Lucas R. On the mechanics of economic development [J]. Journal of Monetary Economics, 1988, 22 (1): 3 - 42.

Magnan N, Spielman D J, Lybbert T J, Gulati K. Leveling with friends: Social networks and Indian farmers' demand for a technology with heterogeneous benefits [J]. Journal of Development Economics, 2016, 116: 223 - 251.

Merwe R V, Heerden G V. Finding and utilizing opinion leaders: Social networks and the power of relationship [J]. South African Journal of Business Management, 2009, 40 (3): 65 - 76.

Moon J W, Kim Y G. Extending the TAM for a World-Wide-Web context [J]. Information & Management, 2001, 38 (4): 217 - 230.

Moyo R, Salawu A. A survey of communication effectiveness by agricultural extension in the Gweru district of Zimbabwe [J]. Journal of Rural Studies, 2018, 60: 32 - 42.

Mäntymäki M, Merikivi J, Verhagen T, et al. Does a contextualized theory of planned behavior explain why teenagers stay in virtual worlds? [J]. International Journal of Information Management, 2014, 34 (5): 567 - 576.

Nakano Y, Tsusaka T, Aida T, Pede V. Is farmer-to-farmer extension effective? The impact of training on technology adoption and rice farming productivity in Tanzania [J].

World Development，2018，105：336 - 351.

Nazli H，Smale M. Dynamics of variety change on wheat farms in Pakistan：A duration a-nalysis ［J］. Food Policy，2016，59：24 - 33.

Ngowi A V F，Mbise T J，Ijani A S M et al. Smallholder vegetable farmers in Northern Tanzania：Pesticides use practices，perceptions，cost and health effects ［J］. Crop Pro-tection，2007，26 (11)：1617 - 1624.

Nitzl C，Roldan J L，Cepeda G. Mediation analysis in partial least squares path modeling helping researchers discuss more sophisticated models ［J］. Industrial Management & Data Systems，2016，116 (9)：1849 - 1864.

Notani A S. Moderators of perceived behavioral control's predictiveness in the theory of planned behavior：A meta-analysis ［J］. Journal of Consumer Psychology，1998，7 (3)：247 - 271.

Oliver R L. A cognitive model of the antecedents and consequences of satisfaction decisions ［J］. Journal of Marketing Research，1980，17 (4)：460 - 469.

Pahl-Wostl C，Craps M，Dewulf A，Craps M，Pahlwostl C，Taillieu T. Social learning and water resources management ［J］. Ecology and Society，2007，12 (2)：1 - 19.

Pookulangara S，Hawley J，Xiao G. Explaining consumers' channel-switching behavior u-sing the theory of planned behavior ［J］. Journal of Retailing & Consumer Services，2008，18 (4)：311 - 321.

Pratt O，Wingenbach G. Factors affecting adoption of green manure and cover crop tech-nologies among Paraguayan smallholder farmers ［J］. Agroecology and Sustainable Food Systems，2016，40 (10)：1043 - 1057.

Psacharopoulos G，Patrinos A. Returns to investment to education：A further update ［J］. Education Economics，2004，12 (2)：111 - 134.

Rejesus R. ，Palis F. ，Rodriguez D. ，et al. Impact of the alternate wetting and drying (AWD) water-saving irrigation technique：Evidence from rice producers in the Philip-pines ［J］. Food Policy，2011，36 (2)：280 - 288.

Rogers，E. M. Diffusion of innovation ［M］. New York：Free Press，2003.

Rogers. Diffusion of innovations ［M］. New York：FreePress of Glencoe，1962.

Schifter D E，Ajzen I. Intention，perceived control，and weight loss：An application of the theory of planned behavior ［J］. Journal of Personality and Social Psychology，1985，49 (3)：843.

Schultz，T W. The value of ability to deal with disequilibria ［J］ Journal of Economic Literature，1975，13（3）：827－846.

Schultz，T W. Transforming traditional agriculture ［M］. New Haven：Yale University Press，1964.

Segars，A. H. ，& Grover，V. Re-examining perceived ease of use and usefulness：A confirmatory factor analysis ［J］. MIS Quarterly，1993，17（4）：517－525.

Smith A，Goe W R，Kenney M，et al. Computer and internet use by great plains farmers ［J］. Journal of Agricultural & Resource Economics，2004，29（3）：481－500.

Sorebo O and Eikebrokk T. R. Explaining is continuance in environments where usage is Mandatory ［J］. Computer in Human Behavior，2008，5：2357－2371.

S. Popkin. The rational peasant：The political economy of rural society in Vietnam ［M］. Berkley：University of Califorlia Press，1979.

Taylor S，Todd P. Assessing IT usage：The role of prior experience ［J］. Mis Quarterly，1995，19（4）：561－570.

Taylor S，Todd P. Decomposition and crossover effects in the theory of planned behavior：A study of consumer adoption intentions ［J］. International Journal of Research in Marketing，1995，12（2）：0－155.

Tessema Y M，Asafu-Adjaye J，Kassie M，Mallawaarachchi T. Do neighbours matter in technology adoption? The case of conservation tillage in northwest Ethiopia ［J］. African Journal of Agricultural and Resource Economics，2016，11（3）：211－225.

Thangata P H，Alavalapati J R R. Agroforestry adoption in southern Malawi：The case of mixed inter cropping of Gliricidia sepium and maize ［J］. Agricultural systems，2003，78（1）：57－71.

Theis S，Lefore N，Meinzen-Dick R，Bryan E. What happens after technology adoption? Gendered aspects of small-scale irrigation technologies in Ethiopia，Ghana，and Tanzania ［J］. Agriculture and Human Values，2018，35（3）：671－684.

Uzzi，B. Embeddedness in the making of financial capital：How social relations and networks between firms seeking financing ［J］. American Sociological Review，1999，64（8）：481－505.

Valentinov V. Why are cooperatives important in agriculture? An organizational economics perspective ［J］. Journal of Institutional Economics，2007，3（1）：55－69.

Venkatesh V，Bala H. Technology acceptance model 3 and a research agenda on interventions [J]. Decision Sciences, 2010, 39 (2): 273 – 315.

Venkatesh V, Davis F D. A Theoretical extension of the technology acceptance model: Four longitudinal field studies [J]. Management science, 2000 (46): 186 – 204.

Venkatesh V, Davis F D. A theoretical extension of the technology acceptance model [J]. Management Science, 2000, 46 (2): 186 – 204.

Venkatesh V, Morris M G, DAVIS G B, et al. User acceptance of information technology: Toward a unified view [J]. MIS Quarterly, 2003, 27 (3): 425 – 478.

Verbeke W, Vackier I. Individual determinants of fish consumption: Application of the theory of planned behaviour [J]. Appetite, 2005, 44 (1): 67 – 82.

Voss K E, Spangenberg E R, Grohmann B. Measuring the hedonic and utilitarian dimensions of consumer attitude [J]. Journal of Marketing Research, 2003, 40 (3): 310 – 320.

Walisinghe B, Ratnasiri S, Rohde N, Guest R. Does agricultural extension promote technology adoption in Sri Lanka [J]. International Journal of Social Economics, 2017, 44 (12): 2173 – 2186.

Wang, H. H., Y. Zhang, and L. Wu. Is contract farming a risk management instrument for Chinese farmers? [J]. China Agricultural Economic Review, 2011, 3 (4): 489 – 504.

Weber KM, Rohracher H. Legitimizing research, technology and innovation policies for transformative change: Combining insights from innovation systems and multi-level perspective in a comprehensive failures' framework [J]. Research Policy, 2012, 41 (6): 1037 – 1047.

Willy D K, Zhunusova E, Holm-Müller, Karin. Estimating the joint effect of multiple soil conservation practices: A case study of smallholder farmers in the Lake Naivasha basin, Kenya [J]. Land Use Policy, 2014, 39: 177 – 187.

Xiong Wenguang, Sun Yongxue, Zhang Tong, et al. Antibiotics, antibiotic resistance genes, and bacterial community composition in fresh water aquaculture environment in China [J]. Microbial Ecology, 2015, 70 (2): 425 – 432.

Yee J, Ferguson W. Sample selection model assessing professional scouting programs and pesticide use in cotton production [J]. Agribusiness, 1996, 12 (3): 291 – 300.

图书在版编目（CIP）数据

农户水产生态养殖技术采纳行为及激励政策研究 / 宾幕容著. —北京：中国农业出版社，2023.10
ISBN 978-7-109-31239-5

Ⅰ.①农… Ⅱ.①宾… Ⅲ.①水产养殖－生态养殖－农业技术－研究－中国②水产养殖－生态养殖 x 农业政策－研究－中国 Ⅳ.①F326.4

中国国家版本馆 CIP 数据核字（2023）第 196435 号

中国农业出版社出版
地址：北京市朝阳区麦子店街 18 号楼
邮编：100125
责任编辑：闫保荣
版式设计：王　晨　　责任校对：张雯婷
印刷：北京中兴印刷有限公司
版次：2023 年 10 月第 1 版
印次：2023 年 10 月北京第 1 次印刷
发行：新华书店北京发行所
开本：700mm×1000mm　1/16
印张：16.75
字数：265 千字
定价：78.00 元
